U0724484

1. 本书系 2018 年教育部人文规划课题《传统"工匠精神"的重构和重建研究——以传统手工艺产业为例》（项目批准号：18YJAZH082）
2. 2015 年湖北省教育厅人文科学研究一般项目《非遗后时代苗族银饰的传承机制研究——以贵州黔东南为例》（项目号：15G157）
3. 2022 年湖北省教育科学规划重点课题《湖北历史文化融入高校课程思政的实践研究》（项目号 2022GA104）等课题课程的研究成果。

佳期如梦
——长江流域穿针乞巧的七夕节假

汤 梅/著

团结出版社

© 团结出版社，2024 年

图书在版编目（CIP）数据

佳期如梦：长江流域穿针乞巧的七夕节假 / 汤梅著 .
北京：团结出版社，2024.12. -- ISBN 978-7-5234
-1550-4

I.K892.1

中国国家版本馆 CIP 数据核字第 2024CH0159 号

责任编辑：王云强
封面设计：黑眼圈工作室

出　　版：团结出版社
　　　　　（北京市东城区东皇城根南街 84 号　邮编：100006）
电　　话：（010）65228880　65244790
网　　址：http://www.tjpress.com
E-mail：zb65244790@vip.163.com
经　　销：全国新华书店
印　　装：廊坊市海涛印刷有限公司

开　　本：170mm×240mm　16 开
印　　张：18.5　　　　　　　　字　　数：270 千字
版　　次：2025 年 3 月　第 1 版　　印　　次：2025 年 3 月　第 1 次印刷

书　　号：978-7-5234-1550-4
定　　价：85.00 元

（版权所属，盗版必究）

前　言

　　仰望星空，斗转星移，牛郎织女的传说和董永遇仙的故事还在民间传唱，乞巧习俗和男耕女织的生活图景却在退场。现代七夕复兴的乞巧活动更像是一场缅怀和娱乐，人们更乐于提取牛郎织女传说中的婚恋元素，在七夕组织和参与以爱情为主题的活动，不管是商家为了销售商品，大肆宣传"中国情人节"，还是政府组织的各类七夕相亲、唱情歌、乞巧活动。2019年两会上甚至有人大代表提出要把中国传统节日七夕，像清明、中秋等节日一样延长放假时间为3天，好让中国"传统情人节"文化更好地传播和发展。这些都意味着有着丰富文化内涵的古代七夕佳节在没落，在一定程度上被民众遗忘或简单处理为"情人节"。它的热闹程度远不如一些西方节日，如圣诞节和情人节。传统节日的变迁是一种历史必然，在学术理论的分析中，传统节日的变迁与重构问题，实质上关乎文化的本真性与活态性问题。本真性强调在变迁中维护传统的本质特征，活态性则关注文化如何在适应现代语境中持续发展。

　　自七夕节2006年5月20日被国务院列入第一批国家级非物质文化遗产名录后，从河北邢台开始到山东沂源、山西和顺及长江流域的河南南阳、陕西西安、湖北郧西纷纷争夺牛郎织女故事发源地。在此背景下，长江流域有着七夕文化渊源的各地政府积极申报与七夕相关的非遗项目，以七夕文化节的方式复兴七夕穿针乞巧、相亲、唱情歌、手工艺比赛等主题活动，如甘肃西和七天八夜的乞巧活动；开发七夕文化人文景观，发展旅游、发展经济，如湖北郧西的"七夕文化走廊"、湖北恩施土家女儿城、恩施土家女儿会。这些年，随着非遗保护、旅游经济的发展，七夕节假文化得以复兴，七夕节假经济得以发展，但是繁华热闹总是昙花一现，七夕节日文化传播也好，七夕节日旅游发展也好，政府投资巨大的七夕非遗项目，受节日时限，很多只是热闹一时，如何进行持续性发展，把七夕非遗保护传承下去，值得我们思考。

本书努力梳理长江流域七夕节假的发展脉络，尽力挖掘七夕节假的文化内涵，并期待七夕节假永远传承下去。作为国家首批非遗保护名录的七夕节，承载着牛郎织女的民间传说、青年男女恪守爱情的美丽故事，以及已婚男女"不离不弃、白头偕老"的曲折情感。七夕节也与乞巧、祈祷、农耕、女红、婚恋有关，更与爱情的坚守、家庭的担当、男女的悲欢有关。所以说，七夕节是修行，与中华文化有着千丝万缕的联系。

本书重点在于基于非遗视角，阐述长江流域七夕传说、乞巧习俗及其演变的文化背景，再现非遗背景下的女红技艺，还原祈福活动的历史记忆，挖掘节俗中婚恋生殖的文化内涵以及非遗背景下七夕节假的现代遗存，努力发展七夕文化品牌与旅游经济的发展。女红的核心是勤劳和创造美好生活，圆满、和合则是祈福的精神指向，而婚恋也不止是为了延续香火，更是为了代代传承文化。三者之和便是对美好生活的不断追求。同时，传说、故事来表现忠贞不渝的爱情观、夫妻和睦的家庭观与纯正规范的道德观，诠释了爱情的永恒和七夕的文化魅力，找到了优良传统文化与时代精神的契合点。因此女红技艺和爱情婚恋因素也是七夕佳节在非遗保护复兴中的重要内容，如何既传承七夕文化"记忆"，又重振七夕女红技艺，传承七夕节日文化品牌，发展七夕旅游经济，也是本书探索的内容。

总之，回首七夕的发展历程正所谓："迢迢牵牛星，皎皎河汉女；乞巧楼前乞巧时，金针玉指弄春丝；牛郎织女年年会，可惜容颜永别离。七夕佳期如绮梦，穿针乞巧今安在？渐行渐远云间歌，幸得巧手织就天工，瑰宝遗留人间，七夕非遗焕新彩。"

内容摘要

自 2006 年 5 月 20 日七夕节被国务院列入第一批国家级非物质文化遗产名录后，全国各地纷纷"争夺"牛郎织女故事发源地的头衔。近年，随着非遗保护、旅游经济的发展，七夕节假文化得以复兴，七夕节假经济也得以发展，以七夕乞巧为主题的非遗手工艺珍品更是层出不穷。然而，无论是七夕节假文化传播也好，还是七夕节日旅游发展也好，繁华热闹难免昙花一现；政府投资巨量金额发展的七夕非遗项目，受节日时间的限制，很多只是"热闹一时"。如何促进七夕节假文化持续性发展，如何保护、传承由七夕节假文化衍生出的非遗技艺，值得我们思考。

本书以七夕节假为对象，围绕长江流域七夕非遗地图，一方面通过梳理长江流域七夕传说、乞巧习俗及其演变的文化背景，还原乞巧、祈福活动的历史记忆，挖掘节俗中婚恋生殖的文化内涵；另一方面基于非遗视角，图文并茂地再现长江流域非遗技艺传承视角下的非遗手工技艺珍品，以及七夕节假文化的现代遗存。其中，非遗手工艺精品是我国文化产业和品牌的重要体现，符合现代爱情的婚恋观，是七夕佳节在非遗保护复兴中的重要内容，如何传承七夕文化记忆、重振七夕女红技艺、传承七夕节日文化品牌、发展七夕旅游经济，是本书探讨的重要内容。

本书共七章，分别是第一章"迢迢牵牛星　皎皎河汉女——长江流域七夕传说"，主要阐述了七夕的来源和传说，以及长江流域牛郎织女传说的演绎。第二章"巧手织就天工　瑰宝遗留人间 —— 非遗视域下长江流域女红技艺的传承"，图文并茂地叙述了非遗视域下长江流域女红技艺的传承，包括刺绣、剪纸文化、织染技艺等等。第三章"长江流域以女红技艺为中心的乞巧习俗及文化内涵"，以图文再现长江流域七夕穿针乞巧、造型乞巧等七夕乞巧习俗。第四章"乞巧祈福的传承，农耕文明的信仰 —— 长江流域以星宿拜祭为中心的祈福活动及文化内涵"，介绍长江流域以星宿拜祭为中心的祈福活动，并挖掘了其文化内涵。第五章"美丽的传说　不朽的爱情 —— 长江流域以婚恋生殖为中心的民俗活动及文化内涵"，介绍长江流域以婚恋、生殖为中心的七夕民俗活动及文化内涵。第六章"渐行渐远云间歌　七夕非遗焕新彩 —— 长江流域七夕节假习俗的现代遗存与演变"，主要介绍非遗视角下长江流域七夕佳节的现代传承和文化价值。第七章"牛郎织女传说久，文化经济品牌留 —— 长江流域以旅游为契机的七夕文化品牌塑造"，主要介绍长江流域非遗传统文化传承下的中国的刺绣、戏曲以及文化旅游中文化品牌的重塑。

　　本书集中展现长江流域七夕节假文化和非遗手工艺精品。其中的七夕传说故事通俗易懂，图文并茂地展示刺绣、剪纸、织染女红技艺的传承和发展。而七夕佳节的现代传承介绍，为非遗文化爱好者提供了非遗地图线索，是各地非遗文化宣传和旅游引导的借鉴材料。七夕佳节的现代文化价值及品牌塑造，是学者、政府、企业普遍关心的议题，也是地方发展文化旅游与手工艺产业发展中的重要方面。此兼顾普适性与学术性的七夕主题图书若能够在学者、地方政府、非遗企业、非遗技艺爱好者等群体中流通，一方面可以美育等精细化渠道展现整个中华优秀传统；另一方面可通过跨文化传播"走出去"，传播七夕品牌故事，彰显国家文化的软实力。

目　录

第一章　迢迢牵牛星　皎皎河汉女

——长江流域七夕传说

第一节　七夕史话

——七夕溯源与七夕变迁

七夕节的来历与民间流传的牛郎织女故事有关，它最早的记载可能在春秋战国时期。不过那时候的七夕，主要是祭祀牵牛星、织女星，还没有牛郎织女的故事。直至汉代，其细节才和牛郎织女的故事联系起来。至唐代时，便有了"七夕今宵看碧霄，牛郎织女渡河桥。家家乞巧望秋月，穿尽红丝几万条"的诗句。

一、七夕溯源

至今，每逢农历七月初七，长江流域的民众大都会坐在夜晚的月光下，抬头看牛郎织女银河相会，或静听牛郎织女相会的脉脉情话，或对着星空祈祷人间的姻缘美满。尤其是 2006 年 5 月 20 日七夕节被国务院列入第一批国家级非物质文化遗产名录之后，牛郎织女的传说和七夕佳节在现代社会又重新焕发生机。

长江流域的民众对七夕的起源与变迁产生了更大的兴趣。但不管是穿针乞巧的古代七夕，还是被喻为现代的"中国情人节"，浪漫的七夕到底起源何处？让我们在璀璨星河里探寻吧！

（一）星辰信仰说

牛郎织女的传说源于神话故事，这些神话又来源于早期的天文星象知识，是古代先民星辰崇拜的历史延续。

早在商周时期已经有了牛郎、织女等星辰的记录，远古时代，人们观察天上星宿的变化，将最亮的星作为观测的重点。北斗七星是中国古代定季节的传统标志，道教也将北斗七星作为特定的天象来祭祀。

古代人们将织女星作为季节的标志星，"织女之纪，指牵牛之初，以纪日月，故曰星纪"。在西方的星座体系中也有记载，织女星属于天琴座，与另外两颗星构成一个大的三角形，织女星是其中最亮的一颗主星。与天琴座相对的是天鹰座，也有三颗星，即河鼓一、河鼓二、河鼓三，牛郎星通常是指河鼓二。《尔雅》中"河鼓谓之牵牛"，也是指河鼓二。人们把河鼓一和河鼓三看作牛郎挑的两个孩子。牛郎星东南方向的六颗牛宿星，被看作是牛郎牵的牛。在万物有灵原始思维观念的支配下，星辰也具有类似人类的生命与灵性，由此产生了远古的星辰崇拜。

一部《天官书》使满天的璀璨星斗，各司其职、各有所主，如："牵牛星不明，天下牛疫死。""织女，天女孙也。"正义曰："织女三星，在河北天纪东，天女也，主果蓏、丝帛、珍宝。""王者至孝于神明，则三星俱明；不然，则暗而微，天下女工废；明则理，大星怒而角，斾帛涌贵；不见，则兵起。"在古代的占星术中，牛郎、织女星，都被人格化为主宰人类命运的星神。由于织女星"主果蓏"，绵绵瓜瓞又是子嗣繁盛的象征，所以作为生殖女神的织女星始终是牛女星辰崇拜的主角。真正的《天官书》，没有如此直接和具体地描述关于牵牛星、织女星与女工、王者孝行、战争之间和物价的直接联系。这些观念有可能是后人在《天官书》的基础上进一步发挥或与其他古代资料相结合而产生的。

（二）牛郎织女说

在追溯星辰崇拜的根源时，我们发现星辰崇拜的本质，依然是上古时期的一种岁时献祭，一种天道信仰，都是以物候和星象确定时令的反映。据学者刘宗迪考证，"织女之名织女，因其为纺织之月的标志"，作为七月之星，织女提示秋季开启、女工伊始的信息，"牵牛之名牵牛，则因其为视牲之月即八月的标志"。《天官书》"牵牛为牺牲"和《四民月令》八月"循行牺牲"的记载，分别提示了牵牛之得名与牺牲之间的时间因缘，以及八月被古人视为牺牲饲养周期中的一个重要时间点。

西周民歌《诗经·小雅·大东》："维天有汉，监亦有光。跂彼织女，终日七襄。虽则七襄，不成报章。睆彼牵牛，不以服箱。"这首民谣以独特的视角来观照当时广受尊崇的牛、女二星，戏谑式地质疑牵牛、织女徒有其名，织女不能织锦，牵牛无法驾车。这是有关织女、牵牛二星的最早记载，虽然仅就星象本身说事，并没有点出牛、女二星相会的情节，即牛、女二星还没有产生爱情纠葛，但为以后牛郎织女的传说奠定了基础。《淮南子》云："乌鹊填河成桥而渡织女。"东汉应劭的《风俗通》佚文载："织女七夕当渡河，使鹊为桥。"传说中的情节主线"鹊桥"及主角之一"织女"已经出现。如果说此时我们尚不能断定另一主角就是"牵牛星"（河鼓），东汉崔寔《四民月令》则明确提到："七月七日曝经书，设酒脯时果，散香粉于筵上，祈请于河鼓织女，言此二星神当会。"根据人间的想象、附会，居于银河两岸的织女、牵牛星劳燕分飞的悲情故事已经是呼之欲出了。

东汉末期《古诗十九首》之一："迢迢牵牛星，皎皎河汉女。纤纤擢素手，札札弄机杼。终日不成章，泣涕零如雨。河汉清且浅，相去复几许？盈盈一水间，脉脉不得语。"经过民间的流传、加工和不断地想象，汉代终于形成了牛郎织女在七夕相会的爱情神话故事。汉武帝时期，七夕节被列为国家祭典。传说西王母经常驾青鸟来宫中与汉武帝幽会，"乌鹊填河"的情节大概正脱胎于此。

东汉以后，牛郎织女传说已经定型，如天帝做媒，让牛郎织女结为夫妻，后又令西王母下凡，划银河为界，使两人隔河相望。只有每年七夕喜鹊搭了桥，两人才能相会。

牛郎织女的故事在南朝梁人殷芸的笔下首次完整地被记述下来："天河之东有织女，天帝之子也。年年机杼劳役，织成云锦天衣，容貌不暇整。帝怜其独处，许嫁河西牵牛郎。嫁后遂废织红。天帝怒，责令归河东，许一年一度相会。"

在天文学上，牛、女二星是永远不会聚首的，但七夕的喜剧结尾承载了人间的愿望，是现实社会中人们的精神抚慰。牛郎织女的传说大约在晋代以后渗入七夕节。从现有材料看，最早涉及牛女七夕相会的可靠记载见于西晋。《玉烛宝典·七月孟秋》引傅玄《拟天问》曰："七月七日，牵牛织女会天河。"晋人周处《风土记》记载七夕节的生动场景："七月七日，其夜洒扫于庭，露施几筵，设酒脯时果。散香粉于筵上，以祀河鼓、织女，言此二星神当会。守夜者咸怀私愿，或云见天汉中有奕奕正白气，有耀五色，以此为征应。"

关于七夕，多数人认为是牛郎织女的传说孕育了七夕节，其实，汉朝以后牛郎织女的传说才与七夕相结合。如汉崔寔《四民月令》："七月七日遂作麹，及磨。是日也，可合药丸及蜀漆丸，曝经书及衣裳。"这里所述与牛郎织女毫无关系，可见在牛郎织女传说之前早已有一定的七夕节日习俗。

关于人们为什么会在汉以后将牛郎织女与七月七日联系起来，明朝的谢肇淛将此解释为某些书籍的错记和人们错误的口耳相传：牛女之事，始于《齐谐》成武丁之妄言，成于《博物志》乘槎之浪说。千载之下，妇人女子传为口实可也，文人墨士乃习为常语，使上天列宿横被污蔑，岂不可怪之甚耶？[1]

刘晓峰也在《东亚的时间 —— 岁时文化的比较研究》中说："正月七日与七月七日共同成为中国古代重要的节日，与以'北斗司命'为中心的北斗星信仰有内在必然的联系。"虽然北斗七星与七夕节日期的数字相同，但北斗星的专属神祇是北辰星君，祭祀北辰星君的日期是三月三日，而不是七月七日。此外，与北斗星辰崇拜不同，虽然人们对织女星的认识产生较早，但最初是通过它在天空的

---

[1]　刘宗迪.七夕 [M].北京：生活·读书·新知三联书店，2013：26-39.

位置来计算时间的，如《夏小正》所载："（七月）初昏，织女正东乡。……（十月）织女正北乡，则旦。织女，星名也。"织女神格尚未形成，对牛郎织女的崇拜，发生在将牛郎织女人格化的传说之后。[1]

除了星辰信仰说和牛郎织女传说，在漫长的岁月里，我们将在历史的长河中厘清七夕的变迁，以及穿针乞巧的七夕习俗。

二、七夕变迁与乞巧习俗

（一）东汉时期

七夕节在我国古代是风靡一时，上至达官贵人，下至平民百姓，都热衷于这个浪漫的节日。七夕节乞巧习俗，最晚应该形成于东汉时期。东汉崔塞《四民月令》里写道："七月七日……设酒脯时果，散香粉于筵上，祈请于河鼓、织女，言此二星神当会，守夜者咸怀私愿。或云见天汉中有奕奕正白气，如地河之波，辉辉有光耀五色，以为征应。见者便拜乞愿，三年乃得。"从《四民月令》和《西京杂记》的记载来看，这一始于汉代的节日的主要活动是晒经书、晒衣裳，以及向双星乞愿和穿针乞巧。晋代周处《风土记》一书中记述了乞愿的内容包括乞富、乞寿、乞子等。

（二）魏晋南北朝时期

到了魏晋南北朝时期，出现了大量描写七夕的诗歌。这个时期七夕节的活动已经很兴盛了，主要有"七夕穿针"的习俗，如《七夕穿针诗》写道："怜从帐里出，想见夜窗开。针欹疑月暗，缕散恨风来。"又有"喜珠应巧"的习俗，如南朝梁宗懔《荆楚岁时记》说："是夕，陈瓜果于庭中乞巧。有喜子网于瓜上以为符应。"即七月七日在院子里摆好各种瓜果，如果有蜘蛛爬上去结网就说明乞巧的愿望得以应验。

---

[1] 赵伟含.中国传统女儿节探析 [D].上海：上海师范大学，2010：12.

（三）隋唐时期

隋唐时期，七夕风俗基本沿袭了旧时的传统，但其内容更为丰富。穿针乞巧的针孔已经发展到五孔、七孔、九孔，以蛛丝卜巧的习俗也很是兴盛。据五代时王仁裕撰写的《开元天宝遗事》记载，每到七夕之夜，唐玄宗与杨贵妃都会在华清池游览设宴，宫女们则会在庭院中陈列各种瓜果，向牛郎星、织女星祈求恩福，还会捉蜘蛛放到盒子里，等到第二天早晨，起来观看蜘蛛在盒子里织网的情况，如果蛛网很密的话，那么此人获得的巧就多，蛛网稀少的话，则暗示获得的巧少。"民间亦效之"，可能当时这种活动最初是在宫廷里兴起的，随后才传到民间百姓家里的。冯赞《云仙杂记》有"洛阳人家乞巧，使蜘蛛结万字"一句，说的是洛阳之地让蜘蛛结万字网以乞巧的风俗。宋之问《七夕》诗曰："传道仙星媛，年年会水隅。停梭借蟋蟀，留巧付蜘蛛。"隋唐时，据隋杜台卿撰写的《玉烛宝典》记载，七夕节民间有此日祈子之俗。而且那时宫廷和作坊的织工也要在七月七日这天祭拜机杼，当时乞巧活动十分风靡。刘禹锡《七夕二首》诗中："谁知观津女，终日望天涯。"写女子痴迷乞巧的情景。杜甫大胆提出反对七夕乞巧，他认为妇女们应该踏实认真地劳作，而非一味乞巧得到帮助。唐五代时，北方民间多以七月六日为夕，宋太宗曾颁布诏令恢复古制，但至今仍有七月六日过节的。

（四）宋元时期

宋元时期，七夕乞巧相当隆重，活动也丰富多样。宋元时期商品经济十分繁荣，京城中还设有专卖乞巧物品的市场，称为"乞巧市"。

据宋罗烨、金盈之辑的《醉翁谈录》记载："七夕，潘楼前买卖乞巧物。自七月一日，车马嗔咽，至自七月三日，车马不通行，相次壅遏，不复得出，至夜方散。"在七月一日就出现了交通拥挤的场面，七夕节的前三日车马已经挤得不能动弹了。通过对民众购买乞巧物品的热度分析，可以推断出七夕乞巧节在当时社会大众心中享有极高的地位，其热闹不亚于我们传统的春节。当时七夕时节市场上供应的玩物有各种牛郎、织女像，用黄蜡铸制成，还有凫雁、鸳鸯、龟鱼之类。这些彩画金缕的事物栩栩如生地"浮水为戏",人称"水上浮"（孟元老《东京梦华录》卷八《七夕》）。另有用油、面、糖、蜜等做成的"笑靥儿"的果实。

宋代民间的庆祝活动也是五花八门,别具特色。当时人们多崇尚果实、茜鸡[1]（以茜草熬鸡）和磨喝乐这三种。磨喝乐是由梵语音译过来的,不是汉语词。在梵语里,"磨喝乐"原是佛教中的一位童佛,六岁时便出家了。后来宋人依照他的形象制作了一种小孩子形状的泥偶人、蜡像和向皇帝进贡的金偶,主要是用来祭祀牛郎星和织女星的,有乞巧、乞子的意思。不仅如此,民间许多小孩子还会在这一天手拿荷叶,装扮成磨喝乐的样子嬉戏玩耍。七夕还有一种被称为"种生"的活动,就是把绿豆、小豆、小麦放在瓷盆里用水浸泡,等到长出数寸的芽后,用红色和蓝色的彩带把它束系起来,寓意为"种生",其实是求发芽生枝、孕育新生命、求子得福的意思。

元代还出现了新的七夕活动,比如张挂鹊桥图的习俗。元人杜仁杰散曲《【商调】集贤宾北·七夕》中记载:"暮云闲耷耷蝉鸣,晚风轻点点荧飞。天阶夜凉清似水,鹊桥图高挂偏宜。金盆内种五生,琼楼上设筵席。"而且这鹊桥图还是高高悬挂为好。另外,元代时还流行穿鹊桥补子。所谓"鹊桥补子",即每逢七夕佳节的时候,宫人穿的衣服要以鹊桥为图案,这种独特的衣裳才能配上七夕的盛景。据熊梦祥《析津志辑佚·岁纪》记载,元代大多数有家的人家要在七夕的时候举行家庭祭祀,"先用麻秸奠酒为诚,买纸宴衣烧化于坟,谓云送寒衣,仍以新土覆盖"。

（五）明清时期

明代七夕节的风俗更是演绎得多彩多姿。《宛署杂记》有"燕都女子,七月

---

[1]　茜鸡是指在宋代民间一种特定的烹饪方式中使用的鸡,其中茜草作为一种天然染料,用于给鸡肉上色。茜草含有红色素,可以使鸡肉呈现出鲜艳的红色,这种颜色在古代中国被认为具有吉祥的寓意,常用于节日庆典或特殊场合。

七日以碗水暴日下，各自投小针，浮之水面，徐视水底日影，或散如花，动如云，细如线，粗如锥，因以卜女乞巧"的记述：北京一带的女子在七月七日这一天，放一碗水在太阳底下，然后各自朝碗里投小针，当针浮于水面时，观针的各种日影形状判断是否得巧。同样《帝京景物记略·春场》亦有记载："七月七日之午，丢巧针。妇女曝盆水日中，顷之，水膜生面，绣针投之则浮。看水底针影，有成云物、花头、鸟兽影者，有成鞋及剪刀、水茄影者，谓乞得巧；其影粗如锤，细如丝，直如轴，此拙征矣。妇或叹，女有泣者。"这段描写较为详尽，说明针影的不同形状及意义。

清朝皇宫里，除了沿袭元代穿鹊桥补子的风俗外，还产生了拜银河的习俗。如陆启宏《北京岁华记》所云："七夕宫中最重，市上买巧果，人家设宴，儿女对银河拜。"在南方的广州不仅承袭了古代七夕曝衣书的风俗，还出现了取圣水的习俗。据《广州府志》载："七月七日，曝衣书，家汲井水赐之，以备酒浆，曰圣水。"广西部分地区也有取水的习俗。南北方在各自的文化环境下逐渐衍生不同的习俗。

清代前期的七夕节，在福建、广东、浙江等地又演变成七娘会。《广东新语·事语》记载："七月初七夕为七娘会。乞巧，沐浴天孙圣水。以素馨、茉莉结高尾艇，翠羽为篷，游泛沉香之浦，以象星槎。"据说七娘会的参加者都是未婚的姑娘，她们自己筹资，用通草、色纸、芝麻、米粒等制成各式样的花果、仕女、器物、宫室等，并且在七夕前日这天把针线、脂粉、古董、珍玩、花生、时果等多种东西列在庭内八仙桌上，供大家评赏。等到初七这天便开始迎仙、拜仙、拜牛郎等，活动仪式很复杂。

清代后期，山东部分地区逐渐形成了七月七日为牛贺寿的习俗。此外，个别地方也有在七月七日这天，备下酒食犒劳耕牛，借此表达敬重之意的做法。传说在江浙一带的民间有用槿柳叶洗头发可以让自己的头发变得像织女的头发一样乌黑发亮、美丽动人的说法。

（六）时至现代

现代的七夕节活动丰富多彩。很多老一辈人依然坚守传统的节日习惯，穿针乞巧，摆瓜果于庭院应巧，拜织女娘娘。一些年轻人则接受西方文化的影响，把传统的七夕当成中国的情人节来过，送给恋人情人节礼物，商家也以此为卖点来进行商品促销。一些地方还举办"鹊桥会"等相亲节目。

总之，在时间的长河中，作为我国四大民间爱情传说之一，牛郎织女的传说也是在我国民间流传时间最早、流传地域最广的传说。因为牛郎织女的故事被赋予了丰富而深刻的内涵，它不仅在我国民间文学史上具有十分重要的地位，而且在我国传统文化中具有不可替代的作用。七夕节在我国各朝各代的传承中，衍生出不同的纪念及民俗活动，它不仅丰富了我国人民的生活，还影响到周边的日本、韩国等国家。[1]

第二节 长江流域的七夕传说

随着 2006 年 5 月 20 日七夕节被列入第一批国家级非物质文化遗产名录，各地掀起一股非遗保护的热潮，热衷于申报牛郎织女传说和与七夕相关传说的发源地，以此来推动当地的文化旅游建设，比如湖北郧西兴建的七夕文化走廊，成为 2019 年全国文化旅游优秀案例之一的湖北郧西七夕文化旅游节。七夕民俗活动在各地复苏，无不彰显七夕在民间重新焕发生机，那么让我们来看看流传在长江流域里浪漫的牛郎织女传说有哪些吧。

长江发源于青藏高原唐古拉山主峰各拉丹冬雪山，全长 6300 余千米。干流流

---

[1] 刘秋娟 . 中华传统节日·七夕节 [M]. 长春：东北师范大学出版社，2011：25-27.

经青海、西藏、四川、云南、湖北、湖南、江西、安徽、江苏、重庆、上海 11 个省、自治区、直辖市，支流延展于甘肃、陕西、贵州、河南、浙江、广西、福建、广东八个省、自治区。"岁时节日习俗的发展是一个历史文化积淀的过程，神话传说的嵌入给节俗的重新诠释带来了新的机遇。"流传在长江流域各民族和地区的七夕传说在历代各地区的演变中演绎出很多动听的版本。

一、七夕传说的来源与发展变迁

（一）长江流域牛郎织女传说的发源地及其传说

时至现代，让我们沿着非遗地图，从长江流域自上而下，追录流传在湖北郧西的牛郎织女传说，探索七夕传说的传承和变迁。

1. 湖北省郧西县

关于牛郎织女传说起源于湖北郧西，七夕佳节和郧西的渊源，我们可以从自然生态和人文风俗两个方面去叙述：

在自然生态上，有一条自北朝南穿越郧西县城的河流，叫天河。天河在郧西七夕习俗传承中起到了重要的作用。天河发源于陕西，全长 69 千米，流经郧西62.7 千米。天河东边是杨家河、归仙河，西边是直峪河（谐音织女河）、美女河、石婆沟，正好与天象对称，会同天河流域内的玉皇顶、仙女洞、娘娘山、牛儿山、"牛郎庙遗址""娘娘山""牛郎山"和"织女山""石婆婆""石公公"等自然地貌景观。这些景观不仅与牛郎织女传说中的重要元素相印证，而且与星象图上的银河、牛郎星、织女星遥相呼应。

在郧西县城东角石门湾处，天河东岸边的白马山背上，有一个高五米、直径二米的石柱，远看很像一个老妇站立着，自古以来当地人把它叫作"老人石峰"或"石婆婆"。更巧的是，在对面的华盖山上也有一个石头，它的形状像一个老爷爷，被当地人叫作"石公公"。据当地的老人说，这对石人是为天河所隔的牛郎织女的化身。

现摘取一则当地与牛郎织女故事有关的"石婆婆与石公公"的故事如下：

> 传说，这两座山上原本没有这对石人，然而在很久很久以前，织女下凡，投胎在姓徐的人家，徐姓夫妻便生了一个漂亮的女儿，名叫芳红。芳红长大后，村里的小伙子都喜欢她，有一个叫牛五的放牛娃与她相爱。有一天，他们在河边聊天，忽然天昏地暗，太白金星下凡来招她上天做儿媳。芳红坚决不从，于是太白金星就命令龙王涨大水，将徐、牛二人从几百里的地方冲了下去，牛五被冲到县城后的华盖山上，芳红被冲到石门湾的山上。太白金星又逼迫芳红答应，而芳红只是气愤地打了他一耳光，就惹怒了太白金星，太白金星用神刷把芳红变成个石头奶奶半坐在山头上了。太白金星虽将两人分开了，却忘记使用定身法。牛五和芳红两人白天在山上，夜晚就到河边游玩，时间久了，还生下一对儿女，过起了幸福的生活。这事传到天庭，王母很生气，亲率天兵天将，下凡抓走芳红和她的一对儿女，牛五在后紧追不舍，王母娘娘就用发簪往天河一划，将二人阻隔在天河两边，并用定身法将二人定在了山上。自此，芳红和牛五变成了一对隔河相望的石人了。

讲述者： 贺新霞，性别：女，75岁，初小文化，住郧西县坡关镇吴家营村；赵天初、黄忠国整理。

传说中的天河、牛郎织女及石婆婆与石公公等在汉武帝时期就已出现了，《三辅黄图校证》卷四说：湖北郧西《关辅古语》记载："昆明池中有二石人，立牵牛、织女于池之东西，以象天河。"（此非特指湖北郧西，亦可指陕西关中）宋朝宋敏编纂、清朝毕沅校勘的《长安志》卷十二《长安》中说："石爷庙，石婆庙，在（西安市长安区）县西南（斗门镇附近），昆明池右侧，张衡《西京赋》中提及昆明灵池，黑水元沚，牵牛立其左，织女处其右'。注解指出：'在池的东西两侧立牵牛、织女像以象征天河。如今这些石人仍然存在，后人称之为石爷、石婆。'"这两个石像至今尚存，文献中记载了秦国所在地的石父、石婆雕像，也间接佐证了郧西是牛郎织女传说的发源地。[1]

在人文风俗上，《郧西县志》在清同治乙丑年（1865 年）和 1936 年都记载了郧西自古就有"七月闺阁以瓜果祭祀牛郎织女为乞巧"的过七夕节的习俗。至今郧西还有"盛七水""放河灯""竞巧能""染指甲""观星辰""贺牛生日""葡萄树下听夜话"等七夕活动。郧西香口、上津、槐树和天河流域，还保留着"请七姐"的七夕习俗，即在农历正月初七和七月初七举行"请七姐"的习俗。正月初七"请七姐"是向七姐求财运、问年景，是为当地女子乞巧或寻问姻缘。当地还有"七成八不成"的婚姻信仰，所以有当男方上女方家提亲时，女方家上七个菜表示同意这门亲事，上八个菜即表达婉拒的风俗习惯，这里把"七"与"吉"密切联系起来了。[2]

因此，无论是自然生态，还是人文风俗，无不佐证湖北郧西是牛郎织女故事的发源地。2014 年，"郧西七夕"被批准列入第四批国家级非物质文化遗产代表项目名录，郧西县也被授予"中国天河七夕文化之乡"，还被中国民间文艺家协会命名为中国天河七夕文化之乡，借助牛郎织女故事的文化传承，大力建设郧西七夕文化走廊，发展郧西七夕旅游文化品牌，发展地方经济。

2. 河南省南阳市

南阳牛郎织女传说 2008 年被河南省政府列为省级非物质文化遗产，为南阳是否为牛郎织女传说发源地之一的争议落下实锤。下文就河南南阳的地理条件、民间传说、古籍记载等方面进行南阳是牛郎织女传说的发源地之一的分析。

首先，在南阳，当地有一个民间传说：南阳城西 30 多千米有一个牛家庄，牛家庄有一个牛郎。（新疆人民出版社 2001 年出版的《中华民俗百科》）民俗学家张振犁先生在《中原古典神话流变论考》中也说，牛郎，名如意，南阳市西桑林

---

[1] 林继富，钟建华.湖北郧西中国天河七夕文化之乡 [M].北京：中国文联出版社，2017：155-157.

[2] 林继富，钟建华.湖北郧西中国天河七夕文化之乡 [M].北京：中国文联出版社，2017：5.

村人，织女从天上来到人间，嫁给了牛郎。她教南阳的姐妹们养蚕、抽丝、织丝绸。这两个故事就是南阳牛郎织女的见证，这个故事的起源，说明南阳具有产生牛郎织女神话的经济和文化土壤。荆襄楚墓出土的古代丝织物，其图案、品种和工艺都令人惊叹。毗邻的南阳盆地也是楚国的土地，自古以来就盛产良种牛。传说，南阳万城区的牛郎村就是传说中的牛郎村。

其次，汉江流域保留了大量与牛郎织女神话和七夕习俗有关的遗迹。20世纪70年代，在南阳市北郊的独山东坡村（或白潭村）发现了一块汉代牛郎织女石刻，该石刻现藏于南阳市汉画馆。石刻的右上角刻有牛郎星的图像，牛郎星下方则雕刻着一头牛的轮廓。在牛的面前，一个男性形象正手持鞭子，呈驱赶或放牧的姿态。石刻的左下角则是织女星的图像，旁边雕刻着一位女性形象，她坐在某种物体上。牛郎织女石刻进一步支持牛郎和织女的传说起源于南阳，而画像中老牛的形象与现在的南阳牛是一样的。

天文学知识已在民间广泛传播，南阳的民间天文研究也持续了较长的时间。中外著名的张衡、南阳汉石刻师就是在这样的土壤中产生的。1940年，南阳民间仍然可以找到这样精深研究天文学的农民天文学家，这位农民天文学家年轻的时候曾经游学，参观访问过北京钦天监。在三代以前，对农桑之神牛郎织女的崇拜，也就转到了天上，用来认识和阐释天象，这样有了"牛郎织女"的星辰命名。

民俗学家张振犁在《中原古典神话流变论考》中也说："牛郎，名如意，南阳市西桑林村人……"桑庄位于今天的"二十里港"，紧靠古官道"夏路"。839年春，唐朝诗人杜牧从宣州入都做官。在途中，他经过了牛郎织女的家乡，作了一首诗——《村行》："春半南阳西，柔桑过村坞……襄唱牧牛儿，篱窥茜裙女。"诗人用素描的手法描绘了南阳城西美丽动人的"桑林"，其中"柔桑过村坞"，描绘了一望无际的桑林，桑林覆盖了整个村庄。在这个美丽的村庄里，世代流传着：牛郎叫孙如意，从小没有父母，跟哥嫂住在一起……河东织女在这里秘密嫁人，男耕女织，生了一对孩子叫金哥、玉妹……有一天，牛郎一家不见了，乡亲们觉得奇怪。晚上，他们躲到茶豆架下，仰望天空，看到了一条又长又宽的银河系，一边多了一颗恒星，另一边多了三颗恒星。每年农历七月初七晚上，村民们都会思念牛郎织女。他们会把瓜果放在茶豆架下，讲述牛郎织女的传说和七夕节的起源。尤其是女孩子、年轻人，他们会躲在茶豆架下仰望天空观看牛郎织女相会。[1]

3. 甘肃西和县

2007 年，中国民间美术家协会命名西和为"中华文化乞巧之乡"。2008 年 6 月，该节日被国务院列为第一批国家级非物质文化遗产。

中国古典文学专家赵奎夫先生经过多年的研究认为，西和乞巧习俗是汉代民间祭祖文化的重要组成部分，先秦时期的乞巧习俗是汉代民间祭祖文化的重要组成部分。据史书《秦书》记载，帝颛顼之苗裔孙曰女修。女修织，玄鸟陨卵，女修吞之，生子大业，可见女修以织传世，因为是氏族的祖先，所以成为织女星。秦朝的祖先是最早生活在汉江上游的人，因而将晴天夜晚天空呈现的银白色光带也称作"汉"。"汉"或"云汉""天汉"成了银河的通用名称。秦朝人将排列在银河北面的一颗大星和两颗小星组成的一个三角形命名为"织女"，以纪念他们的祖先。"汉"既指天上的"云汉""天汉"，也指发源于嶓冢山、哺育秦人、秦文化的那条大水，这水在西汉时期和当地的针线活动中所供奉的"巧娘娘"本质上就是织女星。乞巧民俗起源于先秦，形成于汉代，发展于唐宋，明清达到鼎盛时期，是一种集诗歌、音乐、舞蹈、工艺美术为一体的综合性汉族民俗文化活动。

关于西和七夕传说主要有民间故事、牛女故事、巧娘娘传说、杨二郎传说等。下面有记载西和流传甚广的一个七夕传说。

传说，很久以前，仇池山巍峨耸立，凌驾于群峰之巅，四通八达。有一年，观世音菩萨（传说是古代西峪国妙庄王的第三个女儿；西峪国遗址仍然存在，在今天的西和县和西峪坪和皇城上。）受邀参加王太后的生日会，各大仙念她的大慈大悲，救苦救难，功德无量，轮流劝酒。她本就不胜酒力，但盛情难却，所以

---

[1] 杜全山，周仁明. 牛郎织女传说当起源于南阳 [J]. 文史知识，2008（5）：149-153.

不得不再喝了几杯。当她踏在莲花云上，乘着风回来的时候，她被风吹走了，有点晕眩，一脚不慎，将仇池山山顶撞飞了，就成了现在的样子。后来，王母游历仇池山，看到险峻异常，心里很高兴，便在山顶上铺了几颗桃石。她对瑶池中的桃园不满意，孙猴子闹了麻烦，也不好照顾，于是她有了创造不朽桃园的想法。这桃核，落地生根，见风长，越长越高，越长越大，不久就结果实。从那时起，每隔360年，王母娘娘就派七仙女来这里采摘，和各位神仙一起赏桃、品桃，别有趣味。

传说有个小仙女，经常来山上摘桃子，迷恋着世间的美景，在山脚下爱上了一个年轻人。后来，她偷偷地走出像牢笼的纺织房，悄悄地嫁给了这个年轻人，过上了男耕女织的幸福生活。

仙女配凡间儿郎，王母娘娘知道后勃然大怒，气势汹汹来到仇池山，无情地把这对情侣分开。后来，在历尽千难万险之后，他们在观音菩萨的帮助下，赢得了重返仇池国的自由。但是100年后，仙女不得不遵守她的诺言，回到天上。

4. 江苏太仓说（JS X -8七夕节，太仓七夕习俗，太仓市）

太仓七夕入选苏州第二批非物质文化遗产名录，"太仓牛郎织女传说与乞巧民俗"共同申报江苏省非物质口头文化遗产。

宋龚明之《中吴记闻》和范成大《吴郡志》和苏州、太仓、昆山、嘉定等地方志记载：昆山县往东三十六里，叫黄姑村的地方，是牵牛织女星降生的地方，织女以金篦划过河，河水满溢，牵牛不能渡河。当地得知，为其建立祠堂。祠堂中有牛郎和织女两尊雕像。宋建炎年间，因战乱频繁，士大夫们多选择在东冈避难。当时，有一位范姓的文人路过此祠堂，见景生情，在墙壁上题写了一首诗："商飙初至月埋轮，乌鹊桥边绰约身。闻道佳期唯一夕，因何朝暮对斯人？"后来，因某种原因，乡人将牛郎的雕像移除，如今神祠中仅存的是织女的雕像。有位范姓书生，封建意识颇为浓重，对牛郎织女能朝夕相伴一事心存芥蒂，还发表了些相关看法。当地人听闻后，便将牛郎像从原庙搬走，只把织女雕像留于原处，把"黄姑庙"更名为"织女庙"，庙门朝东。与此同时，在娄塘西市梢又新建了一座"牛郎庙"，别称"黄姑庙"，此庙面朝西。两座庙宇中间横亘着刘家港，恰似一道天然屏障，让二者河东河西遥遥相对，只能隔空遥望，难以相聚，刘家港也由此成了人们口中的"人间天河"。

有关"黄姑"与"牛郎"的关系，有些读者可能会问：黄姑和牛郎是什么关系？

据《荆楚岁时记》："牵牛谓之河鼓，后人误传为黄姑。"原来牛郎和黄姑是一个人的两个不同的名字。汉代《古乐府》"黄姑织女时相见"的诗句，可以算是一个旁证了。

牛郎织女的传说至少从西周就开始流传了。太仓的牛郎和织女庙可以追溯到唐、北宋时期。那么为什么说牛郎织女的传说"生"在太仓呢？太仓，昔日曾为皇帝的粮仓，其历史可追溯至战国时期，彼时春申君黄歇在此购置了粮仓。到宋代，它被划归昆山惠安乡。太仓位于沿海地带，地势高亢，素有"岗身"之称，现今上海嘉定区外港仍保留着这一古称。因其地势高且开阔，向来是棉花的种植佳地，棉花产量渐丰，自然而然地催生出纺织工业。古代太仓所产的"惠安布"声名远扬，不仅被选作朝贡宫廷的珍品，还远销海外。近些年来，太仓还举办了土织布展览，展出的土织布色彩斑斓、图案精美，令人目不暇接。种棉织布，勾勒出典型男耕女织的传统农业社会家族风貌，因此，牛郎织女的故事便具备了存续的经济土壤，与缥缈的神话拉开距离，和现实产生紧密映照。

还有个关键因素，太仓坐落于江海交汇之处，刘家港更是其中的关键所在，它见证着上海的蓬勃发展。刘家港身为重要的商业与外贸港口码头，在元明时期有"六国码头"的美誉，能够囤积江浙两省数以百石计的粮食，享有"百万仓"之名，明代郑和七次下西洋的壮举，正是从这里扬帆起航。刘家港连接着日本、琉球、高丽、吕宋、占城等国家，渔业也很发达，当地许多人以渔业为生，不管是出海铺鱼还是出海做生意，出海远行总是有一些危险，出海远行从时间上看，少到几个月，多到一两年，留守妇女面对江海望穿秋水，期盼亲人相聚，这和被天河相隔的牛郎织女的心情极其相似。牛郎织女的传说触动了太仓老百姓的心弦。

因此，在太仓南郊，他们称牛郎织女为"当方土地"（当地的地方守护神），称织女为"女土地"。

太仓地区有关牛郎织女的神话传说已流传近千年的历史，是一份宝贵的文化遗产。下面摘录太仓牛郎织女传说一则：

在太仓南郊，有个黄姑村，牛郎一家就住在此处。牛郎自幼父母双亡，只能寄居于哥哥嫂子家。一日，天上突然飞来一头牛，牛郎悉心照料，将牛养得健壮，时常去田边放牛，一人一牛关系极为亲密。哥哥嫂子却常欺负、虐待牛郎，煮了好吃的便偷偷吃光，不让牛郎知晓。老牛察觉后，赶忙催促牛郎回家，好赶上吃饭。嫂子因此对牛郎厌恶至极，逼他离开。牛郎只说："我别无所求，只要这头牛，再有块地、一间茅草屋就行。"从此，牛郎与牛辛勤劳作，彼此相依。闲暇时，能干的牛郎干完农活，就会骑在牛背上吹笛解闷。

这美妙笛声飘到天上，引得织女沉醉，她在彩云尽头悄悄聆听，一连听了七七四十九天，不禁为牛郎心生怜悯，进而心生爱慕。这时，老牛对牛郎讲："你朝她招手试试，要是她有意，便会来与你相见。"牛郎仰头望向云中，织女见他招手，便掏出银簪子扔下去。刹那间，"刷"的一声，银簪化作通往天庭的路。牛郎即刻骑牛上天，迎回织女。

二人情投意合，在老牛撮合下，织女来到黄姑村，与牛郎成婚，过上男耕女织的美满日子，还生下一对龙凤胎。织女织布手艺精湛，还热心教村里妇女织布，人缘极佳。后来，老牛濒死之际，把头靠在河岸上说："我死后，你剥下我的皮收好，危急时刻，披上它就能飞上天。"老牛离世之处的那条河，如今仍叫"牛头泾"。

织女乃是玉皇大帝的孙女。一日，玉皇大帝发觉织女没在织布机房，便差遣天神去探听消息，这才知晓织女去了黄姑村，与牛郎成了夫妻，还育有一对双胞胎，顿时龙颜大怒，斥责道："天上仙子怎可与凡人成婚，门不当户不对！"旋即派天神前往捉拿织女。刹那间，黄姑村上空乌云蔽日，电闪雷鸣，天神便将织女强行押解回天庭。

牛郎见天色骤变，匆忙赶回家，却发现织女没了踪影，仰头一望，正瞧见织女被押解着往天上飞去。他心急如焚，迅速披上牛皮，抱起两个孩子，即刻朝天空飞去，紧紧追随其后，一路呼喊不止。织女心中暗忖，自己身为玉帝孙女，料想不会遭受太重惩处，可牛郎一介凡人，又是外姓，到了天上定要受严刑拷打，于是挥手示意他们莫要跟来。但牛郎全然不顾，织女情急之下，拔下头上金簪，往身后奋力一划，一条波涛汹涌的银河瞬间出现，牛郎父子被阻拦在河东，无法渡河。

玉皇大帝把织女带回天庭后，狠狠斥责一番，又将她囚禁在织布房里。牛郎见不到织女，孩子们哭得十分伤心。地母娘娘，传言是玉皇大帝的妻子，掌管着世间万物，见他们着实可怜，便向玉皇大帝求情。

最终，玉皇大帝应允牛郎织女每年农历七月初七相见一次。每至七月初七这天，鸟鹊纷纷前来搭桥，好让牛郎织女带着儿女在鹊桥相会。

口述者：薛子良，男，82岁，太仓县南郊镇胜泾村（原名黄姑塘村）八组农民，1988年3月18日讲述；荣有能，男，70岁，南郊镇瑞霭堂昆曲堂名老艺人。

牛郎和织女庙太平天国时被毁，重建后在1958年时又再次被拆。但牛郎织女的传说对当地人有着深远的影响，因此，当地人自发拆了重修几座寺庙。虽然庙会的规模比过去变小些，但每年正月初一、十五仍有数以百计的人在庙会上吃斋饭。

据当地老者回忆，原来的黄姑寺仅供奉织女，织女头戴凤冠、身着霞帔，端坐大殿，面朝东方。与之隔河相对的是牛郎庙，庙中牛郎身背凉帽，面朝西侧，立于神牛之旁。明清之际，两座庙宇香火极为旺盛，明代张采所著的《太仓州志》，还有清代的《吴趋访古录》，均对此有所记载。陈友觉书中提到，因太仓建有牛郎庙与织女庙，"乞巧"这一民俗在当地存续良久。此地还有每三年举办一次的开光活动，以及吃巧果、用指甲花染指甲、拿根叶汁梳头发、看巧云、看星星等一系列七夕传统民俗。[1]

总之，浪漫七夕传说在长江流域流传演绎数千年，现代社会，不管是以非遗保护为出发点的牛郎织女发源地之争，还是七夕其他传说的发源地之争，都是为了发展地方经济旅游造势文化品牌的塑造。无不彰显七夕传说在我国深厚的文化内涵，下面我们来探索七夕传说经历了怎样的发展历程，又有哪些经典传说及类型。

（二）牛郎织女传说的演变

1. 传说雏形期 —— 飞星传恨

牛郎、织女为神话传说中的人物，最早是从牵牛星和织女星演化而来的。织女是天帝的孙女，与牛郎结合后，不再给天帝织云锦，天帝用天河将他们隔开，只准他们每年农历七月七日相会一次。相会时喜鹊在银河上为他们搭桥，称为"鹊桥"。现在用牛郎、织女比喻长期分居两地的夫妻。

西汉时，出现了以牵牛和织女为表现题材的石像作品，这就是汉代石像画上的牛宿、女宿图。当时汉武帝刘彻命人在京都长安开凿了昆明池，并且于池的两侧摆放牵牛、织女石像。但是在这一时期的文献资料中，我们无法看出牛郎织女故事的各种情节。及至东汉，以描写牛郎、织女故事为题材的作品就更多了，最有名的要数《古诗十九首》其中的一篇："迢迢牵牛星，皎皎河汉女。纤纤擢素手，札札弄机杼。终日不成章，泣涕零如雨。盈盈一水间，脉脉不得语。"此时的爱情主人翁 —— 织女的形象被刻画得更加生动细腻，还能把那种天各一方而不能相见之情表现得淋漓尽致。值得大家注意的是这一时期的故事中开始出现了七月七鹊桥相会的情节。

2. 传说的成熟期 —— 结为夫妇

对于两人成为一对夫妇的关系，最早的记载是李善注《文选·洛神赋》引曹

---

[1]　刘芹 . "七夕"究竟有多少版本？江苏也有一个 . 扬子晚报网，https://www.yangtse.com/zncontent/786008.html，2020-08-25.

植（192—232 年）《九咏注》，注称："牛为夫，织女为妇，织女牵牛之星，各处河鼓之旁，七月七日乃得一会。"晋代宗懔《荆楚岁时记》描述：织女是天帝的后人，住在天河的东面，她的工作就是每天织出像云彩一样漂亮的天衣，常言道"天衣无缝"，可见织女的手艺多么高超。大概是织女的勤劳感动了天帝，天帝见她一个人孤苦伶仃，于是把她许配给住在天河西面的牵牛星。结婚以后的织女荒废了织布工作，惹怒了天帝。后来天帝把她重新召回河东，二人只得在每年的七月七日的夜晚相聚一回。南北朝任昉的《述异记》与《荆楚岁时记》所讲的内容大同小异，基本上代表了当时故事的流传情况。

干宝的《搜神记》把牛郎、织女的故事说成了汉代孝子董永和七仙女的故事，记录了一段汉代孝子董永的故事。这也是元代郭居敬辑录古代二十四个孝子的故事以宣扬孝道的《二十四孝》之一。有的"董永织女"的故事里面说织女给董永生下了一个儿子——董仲，有人说这就是劝说汉武帝"罢黜百家，独尊儒术"的儒家大功臣董仲舒。

文中记载，在汉代有个名叫董永的男子，千乘人氏。他很小的时候母亲就去世了，剩下父子两人相依为命。虽然家境贫穷，但董永十分勤劳，干活卖力，凭着勤劳的双手独自一人养活年迈的父亲。后来，父亲死了，董永没有钱安葬父亲，于是就把自己卖给别人当奴役，换钱为父亲办丧事。当地有个财主，知道董永品行高尚，是个正人君子，被他的孝心感动了，就拿出一万串钱给他，把董永遣送走了。

在汉代，父母亲去世，不管是达官贵人还是平民百姓，都要为父母守孝三年，在古代这叫"丁忧"，丁，是"遭遇""遭逢"的意思；忧，就是父亲或母亲去世。三年以后，董永服丧完毕，便要到主人家当奴隶干活。在半路上，他碰到一个女子，那女子对他说："我愿意当你的妻子。"董永想反正自己是孤身一人，便收留了她做自己的妻子，带着她一同去主人家，主人说："我只是把钱给了你，并没有买你为奴的意思。"董永说："多谢恩人出钱帮助，才令我的父亲得到安葬，我董永虽然只是卑微的小人物，但也要报答您的大恩大德啊，请让我为您做些事情吧。"主人知道董永是个有情义的人，只得答应他。主家看到董永身边站着一个妇人，就问他："您的妻子有什么才能啊？"董永回答："能织布。"主人说："那么就请您的妻子为我织一百匹布吧。"古代织布技术并不发达，织好 100 匹布要花很长时间，但织女 10 天就织好了。织好后就对董永说："我本天上织女，天帝被你的孝心感动，派我来为你还债。"说完织女就飞走。这里故事比较简单，缺少细节描写，而且故事结尾作者也没有交代。

综上所述，在魏晋南北朝时期，牛郎、织女故事最基本的结构已经成型了。

明清时期，牛郎织女的神话逐渐发展到了成熟阶段，故事情节更加复杂曲折，人物形象也更加生动。在文学领域，最具代表性的就是明代文人朱名世（1575 年前后在世）所编的四卷小说《牛郎织女传》。《牛郎织女传》完整地叙述了牵牛织女神话的故事情节，汇集了各个时代牵牛织女神话的种种要素，并将其安排在一个统一的故事主线里。在故事开头，作者先对此神话故事进行了一番考证："牛郎织女的历史，在下不得不表明，在前既称夫妇，何有以七夕一相连之说？考之身世说，原来天河之东有织女，乃天帝之孙女，勤习女工，容貌不甚修理。后奉天帝之命，许嫁于河西李牛郎。嫁后，竟废女工，天帝大怒，令织女仍归河东。那牵牛郎在河西思之不已，于是有鹊桥重会，每年仅七夕始得一圆满时日。这便是二位大仙的来历。"在这里，我们可以看到，作者实际上援引了南朝梁文学家殷芸《小说》中关于牵牛织女神话的记载："天河之东有织女，天帝之子也。年年机杼劳役，织成云锦天衣，容貌不暇整。帝怜其独处，许嫁河西牵牛郎，嫁后远废织纴。天帝怒，责令归河东，但使一年一度相会。"故事中牛郎被定为天界随身服侍玉皇大帝的第十二位金童，而织女的身份则是"斗牛宫中第七位仙女，系玉帝之婿张天君所生，俗呼做张七，玉帝之外孙女，故又称天孙织女"。小说的第一、二回主要描写了神话故事的起因，由于玉皇大帝要举办蟠桃大会，须向西王母借一支珊瑚八宝温玉杯。于是差遣身边第十二位服侍金童前往西王母处借杯。在西王母处金童偶遇织女，为其容貌所动，于是向织女求爱，言语间不免轻薄。织女一开始对金童多有好感，但得知其意后羞愤异常，向西王母告发金童无礼之举。西王母向玉帝告发此事，玉帝决定将金童斩首以谢其罪。千钧一发，太上老君及时赶到为金童求情，提议免其一死，但将其贬下凡尘，"令受颠沛折磨之苦，使其悔悟，然后再行起升天庭，方好佳偶天庭"。于是玉帝使令太白金星将金童送下凡间投胎托生：另一方面由于织女在与金童相通时先一笑留情，也被处置，令其"独居河东工织数年，若有疏怠，再行严加警戒"。至此，故事的开始阶段告一段落，以金童被贬下凡尘受苦，织女送往天河东织工而结束。在这里有两点值得我们注意，一是作者在尊重神话原有面貌的同时，发挥了充分的想象力，第一次对牵牛织女神话的缘起作了详尽的描写。其中涉及很多民间传说，如玉帝在准备蟠桃大会时说道："往年蟠桃大会，被孙猴儿闹翻了全局，今又躬逢盛典，不可不赏。"而对织女身世的介绍，又明显受了董永与七仙女传说的影响。这些都充分展现了当时我国神魔文学经过几代的积累，已形成了丰富而又成一定体系的创作土壤供后代所利用。二是在对人物的描写上更加真实，如织女对金童的情感描写，一开始见金童，眼角传情，又是一个青年秀美男子，禁不住微微一笑，可见对金童不无好感，而后面对金童的大胆表白，却又勃然大怒，嚷着要向西王母告状。而事后得知金童被贬下凡界受苦时，又追悔不已，对金挂念："不知金童贬了下界，受何种苦痛，什么折磨？恐其不能安闲自在，即如我居天河之东工织，总比凡尘安逸多矣。"同时心想："那日一起凡性，以致二人败露至此，彼此分居天上人间，怎不令人心中暗痛……可见情由冤结，佳偶大成，刻下受苦，但愿后来成为夫妇，也不枉痛苦一场。"这里的织女分明就是一个不谙世事、情窦初开的少女，在面对突如其来的爱情时，心中自然如同打翻五味瓶，喜悦、害羞、惶恐等情感瞬间一发涌上心头。虽然心存好感，但不知如何表达，反而弄巧成拙，最终酿成遗憾。我们不妨想想，假如作者一开始就让二人一见钟情，两情相悦，故事情节显然会趋向平淡。而作者在故事一开始就引入矛盾，不但激起了读者的阅读兴趣，也为后面的情节发展打开了空间。由此我们可以见到明清时期的小说家在把握人物性格特征以及故事情节的铺垫上已经具备了相当高超的手法。

《牛郎织女传》的第四、五、六回主要讲述了金童在凡间投胎转生为牛员外之子的生活故事。这一阶段的故事矛盾主要围绕着金郎（金童凡间转世之名）与想独占家财的兄嫂马氏展开。在牛员外死后，马氏为了独占家财屡次对金郎加以迫害。幸而在太白金星的安排下，金牛星下凡变为一头耕牛陪伴金郎，暗中加以守护，金郎才多次化险为夷。到小说的第七回"天孙女宫中思情，玉清殿圣母请旨"一章，作者才笔锋一转，讲述在天河东云锦官被罚织工的织女，因思念金童在凡间受苦，不时央求云锦圣母在玉帝面前求情。终于在金童下凡的第十二年，在云锦圣母和瑶池圣母二仙的努力下，玉帝准许免金童之罪，差遣太白金星下界迎金重返回仙界。金童见到太白金星后，回忆起在仙界的往事，为家兄遗书一封，吃过仙丹随太白金星返回天界。行至天河之西，几人在天将行宫暂住。至夜间，金童思念织女，私自走出行宫去寻找。正巧在天河边遇到织女一行人在冰浴，金童悄悄把织女的衣物藏起来，等到众仙女走后，现身将衣物还给织女，二人共诉思念之情，相约共结姻缘。次日，金童并太白金星、金牛星三仙见了五皇大帝，玉帝允许金童与织女共结连理，此二人遂成夫妻。不料二人只恋夫妻之爱情，忘却了应尽之天职，又惹得玉帝大怒，派天兵天将前去捉拿二人。二人被众天将追赶至天河边，走投无路。正在危机之刻，太白金星赶到止住众天将，将二人带到玉帝面前。玉帝拟定二人死罪，但经太上老君求情，免去死罪，但令金童永居天河西天将行宫内，天孙织女永居天河东云锦宫内工织，亦着仙娥看守仍然陪伴，也不准偷会金童！二人只得新婚相别，分居天河东西两岸。二人的恋情感动了许多仙宫，就连奉命捉拿二人的托塔天王也对金童叹道："……金童今与天孙二次分拆，真是悲苦之至，即如小将奉旨捉拿，亦是出之于不得已……姻缘期限，本由天定，不必心慌意乱，保守仙体为要。"最终太白金星与太上老君二人出于慈悲向玉帝上书，请求允许二人每年七月七日相会，并"有乌鸦、天鹊、龙凤之类连接天河之中，使尔二仙自东至西，彼此两造相会，即可共诉衷肠，稍可以慰心愿"。至此金童、天孙每年七夕相逢，一载离情，一夕倾肠，世称牛女二星。

通读整个故事，我们可以发现《牛郎织女传》一书完整地讲述了整个神话传说，其中很多情节借鉴了各种版本的牛郎织女故事。如神牛相护、河边盗衣等情节就是借鉴了董永与七仙女的故事。在故事情节的处理上，各种矛盾冲突安排合理，节奏紧凑，叙述通俗易懂，具有很强的可读性。可以说《牛郎织女传》中，是对各代牵牛织女神话的一个总结和概括，充分体现了明清小说的文学艺术水平。

在明清时期，除了《牛郎织女传》以外，在其他方面，如诗歌、戏剧等领域，对牵牛织女神话的再加工也不在少数。如明代青阳腔《织锦记》所描写的就是董永与七仙女的故事，而家喻户晓的《天仙配》也在这一时期被引入黄梅戏、越剧等剧种之内，在这里限于篇幅不作过多叙述。

施爱东曾经写过一篇《"织女"的故事》，里面写道："自然经济下的个体劳动的农民愿望，和对幸福生活的要求。反映了以农业和手工业为基础的中国中古封建社会的特征。"这个说法是有一定道理的。另外，他还把混杂在牛郎、织女故事里的毛衣女、梁山伯祝英台做了区别罗列。

范宁《牛郎织女故事的演变》一文对这个问题作了详细的介绍，很有价值。他认为织女最早是一名汉滨女神，可能还掌管一些关于水利方面的事情。牛郎是一名管守桥梁的神职人员。二人能够成为夫妇，可能是源于占星术，与古代农业有关。而且在他看来，"这个牛郎织女故事是形象化了的自然经济下的个体劳动农民对幸福生活的愿望和要求。反映了以农业为基础的中国中古封建社会的特征"。这个说法是有一定道理的。另外他还把混杂在牛郎、织女故事里的毛衣女、梁山伯与祝祝英台作了区别。

洪淑玲《牛郎织女神话形成的脉络》一文首先列举了欧阳云飞在《逸经》杂志上发表的《牛郎织女故事之演变》的五个演变：

（1）胚胎：带有两性名词的星名被发现。

（2）雏形：织女渡河与牛郎相会。

（3）具体：结婚后废织作，被限制会期。

（4）进化：杂以理想主义描写而生枝添叶。

（5）脱形：以见不到（天上）进而为见得到（人间）的言情故事。

作者指出，这个划分法巧妙恰当，但只是概略性的，没有细的阐述。她以时间顺序重新作了梳理,以先秦时代含藏的基因作为胚胎期;以汉魏时代人形化与离别象征的发展作为雏形期;以魏晋时代相会之说与梁朝故事的写定作为形成期。《牛郎织女神话形成的脉络》也写道:"只有当'牵牛'由'牵车的神牛'进化成了'牵牛的男人'时,他与织女才有擦出爱情火花的可能,而这头神牛迟至班固时期才算完成了这一进化。"

3. 传说的演变期 —— 添加人物

在后来的故事演变中,人们根据各种现实需求,又给牛郎加上了一对凶恶的哥嫂、牛郎织女反对封建大家长 —— 王母等人的精彩情节,使牛郎织女的故事越加曲折、生动。后世民间对这一传说的继承发展添加了很多枝叶,具体情节有很多不同说法,但故事情节框架一致:牛郎得到老牛的帮助遇见织女,到二人结婚再分离再寻妻,最后七夕相会。[1]

在这里,我们可以明显看出,后世民众结合自身生活经验对牛郎的身份、职业有了详细的介绍,并且对牛郎如何在老牛的帮助下娶到美丽的仙女也作了细节上的描述。

(三)牛郎织女传说的类型及经典传说

民国及中华人民共和国时期采录的牛郎织女神话传说各版本,实则是先秦以来楚地相关神话传说要素与牛郎织女传说历经明清之际相互融合的产物。这些要素,均能在襄阳、南阳流传的牛郎织女神话传说以及相关史实、神话传说里找到对应之处。以下是较为典范的"牛郎织女"传说版本所融合的要素:

(1)人神恋爱,同病相怜。

天庭中织女纺织受苦,人间里牛郎孤独受难,此情节由最早的"人神恋爱"——襄阳万山"郑交甫会汉水女神"神话径直演变而来。屈原曾于襄阳、南阳生活,他诗作里的"人神恋爱"元素,和牛郎织女的"人神恋爱"属于同源异流,相互

---

[1] 刘秋娟. 中华传统节日·七夕节 [M]. 长春:东北师范大学出版社,2011:16-25.

交融。织女的遭遇还融入了孙权织女夫人与南阳"王夫人"的形象特点。织女夫人擅长纺织，在绣房做着苦工，婚后命运转变；南阳王夫人育有子女却与郎君两地分离，这些都为丰富"牛郎织女"传说添砖加瓦。

（2）"沐浴"型。屈原《九歌·少司命》里"与女沐兮咸池"的诗句，与织女降临人间湖中沐浴的情节同源，对其产生了影响。

（3）羽毛衣型 —— 织女仙衣、牛皮神异功能。

宗懔、段成式都曾在襄阳、南阳一带生活，他们记述的"鬼鸟""夜行游女"这类楚地神话传说，正是"织女仙衣"的源头。而"虎皮井的传说"，则附会在襄阳岘山东晋释道安创建的卧佛寺以及名为"虎皮井"的古井周边，是虎女精妻人的故事。

虎皮就藏在虎皮井中。这是牛皮（兽皮）神异功能的源头。

（4）井 —— 藏织女仙衣。由虎女精妻人的"虎皮井"故事演变而来。

（5）两兄弟型 —— 小弟受虐、分家情节。这在封建社会很普遍。

上述五要素，在民国及新中国阶段于南阳采录的牛郎织女神话传说中均有呈现。并且，这类传说的情节把南阳设定成了牛郎织女的生活之所。显然，南阳的牛郎织女神话传说是直接脱胎于襄阳相关古神话传说，可见两地文化纽带紧密，血脉相通，同为牛郎织女传说的源起之处。牛郎织女的故事非常动人，流传久远，而且这个故事把人间的悲欢离合和天上的星象联系起来，展现出其他民间故事中没有的神秘气息和传奇色彩。全国版本众多，但在历朝历代的传播和演变中不免都带上地地域和民族特色，下面将从几个角度加以叙述。

（四）牛郎织女传说在民族地区的传播演变

牛郎织女的传说在南方少数民族地区也有广泛的流传。流传于南方少数民族地区的牛郎织女故事，有的仍称《牛郎织女》，或称《牛郎与织女》《牛郎和织女的故事》等等，但大多则按照各自民族的习惯另有名称。如湘西苗族地区名为《天女与农夫》，黔东南苗族地区名为《牛郎织女的故事》，滇西傈僳族民间称《花

第一章　迢迢牵牛星　皎皎河汉女
—— 长江流域七夕传说

牛牛和天鹅姑娘》，黔西南布依族民间是《重然的故事》等等。在一些民族的传说中，牛郎和他的哥哥还有了具体的名字，如布依族的《重然的故事》，牛郎的名字叫作"重然"，他的哥哥名叫"重容"。"两兄弟"这一情节在布依族民间的《重然的故事》是这样记述的：很久很久以前，在一处偏远的小山寨里，住着两兄弟。哥哥叫重容，弟弟叫重然，他俩命运坎坷，恰似一根藤上结出的一对苦瓜。傈僳族民间故事《花牛牛和天鹅姑娘》也讲述，往昔有两兄弟，在父母离世之后，已经娶妻的哥哥在其妻子的挑唆下，和弟弟分家，老老实实的弟弟只分到一头一直由他喂养的花牛。有的则没有"两兄弟"这一情节，如流传于湘西苗族民间的《天女与农夫》说：从前有一个农夫，帮人在田里耕田……不一会来了七个不大不小的雀儿，在附近的一个塘里洗澡。原来这七个雀儿，是天上的七姊妹化身下来的。衣服脱在一边，凡人不能看见她们的原身，但那牛看得很清楚，就对农夫说："你放我吃点草，我可使你终身幸福。"……农夫就把它放了。那牛慢慢走到七姊妹放衣服的塘边，悄悄地拿了一套衣裤在口里，飞跑回来，说道："你把这套衣服好生收起，不久自有女子来向你讨取。因为她的裸体都被你看见了，所以她愿意做你的妻子。但是这套衣裤，你两人结婚以后，还是不能还给她的。若是你还了她，恐怕你俩就做不成夫妻了。"……

流传于黔东南苗族民间的《牛郎织女的故事》和流传于桂东北苗族民间的《牛郎和织女》，也没有"两兄弟"这一情节：很早很早以前，苗岭山麓有一位年轻的后生。他幼年就丧失了双亲，人们也不知道他叫什么名字，因为看见他和一头水牯牛相依为命，就叫他牛郎。牛郎为人忠厚，勤劳善良，大家都非常敬重他。牛郎家里贫寒，既没有田地可耕，也没有火种，只有和水牛一起，终年给财主干活，过着艰难的岁月。

汉族民间流传的牛郎织女传说，织女返回天宫多是被王母娘娘（或天帝）派遣天兵天将将她捉回天庭的，而在南方少数民族地区流传的牛郎织女传说里，织女返回天宫多数是自己回去的。比如布依族的《重然的故事》中说："……他们请（老牛化身变成的）老公公为媒，请老公公主婚，当天叩拜，结成夫妻。"仙姑们按照仲家人（布依族）的婚俗，新婚三天以后，辞别重然，返回天宫坐家去了。然后，每逢节日或农忙时节，织女便下到凡间，与重然团聚。苗族《天女与农夫》里的天女返回天宫，也是自己回去……有一天她对丈夫说道："今天你在家里带小孩，让我去摘猪菜。"丈夫答应，她就背着背篓，携了镰刀去了……第二天她还是去摘猪菜，丈夫在家带着孩儿……第三天他对妻子说道："今天我不耐烦带着孩儿了，让我去摘猪菜吧。"……丈夫去后不久，妇人（仙女）问她的大儿子道："昨天你弟弟哭了没有？"儿子便把弟弟如何哭、父亲如何去取花花绿绿的衣服给他玩一一说了。她一想，那花花绿绿衣服应该是我当年穿的那一套。就询问儿子是从哪里拿出来的。儿子刚开始不肯说，因为父亲叮嘱过不准告诉母亲。后来织女给他糖吃，他才告知是从楼顶上的一个木孔里拿出来的。织女马上上楼顶摸出她的衣服，拿出来穿好，带上她的两个孩子，飞到云端里，回到天庭她原来住的地方去了。

黔东南苗族《牛郎织女的故事》里，也是织女害怕天公察觉后会降祸于人间，因而自己返回天宫的。织女离去时，还飞到牛郎耕作的地方，用歌来向丈夫告别，并要丈夫去征服天公，以求得团聚。

牛郎织女与王母娘娘（或天帝）斗争的结果，也和流传于汉族民间的牛郎织女传说不一样，不是一年一度短暂的相聚，而是获得了永久性的团圆。比如布依族的《重然的故事》最后说：王母拿重然没有办法，拆不散他和七仙女的婚事，只好让重然和七仙女团圆。从此以后，这对勤劳的夫妻，带着阿蓉和阿丹两个孩子，过着男耕女织幸福的生活。黔东南苗族的《牛郎织女的故事》结尾也是王母斗不过牛郎，最后只得让牛郎织女重返人间欢聚。湘西苗族的《天女与农夫》的结尾则是"后来他们夫妻儿女，就在天上过生活了"。

以上这些是流传于南方少数民族地区牛郎织女传说与流传于汉族民间牛郎织女传说两者之间的明显差异。这些差异的存在，自然是南方少数民族地区社会经济、文化所使然，同时也是南方少数民族地区人民群众在民间口头文学创作方面审美心理、审美情趣和欣赏习惯的一种反映。

　　流传于汉族地区民间的牛郎织女传说和流传于南方少数民族地区民间的牛郎织女传说在一些情节或细节上虽然存在着或多或少的差异，但是，就总体而言，却大都具备以下三个相似或相近的情节单元：

　　（1）天上几位仙女飞来湖中洗澡，牛郎（或农夫）在老牛帮助下窃取其中一位脱下的羽衣并与她结合。

　　（2）婚后男耕女织生儿育女生活幸福。

　　（3）仙女之母发现以后将其捉回天宫（或仙女找到羽衣后离他而去）。

　　这三个情节单元，是近世型牛郎织女传说的重要组成部分，是构成近世型牛郎织女传说的核心。按照民间故事类型分类，具有以上三个情节单元的故事属"天鹅处女型"故事。"天鹅处女型"民间故事又称"毛衣女"故事或"羽衣仙女"故事，这种类型的故事在我国有着十分古老的渊源，它的根深深扎在我国远古时代对鸟类的原始崇拜之中。鸟崇拜、人和鸟合体的神仙、人和鸟的互相转化、妇女在沐浴时吞鸟蛋而怀孕等这些原始文化因素，在长期发展与融合中，自然而然地产生出"羽衣仙女"的母题。

　　《搜神记》所载的《毛衣女》故事，还见于与之同时代的《玄中记》。《搜神记》和《玄中记》所载的《毛衣女》故事，还不能说就是近世型的牛郎织女传说，因为在这个故事里，至少还没有起中介作用的"老牛"这个形象出现，更没有天河阻隔、隔河相望、喜鹊搭桥、鹊桥相会等精彩动人的情节。但是这个故事不仅含有母题天鹅仙女脱下羽衣变形为人，而且含有母题通过偷取洗澡仙女羽衣而与之结婚和仙女找到羽衣后穿起离他而去，这些母题构成了一个完整的故事，这个故事可以说是我国羽衣仙女故事最早的、最基本的形态。最早的、最基本的形态的羽衣仙女型故事《毛衣女》的不同分别被记载于大约同一时代的《搜神记》和《玄中记》中，又说明这个基本形态的《毛衣女》故事在当时已广泛流传。

　　在当时已广泛流传的《毛衣女》故事，发生的地点是"豫章新喻县"。《毛衣女》条所说的"豫章新喻"，当沿旧称。其时之"新喻"，大抵为今江西省新余县以西的袁水流域。根据有关史籍记载，包括袁水流域在内的湘东、赣西一带，古时原是苗族和瑶族先民聚居地区，壮族、侗族、布依族的先民 —— 百越中的"杨越"一支，也曾在这一地区留有足迹。因此，日本民俗学家君岛久子1978年发表的《东洋的仙女们》一文中认为，《搜神记》中所记的《毛衣女》故事，最早当是苗族、瑶族的故事，流行《毛衣女》故事的江西豫章不仅是中国此类故事的故乡，也是东方此类故事的发祥地。虽然，中国天鹅仙女故事的各个类型不是起源于同一个地方、同一个民族，它们的传播路线错综复杂，很多问题至今并没有弄得十分清楚，但是，与流传至今的牛郎织女传说有着十分密切关系的《毛衣女》故事最早当是苗族和瑶族先民的故事，这应是毋庸存疑的。

记载于《搜神记》中的《毛衣女》故事，后来又有了较大的发展，这一发展在敦煌发现的清末句道兴所记的《田昆仑》故事中得到了体现。在《毛衣女》故事中，那一位"豫章新喻县男子"已经有了具体的姓名 —— 姓田名昆仑，并说"其家甚贫"，同时具体描述了飞鸟变美女人于池洗浴这一重要情节，而且说明这鸟是三只白鹤，田昆仑藏匿了其中之一的"羽毛天衣"，仙女不能飞去，因而与他结为夫妻，一年之后生下一子，取名田章。田章三岁那年，有一天昆仑有事西去，仙女从其婆母那里婉转索回天衣穿上，"腾空从屋窗而去"。稍后不久，田章得到董仲（舒）指点，在他的母亲再次下凡"冀见其儿"时找到了她，并被母亲带到天上。田章被母亲带到天上以后，"经十五年以上学问"，学到许多本领，又从外公那里讨得天书八卷，十八岁时携带天书返回人间，被天子召为宰相。后来他虽然一度遭到贬谪，但终因聪明广识，能答天子各种"奇问"而被重用，封为"仆射"（官名）。

《田昆仑》故事里的田章答天子"奇问"一事是：有一次天子游猎时，射得一鹤，从鹤嗉中"得一子，身长三寸二分，带甲头兜牟，骂辱不休"，"复得一板齿长三寸二分，捣之不碎"。面对这"骂辱不休"的小儿和"捣之不碎"的板齿，"无能识者"。于是天子召田章问之："天下有大人否？"田章答曰："有。"天子又问："有者谁也？"田章答曰："昔有秦故彦是皇帝之子，当为昔鲁家斗战，被损落一板齿，不知所在，有人得者验之。"天子自知身得，更款问曰："天下有小人否？"

田章答曰："有。""有者谁也？""昔有李子敖身长三寸二分，带甲兜牟，在于野田之中，被鸟鹤吞之，犹在鹤嗉中游戏，非有一人猎得验之即知。"天子道好，又问："天下之中有大鸟否？"田章答曰："有。""有者何也？""大鹏一翼起西王母，举翅一万九千里，然始食，此是也。"天子又问："天下有小鸟否？"田章答曰："有。""有者何也？""小鸟者无过鹪鹩之鸟，其鸟常在蚊子角上养七子，犹嫌土广人稀，其蚊子亦不知头上有鸟，此是小鸟也。"天子的这些"奇问"，田章均一一予以解答，说明他博闻强记，才能非凡，故天子遂封田章为仆射，帝王天子以及天下人民亦始知田章是天女之子。

句道兴《搜神记》抄本中记载的《田昆仑》故事，其前半部分显然是由干宝《搜神记》中"毛衣女"故事脱胎而来，后半部分的"答天子奇问"，则明显地受《晏子春秋》卷八中"晏子答奇问"的影响。天子对田章提出的奇问，表层是要他解答从鹤嗉中所得"骂辱不休"之小儿以及"捣之不碎"的板齿这些"无能识者"的东西之来历，实际上是对他的聪明、智慧、知识、才能的一种考验。这种考验在汉族民间流行的近世型牛郎织女故事当中不多见，但在南方少数民族地区流传的牛郎织女故事当中，有相当普遍、相当完整的保存。

在苗族的民间故事《天女与农夫》当中，农夫在老牛助力下飞上天宫后，岳父起了谋害他之心。岳父假意邀请农夫上山打猎，待到夜幕降临，趁农夫熟睡，猛地将其推下万丈悬崖。好在农夫事前得了妻子的提醒有所防备，这才侥幸逃过一劫。岳父一计不成，又生一计，要他去办常人一般很难办到的事情，并一再地对他说："今天定要完工，不然你就休怪我为岳丈的不客气！"岳父要他做的事情是：

（1）一天之内把三个坳三个坡的树木全部砍倒。

（2）一天之内把三个坳三个坡砍倒的生树全部烧掉。

（3）一天之内将三石三斗三升的旱谷撒在三个坳三个坡上。

（4）一天之内把撒在三个坳三个坡上的旱谷一颗不少地捡回来。

（5）一天之内将三个坳三个坡的竹子全部砍倒。

（6）把砍倒的竹子削尖两头并全部搬到山顶。

（7）让他在山脚接住由岳父从山顶扔下的所有已削尖的竹子。

（8）让他到雷公家里去向脾气十分粗暴的雷公借不可能借到的雷鼓。

实际上，第七和第八个难题，是农夫的岳父欲置他于死地的诡计，也是农夫所面临的严酷的生死考验。布依族流传的《重然的故事》里也有相似情节：重然在老牛的帮助抵达天宫之后，他的岳母，也妄图将他置于死地。当天夜里就寝时，王母吩咐芙蓉（重然的大女儿），拿一块漂亮的绣花枕巾给她父亲用。可谁料到，到了半夜，那块绣花枕巾竟化作了无数条蜈蚣，朝重然爬来……

不过，这些诡计都被重然的妻子看穿，一次次化险为夷。可王母依旧不依不饶，"又想出种种棘手难题"刁难重然，还恶狠狠地放话，要是办不到，就要给他定罪。重然岳母给出的难题如下：

（1）在一天之内，砍光南坡上的所有树木。

（2）在一天之内，把砍倒的全部树木烘干。

（3）在一天之内，烧尽已经烘干的全部树木。

（4）在一天之内，于南坡完成播撒三石六斗红稗的农活。

（5）一天之内捡回撒的全部的三石六斗红稗。

从上面可以看到，农夫的岳父和重然的岳母要农夫和重然去办的难事，多数是比较艰难而艰辛的农事劳动。[1] 而这些艰难而且量大的农事劳动，是刀耕火种原始农业生产的劳动内容。他们通过艰难的、量大的劳动内容能否完成，来考验他们的劳动技能，来考察他们的斗争意志、勇敢精神这些成年男子必须具备的品格。所有的这些考验、考察，又多么相似于《田昆仑》里田章的答天子奇问。现在仍在南方少数民族地区广泛流传的牛郎织女传说中的"难婿"情节与一千多年前的句道兴所记《田昆仑》中的田章答天子奇问的情节相似，又从另一个侧面说明与

---

[1] 隆滟.民族民间文学的传承与变异 —— 布依族《重然的故事》与汉族《牛郎织女》之比较[J].兰州文理学院学报（社会科学版），2017（6）.

近世型牛郎织女传说有着密切联系的《毛衣女》故事及其发展形态《田昆仑》故事最初当是苗族和瑶族先民的民间故事。

　　历史上的苗族和瑶族，是两个命途多舛的民族，是两个长期游徙的民族。在他们不断迁徙的历史过程中，"毛衣女"故事以及后来已经有了发展的"田昆仑"故事必然也跟随他们的迁徙而广泛传播。因此，在汉族地区流传的牛郎织女传说，有的也有"为难女婿"这一情节。例如孙剑冰先生在我国山东采录到的一则牛郎织女传说的异文《天牛郎配夫妻》里说，从前有两兄弟，父母早逝，哥哥结婚后，在嫂嫂的挑唆下与弟弟牛郎分家，善良的弟弟只分得一头老牛。老牛告诉牛郎，七月七日天上七个仙女变为白鹤下凡沐浴洗衣。牛郎按照老牛的指点偷得羽衣，与不能飞去的七仙女成婚。后来，七仙女找到了羽衣，穿起后飞回天宫。牛郎按老牛的话，杀了老牛，剥下牛皮，披上以后登上云天。到了岳父家，岳父不愿意接纳来自人间的女婿，便提出种种难题企图难住女婿，借故将他赶出天宫。岳父的难题是：

　　（1）岳父变形为臭虫，让牛郎寻找。

　　（2）岳父变形为树上的红果，让牛郎辨认。

　　（3）让牛郎躲藏，岳父将他寻找。

　　这三个难题，牛郎均由于得到妻子的暗中帮助而获胜。不甘心的岳父又再出一题目：岳父与牛郎赛跑。在赛跑中，由于心慌，将妻子给的金簪划错了地方，变为天河，自己将自己阻隔于河的一岸，从此只能与织女隔河相望，最后隔河相望的夫妻化为两颗星星，即牛郎星和织女星。牛郎星附近的两个小星，分别是他的一子一女。[1]

　　另有故事中言牛郎和织女两人于鹊桥相会，因其真爱感动上天。如：每年的七月七这一天，喜鹊都衔上树枝到天河为牛郎织女架桥，帮助他俩相会。也有的

---

[1]　隆滟.牛郎织女在少数民族地区以及亚洲其它国家的传承和演变[D].兰州：西北师范大学，2008.

说是天帝受到感动允许牛郎织女七夕相会，喜鹊愿以身填河搭桥的故事：

对着面前的滚滚银河，牛郎的小女儿说："我们用瓢来舀干这河里的水吧！"他们父子三个就这样开始一瓢瓢地舀着滔滔银河的水……这种爱情和亲情终于感动了天帝，于是允许他们每年七月七日的夜里渡河相会，喜鹊为了成全这对夫妻的爱情，自愿答应了以身填河做渡桥的任务……还有的说是喜鹊受到感动而主动前来为他们搭桥的。

牛郎和织女的两个孩子都哭成了泪人，眼泪像珠子一样落进河里，王母娘娘看了着实心酸，就叫玉皇大帝成全他们，可玉皇大帝只批了他俩每年这一天见一次面，但不给修桥。在一旁的喜鹊自告奋勇地说："玉皇大帝，以后每年七月七，我们来为牛郎织女搭桥。"

由于有了"喜鹊搭桥""鹊桥相会"这一充满浪漫色彩的情节，被王母娘娘用玉簪划出的天河所隔阻的牛郎和织女，终于有了一年一度短暂而难得的相会机会，人们的美好愿望也能得以实现，并在心理上、情感上获得了最大的满足。

二、董永与七仙女传说

董永传说 2006 年入选第一批国家级非遗名录，主要发源于江苏省金坛市，湖北孝感，江苏东台、丹阳等地。

由《汉书》中一条未被引用的材料推知，董永的原型大概是生活于两汉之间的一位高昌侯。自宋朝往后，董永的籍贯说法多源于各地传说，而七仙女从织女群体里分离出来这一过程，也正是董永遇仙传说走向独立的历程。鉴于该传说流传时间极为漫长，期间积累了相当丰富的民俗内涵，民俗理想更是直接促使董永与七仙女身份出现上下变动，还推动了宋代之后槐树意象融入其中。20 世纪 50 年代，黄梅戏对此进行改写，董永遇仙女的传说故事获得了新生，但也埋下了新危机。如今，在"经济"的浪潮中，由于与地方文化的联系和利益的驱动，形成了许多新的文化景观。然而，在当今商业信息时代，作为口头文化遗产的它，其价值已被消解，其结构正面临着消亡的命运。

董永和七仙女的传说发生在东汉中期，只有三个可靠的来源支持这一结论：

（1）东汉桓帝武良寺石刻。

（2）魏操之诗《灵芝篇》（见下文）。

（3）东晋干宝的神怪小说《搜神记》。

《搜神记》第一卷第二十八条：“董永，千乘人氏，少时偏孤，与父居肆，力田亩，鹿车载自随，父亡，无以葬，乃自卖为奴，以供丧事。主人知其贤，与钱一万，遣之，永行三年丧毕，欲还主人，供其奴职。道逢一妇人曰：‘愿为子妻。’遂与之俱。主人谓永曰：‘以钱与君矣。’永曰：‘蒙君之惠，父丧收藏，永虽小人，必欲服勤致力，以报厚德。’主人曰：‘妇人何能？’永曰：‘能织。’主曰：‘必尔者，但令君妇为我织嫌百匹。’于是董永的妻子为主人家十日织完了布。织女出门对董永说：‘我，天之织女也。缘君至孝，天帝令我助君偿债尔。’说完，凌空而去，不知道去向哪里。”

第一条资料表明，董永的孝道故事在的山东地区流传已久，最早能追溯到147年以前。第二条资料显示，魏朝时，在山东生活多年的曹植，据当地传说，在一首诗作里勾勒出董永尽孝以及与仙女邂逅的故事梗概。第三条资料所呈现的故事在叙事层面内容则更为丰富，总体而言，至东汉末年，这个故事已然成型。

从现有文献来判断，董永遇仙传说故事大约发生在27—147年之间。董永的孝道遇仙故事出现在东汉，要结合彼时的文化背景与现状来研究。“孝”与“仙”作为两个关键要素，构建起“行孝—孝感—遇仙—分别”的故事架构，所以“孝”文化以及遇仙文化，是这一故事诞生的逻辑根基。而实际上，历史进程与逻辑推导向来同步，恰恰是这两种文化现象在西汉与东汉交替之际发展成熟，进而成为催生董永故事的文化诱因。《搜神记》中遇仙型“仙人配”故事主要有《刘晨阮肇》《河伯婿》《园客》《杜兰香》《董永》等等，其中既有下凡型故事也有偶遇型故事。但是，《董永》篇与其他篇不同。董永的身份是“孝悌力田者”，“孝”是整个内涵的高度浓缩。“孝”道使董永定成为汉代重要的道德典范。天帝派织女下凡，只是为奖励董永的孝，仙女只需要完成此项任务即可。因此，她不仅没有把董永介绍到天界的使命，而且也没有必要对他产生爱情。董永与七仙女之间的常规夫妻结构也会向情感结尾倾斜。然而，从"孝"到"情"的倾斜过程是很漫长的。

南宋以来湖北孝感、江苏东台市—丹阳、山东博兴等地，都认为当地是董永故事的起源地。它们成为董永传说故事的三个口头传播中心，博兴部分是董永起源，博兴有董永庙、董永墓、蓝家庄、古槐等文化遗迹。在 20 世纪 80 年代，当地把董永传说进行了文本整理，孝感有全家湖、理丝桥、董永墓、升仙台、古槐等与董永传说相关的遗迹。东台有缫丝井、董永庙、董永墓、蓝贤村、辞郎河、金钗井、古槐等与董永传说相关的遗迹。而在丹阳有董永墓、望仙桥、牛家庄、古槐等与董永传说相关的遗迹。以这三个地区为传说的传播中心，并向周边地区扩散，至今，董永传说已经流传到世界各地。在海外，由于民间口传的广泛性和复杂性，我们难以得知其传播的具体细节。但是，民间传播的持续性和多样性，确保了这一传说赋予不同地区的文化特色。明清以来，由于地方志对地方文化的热衷，在相关地区的地方志中留下了这一传说的口头形式的痕迹。

根据董永传说的传播路径，传说形式主要有山东的博兴、湖北的孝感和江苏东台与丹阳三个中心地区。三地都有一个相对独立完整的董永故事体系，与当地文化共生、相互生长。但这三个地方所能找到的材料都是南宋的。也可以说，董永玉仙传说自宋元以来，只在民间口头传承中才有了自己固定的领地。下面说说以长江流域湖北孝感和江苏东台、丹阳为中心的董永传说。

（一）孝感中心的董永传说

位于孝感市孝南区毛陈镇的董永村（原傅冲村）与春云村（即董墓所在地的汤家老屋）承载着董永遇仙的本地化传说，这些传说在当地留下了丰富的地名遗迹，包括百步天梯、仙女池、鬼谷墩、十三太保坟、福禄桥等。与董永相关的故事，如《百日缘》《燕子窝》《千里草》《等鸡子》《仙女梭》《哄不过明天》《天宝得白绞扇》《董墓春云》及《天宝得宝葫芦》等，在民间广为流传。此外，因七仙女的传说，孝感周边地区形成了正月"请七姐"的习俗。今天所见的最早记载董永与孝感县相关的文献资料，可追溯至清光绪五年（1879 年）所编纂的《孝感县志·艺文志》。该文献中收录了明代正统年间（1436—1449 年）孝感知县黄巩所撰写的《修董孝子墓记》一文。文中提到："孝感县旧为汉安陆地，后置县，以孝子董永名。"关于董永的故事，孝感地区流传着两个版本。在其中一个版本中，文人们将董永视为史籍中未曾记载的历史人物："董永，青州千乘人，早丧母。汉灵帝中平黄巾起，渤海骚动，永奉父来徙。"（康熙三十四年即 1695 年《孝感县志·人物志》同）。光绪五年的《孝感县志·艺文志》："按图志及杂记小说云：孝子千乘人，丧母。汉季，奉父避兵来徙。……君子曰：永事汉史失载，偶遗耶？抑以织女事涉渺茫弗录耶？"

第二个版本的董永故事的传播线路是民间口头传承的。董永遗失在史书中的"史实"，在口头传播中得到了"寻回"。孝感市董永传说最引人注目的特点是董永遇仙的传说在当地留下众多的遗迹，而且孝道传说的文化副产品比博兴更丰富。比如以下的文化遗迹及相关文化故事。

1. 董家湾、董家湖董永故事遗迹

明代东正孝感县令黄巩（《修董孝子墓记》）："今县之董家湖有董父墓，盖即孝子贷身所营孝。右稍南为孝子墓，与小说合，其殆信然也。"这意味着孝感县名为董家湖和董家湾的地方埋有孝子董永的父亲。

2. 董永墓

光绪五年《孝感县志·邱墓》："汉孝子董永墓，在董湖之滨，其左一墓为永父，即永鬻身以葬者也。"《孝感县志·艺文志》记载了雷春明、王东、罗冕等人的三首诗《董孝子墓》，如王东的诗来印证文献："后人汝翰有孝行，为青郡模范，官户部郎中。"不管董汝翰是谁，他姓董，孝名，青州人，有官职，所以他被列入董永家谱，这是"知名原则"的产物。此外，《孝感县志·礼》中还记载："乡贤祠中供奉有孝子董永。"这进一步证明了董永在当地作为孝子的崇高地位。而《孝感县志·陵墓》部分则提到："博兴县（今山东博兴一带）的汉代董永墓，位于县城北崇德社。董永原本是千乘人（今山东广饶一带），而博兴在汉代即为千乘郡的一部分，因此董永墓在此。至于其他文献中提到的葬于鱼台县、长山等地的说法，则未详其依据。"这一记载对董永墓的具体位置进行了进一步的确认，并澄清了其他文献中关于董永墓地的不同说法。

毫不奇怪，两汉之间的高官高昌侯董永在原籍有一座像样的陵墓，但董永在历史上并没有显著的事迹和历史地位，而且后来又和神仙扯到一起，董永墓很快被村民遗忘也就合理合情了。到了宋明时期，因为孝感县提出董永博兴籍的问题，所以博兴人就开始追寻董永的史实来源了。

（二）东台中心的董永传说

东台县位于苏北沿海，原属台州，现属盐城。它与董永没有地理上的联系。但宋朝以后，这个沿海角落就与董永的故事关联起来了。最早的混淆似乎发生在南宋，不晚于博兴、孝感重新定为董永的"第二故乡"的时间。

南宋王象之《方舆胜览》："海陵（东台古属海陵）西溪镇，汉孝子董永故居。"在这句话的背后，是一种我们无法了解的民间观念的混乱。事实上，当时扬州如皋就已经有了关于董永墓的记载。如皋与东台相连。董永墓和如皋可能是同一件事，引发人们的想象，体现美好生活理想的符号会受到重视，关注这些符号的结果自然会增加传说的"被引用率"。

董永传说与东台相关的只是民间观念的认同，不是史实的认同。在地方志《西溪镇志·镇原》中记载，如舍子头、肝肠河（洗肠河）、殷庄（又称荫庄）、古槐、天女庙、董永庙（董孝贤祠）、鹤落端、摩云庄、凤凰池（七仙湖）、傅家舍等；又如董贤村、董永墓、董贤乡（即今台南镇董贤村）、董家坟；再如辞郎河、辞郎庙、辞郎庄、凤升桥、凤升井（金钗井）等，这些都是与董永遇见仙女相关的地名。如《西溪镇志·镇源》中说，董永在镇东北的凤凰池与仙子相遇后，凤凰来到池中沐浴，仙子骑在凤凰中离去。人们看到了他们的孝心，于是建了董永庙，久废无踪迹。然后说："在镇西广福寺，后汉时建之，今失所在，孝子董永佣于赤狄垛曹长者家，觅钱葬父，孝感于天，立祠以祀。至今万历丙子岁，浙江山阴人水利道佥事黄酞吉立祠立像于范文正公后祀之。朱坚看守，春秋祭之。"又说："辞郎河，此河去镇西南三里，昔董永送仙女至止时目别，凌云而去，后人以其河为辞郎河。"东台也有村落叫辞郎庄，在西北大河通兴化界，凌云辛角；有凤升桥，离镇西南路市桥 15 步远，与盐仓东对；有双院叫金钗院；昔日仙女乘凤凰在此地与董永分别，后来建了凤升桥，又叫南仓桥，在今天的牛桥口。以上遗迹揭示了东台董永传奇故事的线索。还有"七仙女"的传说，流传于台南镇东台定堡村一带。

元代赵道一在《历世真仙体道通鉴后集》卷二《织女》中记载："董永自幼失去母亲，由父亲抚养长大……现今泰州仍有汉代董永所居住的'天女缫丝井'遗迹存在。"明代佚名编《西溪镇志·镇原》：缫丝井，在镇西八十步处，西广福寺后，汉曹长者的遗基。楚国人董永非常孝顺，家里贫穷，为了养家，父亲流寓西溪做佣工，父亡，欠贷主人曹长者一万钱，董永卖身还债。他的孝心感动上天，降一仙女为妻，其妻一个月织了三百匹布给曹长者，为董永偿还万钱债务，随后仙女凌空而去。此泉水井就是仙女汲水缫丝的地方，这个井口小身大，深不可测，旁边的诸井都干竭，只有此井泉水不绝，蚕茧成熟时，井中长白草一根，长有一丈多，人们叫它天女丝。

（三）丹阳中心的董永传说

在江苏地区，除东台外，自明代以后，位于南京附近丹阳的董永传说也完成了本土化进程。在《宋元书》和《董永遇仙记》中，丹阳首次将董永定位为"润州丹阳董怀书人"，这正是对当时口头传说的肯定。明代以后，在丹阳，以董永的故事为背景的口传活动也开始活跃起来。在董永的传说中，相对应地也有董永墓、董家庄、董永村、董永庙、王仙桥、孝子庙、槐荫树、仙香坊、理丝桥、盛显台、稻山、雄鹰亭等与董永有关的传说元素出现。

例如，在江苏人民出版社出版的《古今丹阳》的第 368 页，指明丹阳延陵就有这些地名存在了。在江苏省金坛市登关乡，还有据说是董永的出生地的董永村。

村民们特地为他建了一座董永庙，来纪念勤劳、善良、诚实的董永。在庙门口，有一副石碑上的对联："卖身葬父垂孝德，天遣仙姬陌上迎。"董永和七仙女定情的老槐树，就在离董永村不远的建昌乡吕坂村。现在这棵树已经长成了参天大树。著名演员严凤英在拍摄黄梅戏《天仙配》时，跟随导演来到董永村。

光绪五年《孝感县志·封域志》："理丝桥，以董永遇织女于此理丝，万历时知县彭之轨和康熙时知县梁凤翔两次重修。"此县志《艺文志》记载郭鸿超《理丝桥》一诗："行至理丝桥，水湾环绕逐流。桥下水如练，桥上连理枝。庸行古所敦，歔欷汉孝子。诚意感神人，嘉名赐故里。不是升仙桥，遇仙却在此。独惜去年来，水溢湖之埃，浪骇更涛奔，残碑就倾圮。谁与发潜光，详叙其原委。"听说，在董家湖边，还有浆丝塘、挽丝桥、涤丝亭等遗址。

另一个例子是，董永和他的儿子董天宝找到母亲后，董天宝一次要吃母亲给他的葫芦里的 13 粒米。结果，米谷变成了一座米山，把他压在了底下。

以孝感、东台、丹阳为中心的董永传说都有自己的地方特色。正是这些各具特色的不同传说，丰富了董永故事的传承内涵，成为董永故事最生动的动力源泉。这些具有地方特色的董永传说，尽管不同版本和体裁的董永传说存在差异，但它们之间的相互影响从未间断。此外，在少数民族地区以及日本，董永传说故事也以变异的形式通过口头传承，在广泛传播中丰富这一古老的传说的内容。例如，广西龙州的壮族传说《勇敢的阿刀》，贵州布依族的《九羽衫》（贞丰地区）、《天池仙女》（都匀地区），贵州侗族的《郎都与七妹》（黎平）、《唱七姐的传说》，广西防港京族的《董永与刘姑娘》，海南黎族的《阿德哥与七仙妹》《星娘》，以及云南新平彝族的《借钱葬父故事》等，均为董永传说在不同文化背景下的变体。

这些口头形式虽然丰富多彩，但毕竟都生长在特定的地理文化生态环境中，因此它们不得不忍受两个无法克服的问题。首先，在本土化的过程中，董永的故事都是立足于不重要的当地山河，当这些故事在当地语境中铺展开来时，其被外界接受的程度不可避免地受到限制。此外，由于这些地方传说难以实现广泛传播，它们往往面临主流媒体所强加的情节模式的强烈影响。换言之，尽管这些传奇以地方人物为核心，却难以抵挡主流文化模式的吸引，导致其逐渐（或部分）失去独特的地方特色。然而，值得庆幸的是，这些口述故事的情节元素已经转化为当地具体的民俗符号，并将世世代代传承下去，融入民俗生活的各个方面。因此，它们仍然是当地的口述传统。

在七仙女拜访董永之后，有这样的传说：董永赎身后，与七仙女一同以织布为生。他们织的丝绸上有美丽的图案，从此就远近闻名了。因为它的图案就像天空中的云。所以人们叫它"云锦"。后人为了纪念织锦的七仙女，把她尊为织锦女神。雨花台山脚下，有一座云锦娘娘庙呢。

由于文人的"七夕情结"，牛郎、织女自古就植根于诗词之中。通过对比五大传说留下的文献和口头材料，不难发现，只有董永遇仙的材料是最薄的。如前所述，在东汉末年，董永与牛郎几乎同期陷入爱河，而董永的孝行故事甚至可能比爱情故事的形成还早。到了六朝时期，牛郎传说由于民间节日习俗（如七夕）和文人的关注（如隔离主题）的推动，获得广泛社会影响力。自唐代以后，这两个传说故事线索一直保持着强劲的发展趋势。但董永的故事直到宋元时期七仙女与织女的故事分离之后，才获得了其独立的身份。至明清时期，牛郎织女传说在传播上仍占据明显优势，而董永传说仅在山东博兴、湖北孝感、江苏东台和丹阳等有限的地区内得以传承和传播，未能实现全国范围内的广泛传播。这一现象无疑减弱了董永传说在近代其他地区的吸引力。

在董永传说中，缺乏具有诗性象征和民间象征的寓意符号。相比之下，所谓的"四大民间传说"均积累或融合了富有象征意义的寓意符号。《孟姜女传说》中的"哭断长城"和"送寒衣"、《梁山伯与祝英台》中的"化蝶"、《白蛇传》中的"西湖"和"雷峰塔"及《牛郎织女》中的"星河"和"鹊桥"等，这些意象不仅构成了民俗生活的景观，而且具有超越性的文化品质和民俗情感，与诸如寒衣节、双蝶节、端午节和七夕节等民间节日紧密相连。董永传说中唯一能与之相提并论的象征是"槐荫树"，但这棵树并未被赋予现代民间理想的色彩，也不是一种具体可见的文化象征。在民间传承中，会说话的树的形象最终并没有很好地与"媒证"的寓意结合在一起，成为民间的记忆。而在民间观念中，槐树的鬼身份是一种不可避免的尴尬。

董永传说没有一个占主导地位的节日 —— 经常受到七夕节的干扰。如宋代的《董永遇仙记》和明代《织锦记》传说中，阴阳先生在农历七月初七派董永的儿子到太白山去找他的母亲。这些寓意符号传播和接受的事实是，它们完全被当作传说中的名片，只是那些曾经提及过的，缺乏个性色彩，总之，这个传说意蕴不深。这不仅是其艺术魅力缺失的原因，也是其艺术魅力缺失的结果。在民俗的单极世界中，它只有自己的传播市场 —— 道德说服。因此，试图将董永与仙人相遇的传说在中国神话家族中发扬光大，似乎是痴心妄想。今天，在当前的文化语境中，人们所熟知的董永传说主要是以电影《天仙配》的模式呈现的。从历史角度、爱情主题到当代关怀等多个层面来看，这一版本都无法与中国的"四大传说"相媲美。董永传说的"思凡模式"是在其他传说时代的参考和理想指导下重新构建的，其历史仅可追溯至 50 年前。在大多数情况下，公众仍然倾向于将其误认为是《牛郎织女》的另一种版本。

董永传说在中国传统的"四大传说"家族中并未获得正式的地位，它更多地被视为牛女传说的一个子类型。尽管当代文人试图通过艺术手段对其进行改编，但这种局面难以改变。尽管如此，董永传说仍具有其独特的特点和优势，在当代民间文化中占据着不可忽视的地位：①董永传说中的孝道文化特征，虽然可能不以艺术性为直接追求，但其所蕴含的深刻内涵具有不可忽视的现实意义。②董永的传说与当地文化相结合，使其永远成为生长和硕果的沃土。在博兴、孝感、江苏等地区，这个传说将生动地流传下去。在这方面，它并不逊于"四大传说"。"穷人得仙妻"的民间理想在民间仍具有精神上的安抚作用。事实上，从这些优势，董永传说在当代得到了大幅增加，如对黄梅戏影响大的是"天仙配"而不是"牛郎织女"，又如中国邮局近年来发行的、一系列的民间传说邮票只有"许仙和白娘子"（发行于 2001 年）、"董永与七仙女"（发行于 2002 年）和"梁山伯与祝英台"（发行于 2003 年），"牛郎织女"和"孟姜女"邮票都没有发行。"董永与七仙女"一套五张邮票是："孝心感天""下凡结缘""织锦赎身""满工还家""天上人间"。[1]

三、传说魁星与七夕

2007 年，跳魁星被浙江省金华市列为浙江省第二批省级非物质文化遗产。事实上，全国各地一直崇尚魁星，在闽东、浙江等地此风俗特别兴盛。过去的读书人认为魁星和金榜题名有关，因此，老魁星楼、魁星阁遍布全国，人们对魁星非常虔诚。

目前，长江流域现存的崇奉魁星的遗迹还比较多，比如有四川阆中的魁星楼、福建的魁星山、云南的石雕魁星（云南昆明西山龙门的石雕魁星也很出名）、四川梓潼的魁星楼、湖南衡山的魁星阁、江西三清山的魁星殿等。长江流域各地魁星遗迹的香火依然十分旺盛，因为在现代社会竞争更加激烈，父母都期待他们的孩子成龙成凤，同学们都期待高考高中，所以来拜魁星，几乎所有的魁星楼都有当地历年高考文、理状元榜单。

农历七月初七又称"魁星的生日"。魁星爷是魁斗星，即二十八宿中的"魁星"，北斗七星中的第一颗星，又称魁星或魁首。古代科考的状元被称为大魁天下士，也叫"一举夺魁"。

为什么我们在七夕节做礼拜？因为七月七日据说是魁星爷的生日。魁星大师掌物，想要获得名利，而名士对魁星特别崇敬，所以一定要在七夕那天拜魁星，祈求他保佑自己考好。

根据民间传说，魁星是一个长着斑点的丑陋瘸子。有人写了一个打油诗来取笑他："相貌丑陋饰铅华，纵使铅华也莫遮。娶得麻姑成两美，比来蜂室果无差。须眉以下鸿留爪，口鼻之旁雁踏沙。莫是檐前贪午睡，风吹额上落梅花。相君玉趾最离奇，一步高来一步低。款款行时身欲舞，飘飘挪移步似跌。只缘世路皆倾斜，

---

[1]　纪永贵 . 董永遇仙传说研究 [D]. 南京：南京师范大学，2004：71-84.

累得芳踪尽侧奇。莫笑腰肢常半折，临时摇曳亦多姿。"

不过，魁星爷的传说具有多种版本，其中一种描述他是一位志向远大、勤奋好学的学子，已经高中状元。面对皇帝关于其满脸斑点的提问，他巧妙地回答："麻面满天星。"而对于其跛脚的询问，他则自豪地说："独脚跳龙门。"这样的回答深得皇帝欢心，因此被点榜录取。

另一种完全不同的传说则描绘了魁星爷是一位博学之士，但屡次科考不中。在最后一次落榜后，他因悲痛和愤怒而跳河自尽，却意外被水中的鳌鱼所救。天界怜惜其才华，将他召至天庭，封为魁星。魁星能够主宰文人的考试命运，因此每年七月七日，即其生日，文人们都会郑重地敬拜他。尽管魁星爷形象不甚英俊且跛足，但民间创作的神像极具生动性。其右脚踩着鳌鱼，左脚抬起踏星斗，右手握笔，左手持墨斗，身体扭曲，呈现出一种充满动感的美丽。

虽然魁星的材料和形状各不相同，但其形象和姿态大同小异。各种魁星形象非常丑陋，豹子眼，扫帚眉，箕嘴獠牙突出，头角峥嵘像鬼，很吓人，不像文弱的读书人，却像面目狰狞的鬼师钟馗。他这副样子没有读书人文质彬彬的书卷气，古代的文人却向这样的人祈求科举高中。而且魁星像中的动作，在常见的魁星神像中，其左臂缠绕于胸前，而右手高举一支毛笔，这一道具成为将魁星与书生身份联系起来的唯一标识。魁星的站立姿势别具一格，右脚着地，左脚高踢，形似独立的金鸡，这一姿态展现了其独特的风格。在某些雕像作品中，魁星以右脚站立于一条摆尾奋鳍的鳌鱼之上，象征着"独占鳌头"，这一形象寓意着其在科举考试中的至高地位。魁星左脚上通常佩戴一串连珠，这一装饰是魁星神身份的象征。为了强调这串连珠代表北斗七星，许多雕像还在串珠上装饰了一个方斗。

自宋代以后，这种挥笔踢斗的魁星形象几乎成为普遍认可的造型，并因此被赋予了一个特定的名称——"魁星踢斗"。同时，由于魁星面貌丑陋，其形象三分像人七分像鬼，因此又被称作"鬼踢斗"。

宋朝的徐元杰（1196—1246年，江西上饶人）在《梅野集》卷十一《魁星赞》中就描述了宋朝人眼中魁星形象："头发蓬松，形骸卓缩，瞋目怒眉，拈手弄脚，会看一踢北斗翻，恁时与我露头角。"作为一个掌管着"文宫"、文人的神，他本该是个白衣翩翩的风流公子，但在宋朝人的眼里，魁星为什么是这样的仪态和造型呢？

有人认为《魁星踢斗》图中是一个"亏"，顾炎武在《天知纪事》卷三十二说："'亏'不似亏，而取之字形，为鬼抬足而战。"魁字之字形和魁星造型，两者对比鲜明，真栩栩如生。据说拜魁星的习俗起源于波斯，拜阿拉伯世界的天狼星，魁星本来就不是一个好战的领袖，这种观点自然是靠不住的。魁星原本是天狼星，那么为什么在西亚人眼中耀眼的雨神天狼星在中国人眼中却呈现出如此怪异的红发鬼的模样呢？

不管怎么说，魁星总是与科举考试和鱼联系在一起的，因此魁星被古人附加为负责掌管文运的神。人们认为为魁星保佑可以学习好，考试一举夺魁。因此，多数学生将魁星视为考试神。许多学生魁星爷的雕像或肖像供奉在厅堂中，一方面是为了保佑自己在考试中取得理想的成绩，另一方面是为了炫耀自己是书香门第。

长江流域各地建造魁星堂，做梦见魁星降临的梦，说明各地人民对魁星的崇拜。下面以宋代拜魁星习俗的历史资料加以说明：

> 拜魁星始于宋朝。魁星主文运、魁星喻状元、文人拜魁星、构筑魁星堂的习俗和观念，在宋代以前的文献中是没有的。宋代魁星崇拜主要集中在闽东南、浙江、江西等地。宋代文人墨客多来自福建、浙江、江西等地，魁星楼、魁星阁等建筑只能在这些地方看到。宋代庆祝魁星的日期定在初秋或七月初，这一传统在东南地区民间尤为流行。在宋朝七夕节之前，主要的庆祝活动是女性进行穿针引线以乞求女红之巧，这一活动的参与者主要是女性，与男性无关。唐代文学家柳宗元在《乞巧文》中记载了这一习俗，他描述了自己在七夕节晚上归家时，看到家中的女眷们正在设宴庆祝乞巧的情景，"饘饵馨香，蔬果罗列，插竹垂绥，剖瓜犬牙，且拜且祈"。在柳宗元的文中，不难看出唐朝乞巧仍然是女人

的主场。河东先生突发奇想，也想借乞巧的机会给织女套近乎，于是向织女再次祈拜，乞求天孙"付与姿媚，易臣顽颜。凿臣方心，规以大圆。拔去呐舌，纳以工言。文词婉软，步武轻便。齿牙饶美，眉睫增妍"，使他官场得意、享受富贵荣华的荣耀。谁会想到织女没有满足他的愿望，而是在他睡觉的时候，派了一个天使"青袖朱裳，手持绛节"去托梦，把他教育一番，警告他不要对天孙胡言乱语，之所以他官场失意，是为他不愿与人同流合污，所以是自作自受，怪不得别人，天孙也帮不了他。结果，河东自讨没趣。官场受困的柳宗元向织女讨巧，说明在唐代，尚未有主管文运和官运的神。如果不是，为什么河东先生拜错了菩萨，烧错了香，问的不是掌控文运神，而是祈求只管织布的织女天孙呢？

至此，七月七日拜魁星的风俗渊源总算明了：自宋代开始，拜魁星风俗流行于东南沿海闽、浙、赣、台等地，并非中国本土固有的七夕风俗，而是从海上而来，源于遥远的西亚。[1]

总之，浪漫的七夕佳节、长江流域的七夕传说在历代的演变和传播中，融入当地文化和习俗。这些七夕传说和习俗，无不包含历代人民对爱情的美好向往（《牛郎织女》《董永传说》），对功名和理想的追求（《魁星传说》），以及对孝道和善良的坚持。与其说七夕神话传说滋养了七夕佳节的浪漫色彩，莫不如说历代人民创新、传承、传播七夕传说，丰富了七夕的文化意蕴。那么七夕传说又有何文化象征意义呢？

---

[1] 刘宗迪 . 七夕拜魁星习俗的异域渊源 [J]. 文化遗产，2013（6）.

第三节　七夕传说中的元素意象

一、牛·牛郎·牵牛星

在牛郎织女故事中，老牛曾三次开口对牛郎说话，一次是告诉牛郎被兄嫂虐待；一次是让牛郎藏取仙女衣裳而成家；一次是它死后让牛郎剥皮，披牛皮上天去寻找织女。老牛这三次开口说话，都应验了，让我们感受到老牛的神奇，也给故事增添了神话色彩。那么，老牛被神化、被幻想的现实因素是什么呢？这就是人对牛的捕猎、饲牧、驯养和使役。

远古时期，人类只知捕猎野牛以吃肉；进入新石器时代，人类将捕猎的一部分野牛饲牧和驯养，作为肉食的来源。除此以外，出于对牛的信仰，把牛作为祭祀神灵的牺牲，请神灵食用。到了春秋战国时代，人类才发现牛不仅可以吃，而且可以役使，如用牛拉犁挽车。这是一项影响世界文明进程的重大发现。

中国牛耕的起源，学术界有"神农说""夏商说""西周说""西汉说"，但多数主张"春秋说"，其有力的证据见于文字。据《国语·晋语》记载，春秋末年，晋国的贵族范氏、中行氏在战争中失败，逃到齐国，做了齐国的农民，"耕于齐，宗庙之牺，为畎亩之勤"。意思是作为宗庙牺牲的牛，还用来拉犁耕田。另一证据见之于文物发掘，1923 年，在山西省北部的浑源县李峪村战国墓中，出土了一件牛尊青铜器，是温酒用器，最显著的特征是牛首装有鼻环，说明战国时牛已被驯化使役，从事农业耕作。

相传有一个"穿牛鼻"的故事：有个大力士叫乌获，拉着牛尾巴走路，牛不走，乌获使劲用力，把牛尾巴拽断了，牛还是不走。而有个小孩子，牵拉牛栳，牛老老实实跟着小孩走了。"牛栳"，就是用树枝做的"牛鼻环"。在民间并有谚语流传："落（络）马首，穿牛鼻。"牛马四足，奔跑无羁，然而人可以用笼头和鼻环将它们降服，用它们驾车耕田。牛拉铁犁的发明，使农夫从足踏耒耜中解放出来，促进了深耕细作，扩大了耕种面积，是我国农业生产上的重大进步。"槽头耕牛兴旺，地里五谷丰登"，"家有五口，一犋牛紧走"，"一头黄牛半分家当"，这些谚语真实地道出了牛在农业生产和民间日常生活中的重要作用，也正是人们将牛神化的现实基础。

我国古代对耕牛一向十分重视。人们在驯化和使役耕牛时，异常关爱，如流传民间的有关谚语："三分喂养七分使""马吃锉草，牛吃寸草""饿不急喂，渴不急饮，饱不加鞭，乏不骤停""不怕千日使，就怕一日累；不怕使十天，就怕猛三鞭""虚打实吆喝""人不欺牛，牛不欺天"，等等。另不能使役牛，还要给牛吃好饭，烧香，祈求牛肥马壮，并有谚语流传："打一千，骂一万，七月十五吃好饭。"我们在乡间山路上有时能见到如下情景：牛马拉车上坡，赶牲口的帮助拉套。这种"宁劳于人，慎勿伤畜"的精神既合乎科学，又带有深厚的人情意味，牛与人成为朋友，亲密无间、相互帮助。在人们想象中，人牛对话，老牛第一次开口说话，让牛郎知晓兄嫂虐待他的事实，这里老牛是人情预报员的角色；老牛第二次开口说话，让牛郎娶仙女为妻，这里老牛是月老的角色；老牛第三次开口说话，让牛郎披死后的牛皮飞天寻妻。所以老牛不管是生前还是死后，都是牛郎神奇而忠实的朋友。

人们赋予牛的神奇性，是人类对牛的尊重和崇敬的反映。春秋战国时代，已经形成一种崇牛风尚，不论是官方上层，还是民间下层，弥漫着浓浓的崇牛氛围。如孔子的弟子中有：冉耕字伯牛，"牛""耕""犁"堂而皇之地成了上层文化人士的名或字，而在民间，则有人叫牛娃、大牛、拴牛、铁牛等等。民间故事中的牛郎者，善于饲养使役耕牛者也。

我国古代民间，还有为小孩穿"鼻拘"的习俗。江苏海州为男孩过满月时，要为其上鼻拘，就像给牛穿鼻环似的，有钱者，戴金鼻拘、银鼻拘，贫困之家戴竹鼻拘。鼻拘戴好后，不可随便取下，要等新婚之夜由新娘为其取下，用红布包好，在枕下放三天，再放到箱内或香炉灰中小心保存。人们认为像拴小牛拟的为小孩戴上鼻拘小孩就好养活了。小孩像牛一样健康强壮，长大后成为耕田种地的好手——牛郎。我国古代官方对养殖和使役耕牛，也十分重视，当时的秦国，还专门制定了一条法律叫《厩苑律》，即每年四月、七月、十月和正月进行耕牛评比，正月进行大考核，饲养耕牛优秀者，赏主管农事官吏一壶酒、10 条干肉，免除饲牛者一次更役，赏牛长资劳 30 天；饲养低劣者，罚饲牛者资劳两个月，主管农事官吏受批评。到汉代，官府规定了"盗马者死，盗牛者加（枷）"的严刑峻法，保护耕牛。牛郎织女故事，正是在上述种种浓厚的崇牛风俗中得以产生。

牛郎披牛皮飞上天空，虽然每年只能与织女在七月七日会面一次，而民间为了对耕牛和牛郎的永恒尊崇，则将天空繁星中天河一侧那颗晶莹的亮星和两边的两颗小星，起名为牵牛星，好像是牛郎和他的两个小儿女相伴，深情地等待着与织女的会面。

牛、牛郎、牵牛星，给我们画出了一条社会崇牛习俗的轨迹。

二、鹊·鹊桥·鹊桥会

牛郎和织女的故事逐渐丰富和完善，在故事基本形成的后期增加了喜鹊搭桥的情节，使这个神话更加完美和感人。著名神话学家袁珂曾指出，"鹊桥"的说法在后期比较流行。"七夕织女当渡河，使鹊为桥，相传七夕鹊首无故皆髡，因为梁以渡织女故也。"显然，文中对喜鹊生活习性有着细致观察，并给出充满想象力的阐释。"髡"字所指为喜鹊脱毛乃至秃头的现象，其于每年秋季开始脱毛，这是自然之态与固有习性，然而人们却将此附会于牛郎织女的故事里。传说中，牛郎织女矢志不渝的爱情最终感化了铁石心肠的王母，王母这才恩准二人每年七月七日晚得以相见一次。牛郎织女一个在河的西边，一个在河的东边。天河相隔，所以不能相见。因此，人间有"乌鹊填河成桥而渡织女"（《岁时广记》

卷二十六引《淮南子》），"织女七夕当渡河，使鹊为桥"（《岁华纪丽》卷三十一引《风俗通》）。在许多喜鹊的帮助下，喜鹊们心甘情愿，以至于把头上的毛给磨蹭掉了。织女终于渡过了鹊桥，见到了她的情人。

为什么人们在飞禽中选择喜鹊为牛郎织女搭桥，而不选择乌鸦、猫头鹰之类的鸟呢？还要从人对野禽的俗信观念进行考察。有些鸟的习性，让人们感到神秘，看见喜鹊口衔树枝并在高大的树杈上搭窝，捕虫喂鸟，看到他们引领幼鸟类飞行，然后进行人性化的解释，认为鸟儿，忠于爱情，成家哺幼，令人高兴，认为"鹊噪主吉"。《开元天宝遗事》："时人之家闻鹊声皆以为喜兆，故谓灵鹊报喜。"所以杜甫有"浪传乌鹊喜"的句子。民间把鹊鸟称作"喜鹊"，认为它们是吉祥之鸟，将它们编入牛郎织女鹊桥相会的故事中。人们在婚礼场合，用"喜鹊登梅"的红色剪纸装饰新娘的房间，或贴在窗上，或盖在嫁妆上，取"喜上眉（梅）梢"的吉祥含义。这些俗信广为流传，深深扎根于人们的心中，即使平常听到喜鹊的呼唤也以为会有快乐的事情发生。民间话剧《张公子回家》中，田氏唱"清晨起来把脸净，喜鹊儿喳喳叫不停"。她心里想，是不是在外经商八年的丈夫要回家来？她"正在家中胡思想，耳听的门上门环环响，走上前来开门看，原来是奴的丈夫回到家乡"。因此，人们要爱护喜鹊，不要玩喜鹊，不要掏喜鹊的窝，否则会不吉利或失去好运气。

人们也认为一些野生鸟类是恶鸟。例如，俗语"鸦鸣主凶"，谚语有"乌鸦当头过，无灾必有祸"，尤其是乌鸦头顶有白色羽毛的，它叫声有"丧服"之嫌疑，很是忌讳。过去南京人在早晨要是听到乌鸦叫，就会马上念"乾元亨利贞"七遍，来躲避灾祸。

民间认为猫头鹰也是凶猛的鸟类，特别是当他们在晚上听到猫头鹰的叫声时，他们相信村子里会死人。有一句谚语说："不怕秃雕（猫头鹰俗名）叫，就怕秃雕笑（怪叫声）。"

因为人们认为乌鸦和猫头鹰是猛禽，自然不会选择它们来为牛郎织女架桥。人们想象银河虹桥由喜鹊来建造，于是就有了牛郎织女在鹊桥上相会的动人故事。[1]

不论是民间，还是上层的文人学士，都把夫妻或情人久别后的团聚比喻为"鹊桥相会"。他们的诗文中有许多对牛郎织女的爱情和婚姻的怜悯之作。最著名的要数宋代秦观《鹊桥仙》："纤云弄巧，飞星传恨，银汉迢迢暗度。金风玉露一相逢，便胜却人间无数。柔情似水，佳期如梦，忍顾鹊桥归路。两情若是久长时，又岂在朝朝暮暮。"鹊桥相会，哀楚动人。今天，人们把婚姻介绍所或老年协会组织的舞会，称作"鹊桥会"，则是期待爱情朝朝暮暮、相伴永远。

鹊、鹊桥、鹊桥会，画出了一座天上人间相爱相亲的美丽虹桥。

三、蛛·蛛网·喜蛛蛛

伴随牛郎织女故事的形成和传承，便是七夕节的民俗活动。七夕节又称"乞巧节""女儿节"。据《荆楚岁时记》载："七夕妇女人家结彩缕，穿七孔针，或以金银鍮石为针，陈瓜果于庭中以乞巧。"据周处《风土记》载：七月七日夜，家家户户打扫庭院，摆上几筵，陈设瓜果。如见银河中有奕奕白气，就是织女和牵牛相见之兆，于是便下拜乞愿，可乞寿、乞富、乞子，但只能乞其中一种，且连乞三年才有效验。但随着时光的淘洗，乞富、乞寿、乞子、曝衣、晒书等习俗都没有女子乞巧深入持久有效验。唐代诗人祖咏《七夕》诗写道："闺女求天女，更阑意未阑。玉庭开粉席，罗袖捧金盘。向月穿针易，临风整线难。不知谁得巧，明旦试相看。"七夕之夜，女子对月穿针，针有七孔、九孔之分，谁能穿得过，谁就得巧。

可为什么又说："不知谁得巧，明旦试相看？"原来民间认为：谁能得巧，当晚还不能确定，要看第二天早上供奉的瓜果上蛛网结得如何。如果夜里有一种红色长腿小蜘蛛（又名嬉子）在瓜果上结网，"则以为符应验"，就认为是得到

---

[1] 韩娜."鹊"、"桥"在牛郎织女传说中的民俗意义 [J]. 长春理工大学学报（高教版），2009（1）.

了织女的青睐，乞得心灵手巧，万事如意。蛛网，成了得到智巧的征兆。

为什么要以蛛网为征兆，象征得巧呢？首先，民间认为织女善织，《古诗十九首》说她"纤纤擢素手，札札弄机杼"。南朝梁殷芸《小说》（《月令广义·七月令》引）说她"年年机杼劳役，织成云锦天衣"。人们将她神化为天帝孙女，王母娘娘的外孙女，并与天上织女星对应。"织女三星，在河北天纪东，天女也，主果蓏、丝帛、珍宝。"（《史记·天官书》正义）其次，人们对蜘蛛仔细观察，发现蜘蛛善于织网的独特本领。法国著名的昆虫学家和作家让·亨利·法布尔经过仔细观察和实验，把圆网蜘蛛比作"纺织高手""才能卓绝的纺纱姑娘"，她们用八只步足中的后两只步足从丝袋里拉丝织网。蛛网大约有四五十圈，并划分为开度相等的几个扇面形，"像是用圆规量出来的"，十分精确。难怪法布尔会赞叹："圆网蛛是非常卓绝的昆虫，它们的两只后步足（即左右手——引者注）都十分灵活。"

我国古代人民对蜘蛛结网也有细心的观察，特别是对喜蛛；赋予它很浓厚的人情意味。喜蛛，又名蟢子，学名蟏蛸。据辞典记载，蟏蛸是蜘蛛的一种，体色暗褐色，脚较长，常在室内墙壁上结网。人们通常将喜蛛或蟢子视为喜庆的预兆。

《诗经·豳风·东山》："伊威在室，蟏蛸在户。"权德舆在《玉台体》写道："昨夜裙带解，今朝蟢子飞，铅华不可弃，莫是藁砧归？"可见，我国古代人民早已把蟏蛸视作一种吉祥的象征。大约一是因为其善于织网，二是因其身体暗红，因而山西民间称其为"蛛蛛"或"嬉母母"（地方民间对蛛蛛的一种说法），见则以为是喜庆的预兆。刘勰在《新论》提到："野人昼见蟢子者，以为有喜乐之瑞。"因而，姑娘们要在七夕的翌晨，看为织女贡献的瓜果上是否有喜蛛结网，如若有，则说明姑娘得巧，皆大欢喜，仿佛喜蛛成了织女的代言人或使者。蛛称为"喜蛛"，与鹊称为"喜鹊"一样，概源于民间对它们生活习性的细心观察，对它们某种神奇的特殊功能——喜鹊筑巢、蜘蛛织网给予十分天真的解释，并附会于牛郎织女传说和七夕乞巧的风俗之中，真正耐人寻味。难怪宋之问要在《七夕》诗中吟咏："停梭借蟋蟀，留巧付蜘蛛。"原来是织女让善织丝网的喜蛛代劳，将她的巧由喜蛛分送给千千万万的乞巧姑娘，这就叫作"喜从天降"。

蛛、蛛网、喜蛛蛛，给我们画出了一幅民间生动的乞巧风俗图卷。

天下之大，物象之繁，构成了生机勃勃、变化万端的大千世界。民间故事中的草木花卉、虫鱼鸟兽，和人类结下了不解情缘，仿佛让人们走进了动静交织、生动多样的大自然深处。唯有老牛、喜鹊、蜘蛛与牛郎和织女相伴，他们的爱情故事才能使我们既十分感动，又不至于落寞。今天，当有些人只知牛能挤奶而不知牛能耕田，当有些城市已看不见麻雀跳跃、喜鹊鸣叫、蜘蛛结网，人类的生活显得有些单调、枯燥。于是，我们呼唤：老牛、喜鹊、蜘蛛，以及所有鸟兽虫鱼、草木花卉 —— 人类家园的朋友，我们友好相待它们，世界才会更加美好。[1]

总之，随着城镇化建设、发展，农耕生活渐次退场，璀璨星河、浪漫的七夕传说、热闹的穿针乞针活动渐行渐远。在我国非遗保护，十八大、十九大全面复兴传统文化的国策下，七夕佳节重新焕发生机，以非遗的形式传承创新，赋予传统七夕佳节新的文化内涵。

---

[1] 张晓华，编；刘东超，等著.中国传统节日文化研究 —— 七夕节 [M].北京：中国青年出版社，2007：45-69.

第二章　巧手织就天工　瑰宝遗留人间

—— 非遗视域下长江流域女红技艺的传承

　　每年农历七月初七是中国的传统七夕佳节，也称"乞巧节"或"女儿节"。中国神话传说中，天上的织女美丽聪慧、心灵手巧，因此，凡间女子在七夕向她乞巧，希望能拥有跟她一样灵敏的心思和精巧的手艺，能做好刺绣、纺织等女红，实现"天上取样人间织"的美好心愿。织女成为民间崇拜的偶像。传说中的织女与牛郎过着男耕女织的幸福日子，她在人间传授养蚕、缫丝、纺织、刺绣等手工技术。这些手艺代代传承，成就了汉民族民间女红技艺。

　　七夕作为乞巧节、女儿节，从一开始就与中国传统的男耕女织、晴耕雨读的生活方式密不可分。"昼出耘田夜绩麻，村庄儿女各当家。童孙未解供耕织，也傍桑阴学种瓜。"（范成大《四时田园杂兴》）乞巧的主角是女子，所乞之巧是女红之巧。中国古代传统社会"男耕女织"的农耕经济模式，是中国妇女与民间艺术结下不解之缘的关键原因。这种农耕模式的特点是，家庭是生产单位，农业和手工业相结合，男耕女织，实现家庭和社会的自给自足。这一小农家庭模式在我国延续了数千年。与七夕紧密联系的牛郎织女的传说，正是这种家庭农耕生活的真实写照。对织女的崇拜，深深影响着中国女性文化和女红技艺的传承和发展。

"女红"，又称"女工"：一方面是指过去中国女性所从事的手工劳动，比如纺、织、染、挑、绣、缬、缝纫等等；另一方面是指这些女性手工劳动制作的产品。由"女红"发展孕育出的女红文化，是一种社会文化现象，主要有女红传承人、女红技艺、女红作品、相关的文化事象。[1]

因为乞巧节的主角从来就是女性，七夕之神织女其实就是纺织之神。在一些桑蚕纺织业发达的地方，会建有织女庙，庙中供奉织女神，当地的织妇们会到织女庙上香、祈愿，七月七日举行织女庙会，如山东沂源县有牛郎庙和织女洞、苏州太仓有黄姑庙或织女庙。可以说，中国传统的家庭作坊式的手工纺织业，是七夕节和乞巧风俗赖以产生和延续的土壤。近世以来，尤其是鸦片战争之后，随着"洋布"的入侵和现代纺织业的兴起，中国乡村传统的男耕女织生活方式迅速瓦解，"桑柘满阡陌，户户皆养蚕，步步闻机声，家家缫丝忙"的场景一去不复返，女性不再专务饲蚕缫织之业，女红针线之巧也不再是女子最重要的期许，以女子乞巧为主要目的七夕风俗也就不可避免地因为无所附丽而零落了。

在过去，刺绣女红既是夫家品评新娘的衡量标准，也是女子表达心意的媒介。明清时代，士官、庶民普遍崇尚刺绣服饰，刺绣成为妇女和儿童的着装，不可或缺的时尚装饰元素。到了清代，刺绣艺术在皇宫发展到鼎盛，民间刺绣也发展迅速，形成了各具特色的地方刺绣体系。著名的有粤绣、苏绣、湘绣、蜀绣、京绣、秦绣和鲁绣以及少数民族苗绣、蒙绣、藏绣等。

2006年5月20日，七夕节和春节等传统节日被中华人民共和国国务院列入第一批国家级非物质文化遗产名录，在我国非物质文化遗产保护及相关政策的倡导下，七夕节在我国重新焕发出生机，特别是传统的女红技艺在七夕民俗重新找到文化价值和经济价值。如借助国家振兴传统工艺计划、国家精准扶贫政策、非遗传承人的培训计划等国家政策，传统的女红技艺重新焕发新生。因此，美丽神秘

---

[1] 何红一.女红文化与中国民间美术[J].妇女研究论丛，1997（4）：35-38.

的七夕乞巧习俗，不仅要传承"记忆"，更要保护和传承"技艺"。因为乞巧工艺中的许多精细的巧活，是工业生产所不能替代的，七夕已由姑娘乞巧变成了民间工艺的大展览、大比拼，是一项生产、娱乐相结合的活动。

伴随几千年的七夕乞巧活动，流传在长江流域各地的刺绣和剪纸在现代生活中融合女性文化和民俗文化在各地大放光彩，登上各省市非物质文化遗产的名录。如青海省湟中县的湟中堆绣，浙江省的瓯绣，湖北武汉的汉绣，四川汶川的羌族刺绣，四川广元的民间绣活，重庆的蜀绣，贵州的苗绣，安徽及湖南的挑花，江苏省的香包，上海的绒绣等。这些民间手工技艺借助数千年的女性文化，和七夕乞巧民俗传承下来，七夕乞巧正是这一优秀民间艺术的大展演。下面我们随着长江流域自上而下，看看历代七夕乞巧给我们留下哪些人间瑰宝。

第一节　兰心蕙质绣出民族风情
—— 非遗视域下长江流域刺绣的传承和发展

一、青藏文化区

"七月七日何谓？看牵牛织女，女人穿针乞巧。"这是敦煌文献第 2721《珠玉抄》所载七月七节日的缘起。这一天，牛郎织女相会，怀春少女们轻提裙边踏上彩楼，奔逐栏边对着银河望眼欲穿，等待牵牛渡银汉；她们趁着月光穿针乞巧，将五色丝线快速从连排九孔针中贯穿而得巧。敦煌文献《七夕乞巧诗》描写了女子们以瓜果献供院中，欣欣然坐看牵牛织女星的场景。"七夕佳人喜夜情，各将花果到中庭。为求织女专心座（坐），乞巧楼前直至明。"

莫高窟第 85 窟《报恩经变》中的"树下抚琴图",定格了一个令人驻足的爱情瞬间。印度波罗奈国太子善友为救济众生,入海赴龙宫求取如意宝珠,却被弟弟恶友刺瞎双眼,将宝珠也抢夺了去。善友太子流落利师跋国,为王宫看守果园。于果园中抚琴弹奏,成了他唯一排遣情绪的方式。一次偶然,利师跋国公主听闻琴音,心生爱慕,不顾父王反对,与善友结为夫妻。婚后,善友披露自己的太子身份,双眼复明,携公主返回波罗奈国,索回宝珠,卖珠宝买衣食救济众生。"爱情是人类的永恒话题。"敦煌研究院认为,爱情当中收获快乐和遭受痛苦的多少总不可预知,但丝毫不影响她永久地成为每个人心中最按捺不住的冲动和最美的期待。[1]

青海刺绣历史久远。随着丝绸之路的开通,唐代文成公主、金城公主进藏,以及弘化公主嫁给青海吐谷浑王,中原丝绸被大量带到青海,青海人民开始使用刺绣美化生活、传递友情和寄托情感。青海刺绣这一民间艺术形式,逐渐成为人们生活中必不可少的一部分,并世代相传。

青海刺绣的应用范围较泛,品种比较丰富,主要有以下四种类型:一是实用性绣品,包括腰带、鞋、袜子、枕头等;二是观赏性绣品,如钱褡、衣领、荷包、衣袖、口袋片等等;三是礼仪性的绣品,主要有笔包、钱包、寿帐、裤带、字画、挽联等;四是宗教用品,比如刺绣佛像以及寺庙殿堂装饰。这些分类并不绝对,许多绣品有具实用性和观赏性和特点。

青海刺绣具有鲜明的民族特色。像藏族、蒙古族和土族的刺绣作品中常有吉祥八宝、狮象、瑞云等宗教文化元素,展现出浓郁的宗教文化气息和独特的民族艺术魅力。藏族刺绣融合了唐卡构图与汉族刺绣技艺,其图案和谐,装饰性强,呈现出浅浮雕般富丽堂皇的艺术特色,彰显出欣欣向荣的民族特性。土族刺绣以精细盘绣闻名,绣品画面大气,光彩照人,在民间广泛应用。回族与撒拉族的刺绣受伊斯兰教的影响,高雅精致,针法精巧;绣品以植物花卉为主,少用动物图案。

---

[1] 徐雪 . 敦煌石窟文献里的七夕:穿针乞巧对月祈良缘 [N]. 中新网兰州,2018-08-17.

青海汉族刺绣博采众长,既受到中原刺绣的影响又具有少数民族构图色彩。同时还汲取宫廷刺绣技艺精华,从构图、色彩、题材、绣法等多方面追求精进,全面发展,绣品朴实中见华丽。[1]

青海刺绣深受高原与中原文化影响,展现出独特民族韵味。青海草原牧民的刺绣作品,造型夸张、构图简练、色彩庄重、线条粗犷、笔触泼辣、对比强烈,展现出草原的豪放气质。青海东部从事农业的民族,其刺绣则是追求饱满的构图、纯真的色彩,手法多样,做工精细;刺绣作品形象生动、风格浑厚朴实,彰显独特的魅力。长江流域青藏文化区的刺绣非遗项目主要有藏族的堆秀、藏秀、海西蒙古秀等。

中国各类刺绣受地域环境影响,苏绣、湘绣、蜀绣、广绣、京绣、顾绣、苗绣等在特定地理环境中孕育,各具魅力。青海民间刺绣不是主流,但受高原与中原文化影响,展现出独特民族韵味。在青海省,广阔性地域性使刺绣艺术呈现出显著的地区特色。草原牧民的刺绣作品,其造型夸张、构图简练、色彩庄重、线条粗犷、笔触泼辣、对比强烈,展现出草原的豪放气质;在青海东部从事农业民族的刺绣特征则是追求饱满的构图、纯真的色彩、手法多样,做工精细,刺绣作品形象生动、风格浑厚朴实,彰显独特的魅力。长江流域青藏文化区的刺绣非遗项目主要有藏族的堆秀、海西蒙古秀、藏秀等等,以下从该区域刺绣的文化内涵、艺术特征等方面进行介绍。

(一)神仙绣进画布 —— 堆秀、藏秀、海西蒙古秀

1. 堆秀

2008年6月7日,流行于青海省湟中县一带的民间刺绣艺术湟中堆绣被列入第二批国家级非物质文化遗产名录。湟中堆绣是青海湟中塔尔寺"三绝"艺术之一,是青海省非物质文化遗产。

---

[1] 冶存荣.美在民间 —— 青海民间刺绣艺术的魅力[J].美与时代,2003(4):55-57.

　　堆绣是一种别开生面的寺院文化艺术，是唐卡的一种，以佛经故事为主要题材。堆绣制作包括图案设计、剪裁、堆贴、绣制和上色等步骤，其中堆贴是主要工艺，辅以绣制。

　　堆绣分平剪堆绣与立体堆绣。平剪堆绣将各色布料图案堆贴在设计好的白布上，并沿着图案边缘用彩线绣制而成。立体堆绣是将棉花或羊毛填充到剪裁的图案里，形成凸起的立体效果，并将这些图案粘贴、绣制在对称的布幔上。最后，把堆绣好的各种形状的图像用绣缎连结起来，构成一幅完整的画卷。

　　堆绣结合了浮雕和刺绣技巧，有极高的工艺美术和审美价值。堆绣作品注重对人物形态和神态的塑造，作品于粗犷中见细腻，于细微处展现出绝妙的技巧。

图 2-1　湟中堆绣（碎布贴出来的浮雕艺术）

　　联幅堆绣画面多是佛教故事和神话故事。单幅堆绣不仅悬挂于殿堂、经堂内，也在寺院附近的商店里出售，成为一种独特的寺院文化商品、礼品和纪念品。

　　塔尔寺中堆绣的内容题材和壁画相似，巨幅的堆绣艺术品，长达 20 米，高达 30 余米，图案设计别具风格，形象栩栩如生，制作工艺精湛，展现出富丽堂皇的艺术效果，把佛殿装点得绚丽多彩，富丽堂皇，让人们获得身临佛境的神秘体验。这是塔尔寺特有的艺术景观。

　　塔尔寺有专业从事唐卡和堆绣制作的艺僧，传承发扬这一独特的传统工艺。堆绣艺术凝聚着艺僧们心血的杰作。艺僧在信徒群体中广受推崇、备受敬仰，也得到社会艺术界人士的高度赞誉。湟中堆绣作为塔尔寺"三绝"艺术之一，吸引着国内外游客光临参观，在国内外的传播中，提升了它的知名度和美誉度。

图2-2　湟中堆绣市级传承人严作鸿先生作品

图2-3　布艺堆秀画

图2-4　布艺堆秀画——娃娃

　　布艺堆绣画是一种高雅的艺术，可以装点家居，也是馈赠亲友的好礼品。

　　布艺堆绣画历史悠久，南北朝时期荆楚地区就有了布艺堆绣的雏形。逢年过节的时候，荆楚地区的人们常用五色彩绸剪贴成花鸟形状，贴在屏风或戴在头上。

这种风俗在唐朝得到了发展，形成了"贴绢"和"堆绫"等独特手工艺。贴绢是用单层丝织物剪成图案后平贴的布艺画。

堆绫是用丝绫或者其他丝织物剪贴、堆叠拼成多层次的图案的布艺画。"新贴绣罗襦，双双金鹧鸪。"就是形容漂亮的拼贴装饰衣裙。

丝绫堆绣工艺的主要材料有丝绸、花绫、绢、棉布和凤尾纱等。丝绫堆绣以凤尾纱为主要材料，制作出像传说中凤凰的羽毛一样漂亮的装饰艺术品，融材料美、形式美、色彩美于一体。

2.藏绣（Ⅶ—3贵南藏绣，贵南县）

西藏贵南县的藏绣2010年被列入青海省省级非物质文化遗产名录。藏族挑花刺绣被列为国家级第三批非物质文化遗产。

图 2-5　藏绣

藏绣起源于9世纪，和唐卡和堆绣并称为藏传佛教的三大艺术，是中国少数民族传统文化中最具特色的刺绣派系之一。在漫长的历史进程中，藏绣不断吸收中原文化、中西亚文化及藏传佛教文化中的艺术手法，技艺日趋成熟，形成了青藏高原上独特的文化现象。

图 2-6　藏绣

藏绣根据其艺术表现形式和手法、地区差异等可分为安多藏绣等多种派系，其中海南藏绣主要分布在青海海南藏族自治州贵南地区和以共和盆地为主的农业区，藏绣都以自然传承的方式传承给下一代。如今藏绣题材更加多元，加入了青藏高原特有的藏獒、布达拉宫等自然环境和风土人情等元素。

3. 海西蒙古绣

青海德令哈市的海西蒙古族刺绣（Ⅶ-1，海西蒙古族刺绣，德令哈市）是青海省的非物质文化遗产。蒙古族刺绣 2008 年入选国家级非物质文化遗产名录。

蒙古族刺绣常使用彩色丝线、驼绒线、棉线、马尾鬃、牛筋等绣线，采用绣、贴、堆、剁等技法，在绸、羊毛毡、布及牛皮底子上，绣出各种粗犷美丽的图案。

蒙古族人民倾向于就地取材，充分利用废料，这种艺术风格呈现出粗放而有力的特点。从质朴无华的巴布尔木碗到布满图案花纹的绣花毡，都显示出了蒙古族动人的艺术才能。蒙古族选用生活中天然材料，由天然材料装饰过的艺术品充满淳朴质拙、自由率真的审美意味，洋溢着生命的活力。蒙古族装饰艺术中最为普遍的是刺绣工艺，主要在布、毡、皮等几种材料上进行。蒙古人刺绣一般不用绷架，操作起来自由简单，线条更加朴拙粗犷。刺绣工艺根据材料选用相适应的针法，姿态各异的针法形成粗、细、疏、密等丰富的肌理效果。蒙古族的刺绣艺术既可以展现在柔软的绸布上，可以用驼绒线绣在毛毡上，也可用牛筋线缝在皮靴等硬面材料上。蒙古族刺绣在长期的发展中，形成了凝重质朴的独特艺术特点和民族风格。

蒙古族牧区的妇女都是刺绣能手，同时也擅长剪纸。剪纸常用于贴花绣，用于衣袖、靴子和毡绣门帘等。剪纸绣花样造型简练，线条粗犷，轮廓分明。同样，这种剪贴绣工艺适合在皮质材料上进行，因为皮的材质硬而实，最适合这种剪贴绣，省去大量的穿扎次数。它与布绣或毡绣不同的只是材料，用牛筋线将剪好的纹样贴缝在皮面上。无论从工艺还是材料的角度，蒙古族这种特殊的装饰给人留下粗犷豪放、自然朴实的美感。把动物毛或黄色的羊毛搓成条，按照纹样贴于毡坯上，然后卷起来加以脚蹬即有花纹显现出来。缝毡一般从正面缝起，针要穿透毡层，针脚线在毡的正面要均匀而平直。为加大毡的厚度，常把两块毡片衔在一起，因用力较大，衔缝时用大针、皮顶针或指套。毛毡上绣花同绸布绣花因材质不同而纹样风格不同，毡绣注重几何纹样的重复，布绣多以具象的花草、艳丽的色彩取胜。蒙古族毡绣纹样的基础单元简洁，易于设计表现和实际操作，这是蒙古族传统装饰艺术能够得到广泛传承的基础。

图 2-7 海西蒙古绣——
牡丹花

（二）穿彩虹衣的人 —— 土族盘绣

2006 年 5 月 20 日，土族盘绣（Ⅶ-24，土族盘绣，青海省互助土族自治县）被列入第一批国家级非物质文化遗产名录。2007 年 6 月 5 日，青海省互助土族自治县的李发秀被评定为第一批国家级非物质文化遗产项目土族盘秀传承人。考古研究显示，青海省都兰县吐谷浑墓葬出土的刺绣品与盘绣工艺相似，表明该技艺约起始于 4 世纪。

土族是一个拥有近二十万人口的民族，主要分布在青海和甘肃的部分地区。他们保留了吐谷浑的古朴遗风。盘绣这一传统工艺，体现了土族人对美的追求和热爱。在青海，掌握刺绣技艺是土族女性生活中的重要课程。土族女子出嫁前，首先要在娘家举办一个土族刺绣个人展，将自己绣制的衣服、佩饰、鞋袜等向娘家人一一展示；然后利用新婚庆典之机，在婆家向婆家人、邻居和亲戚朋友们展示自己的绣品，并赠送自己亲手绣制的物件。土族女性成为母亲后，会将刺绣技艺传授给下一代。这种代代相传的做法，历经千年，赋予了土族刺绣独特的文化气质和传统韵味。

土族女性的传统服饰——花袖衫，以其五颜六色的套袖和精美的刺绣工艺，成为了土族文化的象征。这种服饰在土族语中称为"秀苏"，因其色彩斑斓，土族女性被誉为"穿彩虹衣的人"，土族聚居地也因此得名"穿彩虹衣之乡"。

土族刺绣里的盘绣技艺，在花袖衫上制作上得到展现。盘绣采用一针两线的技法，以细腻的针法、精心搭配的颜色和面料，创造出结实厚密、耐久保存的绣品。这些绣品上的图案，如石榴、五瓣梅等，不仅美观大方，还蕴含着吉祥的寓意，反映了土族人对家庭兴旺和幸福长久的美好愿望。

青海土族刺绣以其丰富的题材、多样的内容和独特的绣法，展现出了浓郁的民族特色。这种刺绣艺术广泛应用于各种服饰和生活用品，如头饰、衣领、衣胸、鞋袜等，以及日常用品如枕巾、荷包等。土族刺绣按针法可分为盘绣、拉绣、堆绣等，不仅具有高度的观赏价值，也成为了收藏家眼中的宝贵艺术品。盘绣的用途从家居装饰到生产器具，涵养土族人民日常生活的方方面面。[1]

二、云贵文化区

（一）侗族刺绣（贵州省锦屏县）

2011年5月23日，侗族刺绣被列入第三批国家级非物质文化遗产名录。侗族刺绣，作为中国少数民族刺绣的重要流派，采用引针技法将彩色丝线或棉线附着于织物表面，形成各式图案。这种技法不受底布经纬限制，允许创作者自由发挥艺术创意。因其绣制方法独特，侗族刺绣服饰展现出多样化的风格、创新的设计和丰富的色彩，对西南地区刺绣工艺产生了深远的影响。侗族刺绣，作为一种结

---

[1] 杨佳琪.青海少数民族传统刺绣图案象征性研究与价值运用[D].西宁：青海师范大学，2024：26-32.

合了纺织、印染、剪纸和刺绣技艺的传统手工艺，在当地区域的妇女中广泛传承。侗族人民的服饰风格独具特色，尤其是妇女，常以自织白头巾包头，身穿对襟花衣，装饰以宽幅花边和精美的衣摆花边。胸前的胸兜作为技艺展示的重点，其图案多样，如双龙抢宝、金钱葫芦、牡丹富贵、孔雀开屏等，体现了侗族刺绣的原始艺术魅力。侗族刺绣品类丰富，包括头巾图案、婴儿背带、胸兜、布花鞋、鞋垫、烟袋和挎包等，内容多样，展现了这一传统工艺的广泛应用和深厚文化底蕴。

在侗族刺绣的创作过程中，剪纸是首要步骤，涉及将各种图案剪裁于纸上，随后依据这些图案进行刺绣。剪纸艺术家运用小巧的剪刀，在硬质纸张上依据心中构思的模型，剪出独立的图案。这些图案精致小巧，专为服饰装饰设计，与北方剪纸的大气和繁复风格形成对比。博厄斯曾指出，工匠在图案设计时，倾向于在有限的空间内进行变化，以避免裁剪掉已绘制的图案部分，并尽可能地将图案适应于限定空间。基于这一原则，侗族刺绣的剪纸图

图 2-8　侗族刺绣

案通常以条状为主，以便在空间不足时对图案进行适当变形。比如一朵带着枝叶的花朵，为了有足够的空间，便将花朵的枝弯曲包裹着花朵，这样也使图案显得更立体。所剪图案多为日常生活中常见的事物——线条简单的花朵、枝藤、鸟和蜜蜂的轮廓，较复杂的图案是被侗族人称为金鸡的凤凰。侗族剪纸也有情境故事图案，例如在为孩子准备的背带上，会绣猴子偷桃、老鼠上树这些具有故事性、动态感的图案。

侗族剪纸艺术中，艺人往往不需要用铅笔勾勒草图，而是依靠精湛技艺、出色的形象思维和构图能力进行即兴创作。由于剪纸短时间可以大量复制，而刺绣技艺需要投入更多时间和精力，所以，人们更倾向于在提高刺绣技艺上花功夫。在过去，女孩们从十一二岁便开始学习刺绣。

侗族刺绣在构图上讲究对称，无论是色彩、样式，还是排列的结构与位置，均严格遵守对称原则。以儿童背带盖为例，背带呈正方形，两侧是由四条刺绣布带组成，左右及上下均呈现出对称性，四个边角落则由四个三角形的刺绣图片组成。

（二）苗族刺绣（Ⅶ–22，贵州省雷山县、贵阳市、剑河县）

2006 年苗族刺绣被批准列入第一批国家级非遗名录，苗绣主要分布在贵州省雷山县、贵阳市、剑河县等地。

苗族刺绣与蜡染一样是苗族服饰最主要的装饰手段之一。苗绣主要是苗装中头巾、衣领、袖腰、袖口、衣肩、衣背、衣摆、腰带、围腰、裙子、裹腿布巾、鞋子及围兜等的装饰。苗族刺绣是苗族服饰重要的装饰手段，是苗族女性文化的代表。居住在中国西南部的苗族同胞，他们创造了众多不同样式风格的苗族服饰。他们的服饰有便装与盛装之分，平日着便装，节目或姑娘出嫁时着盛装。无论服装还是头饰，工艺复杂，做工精细。

苗族刺绣图案纹样等承载着传承历史文化的重任，每一幅刺绣图案背后都蕴含着丰富的神话或传说，反映了苗族的文化内涵和民族情感，苗族服饰是苗族历史与生活再现。例如，来源于《苗族古歌》的蝴蝶、龙、飞鸟、鱼、圆点花和浮萍花等图案都包含苗族人民对民族和自然社会的理解和热爱。苗族服饰色彩鲜明、构图清晰、风格朴实。苗族刺绣中常见的有人骑龙或骑水牯和蝴蝶妈妈的纹样，其中的骑龙、驯龙、双龙、蝴蝶妈图案，展现了苗族人民对自然的挑战和乐观的生活态度。

苗族刺绣作品因其想象丰富、绣技高超、造型独特、色调鲜明而古朴的风格而闻名。苗族刺绣在不同地区的图案和色调各具特色：松桃地区偏好粉红、翠蓝和紫色等色彩，图案以花鸟虫鱼类为主题；黔东南则偏爱红、蓝、粉红和紫色多图案以龙、鱼、蝴蝶和石榴为主；而黔中则喜欢大红、大绿和涤蓝等颜色，图案以长条、长方和斜线构成几何为主。

习近平总书记在考察调研贵州时，称苗绣是把苗族历史穿在身上的民族。在苗族文化中，蝴蝶妈妈和大宇鹊鸟被视为始祖，蝴蝶妈妈以丰富的图案造型，神秘的文化内涵提供艺术再创造的源泉。苗族刺绣、服饰中比较常见的图案就是蝴蝶妈妈，以及蝴蝶妈妈的变形图案，比如添加了年年有余（鱼），瓜瓞绵绵等吉祥元素图案造型。传说蝴蝶妈妈是由古枫树变来的。"蝴蝶"在中国传统文化中有较多的文化内涵，比如象征爱情、生命、生殖等等寓意。

图 2-9　苗族刺绣

苗族服饰具有传统审美文化风格，但各地又具有地域性个体化色彩。以贵州黔东南苗族为例，苗族每一个不同地区，其民族服装上的主题纹饰都十分丰富，并具有各自不同的特点。就是同一个主题纹饰，在造型上也是千变万化的，这就是苗族掩藏在群体性风格之下的个性化服饰。苗族服饰通过多样的样式图案造型和鲜艳的色彩来表达他们的审美情感。而且苗族服饰中图案有不少本民族神话故事，比如苗族盛装蝴蝶妈妈图案造型，就包含苗族起源的神话故事。

（三）布依族刺绣（贵州册亨县，省级第三批）

贵州册亨县是布依族聚居地，布依族占总人口的 76%。册亨县被命名为"中国布依族刺绣艺术之乡"。册亨县布依族刺绣被评为贵州省第三批省级非物质文化遗产。布依族刺绣历史悠久、多姿多彩、独树一帜，是国家民间非物质文化遗产的重要组成部分之一。

图 2-10　布依族绣花鞋

图 2-11　布依族刺绣花纹

布依族刺绣，历史悠久，绣法多样，有缠绣、平绣、贴布绣、绉绣、打籽绣、辫绣、锁扣、破线绣、盘绣等技艺。

布依族刺绣，花纹图案形象生动，绣工严谨、色调和谐、技艺精巧。通常用于服饰、围腰、背带、被面、帐檐、枕套、荷包等上，是布依族姑娘心爱的工艺品，在传统生活中无处不在，涉及大众不同时期的各个方面。

布依族刺绣民族元素符号特征鲜明，从艺术风格到文化内涵都充满了地域特色。绣品文化意蕴丰富，讲述的故事既有远古时期的创世神话，也有历史上的民族英雄；既有生老病死，也有婚丧嫁娶；既有人与自然、人与动物的和谐相处，也有人与人之间的深情厚爱。如：传说一，布依族刺绣里的蝴蝶妈妈与水泡相恋生下 12 只蛋，由吉宇鸟孵化出神、人、鬼及水龙、老虎、大象、蜈蚣等动物形象，布依族先祖姜央和姜妹也由此诞生。侗族将蜘蛛视为保护神，

水族将蝴蝶视为保护神，在水族马尾绣中，蝙蝠、蝴蝶、南瓜、石榴等图腾图案丰富多样。而布依族刺绣则以其自由性和原创性著称，它不仅仅是绘画的附

属或复制，更是一种独立的艺术表达。《绣花带歌》便是布依族刺绣自由性和原创性的体现，歌词描绘了绣娘绣制花带的情景，如"脸带桃花心带笑，手拈花针布上挑"，以及"千针绣出女儿心，万线挑出鸳鸯鸟"，展现了布依族妇女的绣艺和对美好生活的向往。《十二月教妹歌》中也有描述，如"冬云农闲绣花忙，嫂教妹子绣凤凰"，以及"纺纱织布绣牡丹，布依刺绣美名扬"，这些歌曲反映了布依族妇女在农闲时绣制刺绣的传统习俗。[1]

三、巴蜀文化区

（一）蜀绣（Ⅶ-21，蜀绣四川省成都市）

蜀绣，四川省成都市的特色产品，是中国国家地理标志产品之一。亦称为"川绣"，与苏绣、湘绣、粤绣并誉为中国四大名绣。这种传统工艺在丝绸或其他织物上使用蚕丝线绣制出精美的花纹图案。作为中国刺绣中历史最悠久的绣种之一，蜀绣以其明亮的色彩和精细的针法独树一帜，其丰富性在四大名绣中位居首位。蜀绣的历史可以追溯到三星堆文明，自东晋时期起便与蜀锦一同被誉为蜀中的瑰宝。蜀绣以软缎、彩丝为主要原料，具有针法严谨、针脚平齐、变化丰富、形象生动、富有立体感等特点。

蜀绣，作为成都地区的传统工艺，采用当地练染的粗松散线或紧细丝线，在本地生产的绸缎上绣制。该绣种拥有 12 大类 130 余种针法，在四大名绣中针法最为丰富的，其中 70 余道衣锦线是蜀绣独有的特色。蜀绣绣法灵活，适应性强著称。

蜀绣在色彩和用线方面具有独特性，常运用晕针技法来呈现绣物的质感，精确地表现出光、色、形，使得绣品生动逼真。例如，能够生动展现鲤鱼的活泼、金丝猴的机敏、人物的优雅、山川的雄伟、花鸟的繁复以及熊猫的憨厚。此外，蜀绣还采用"线条绣"技艺，在白色软缎上运用晕、纱、滚、藏、切等多种技法，

---

[1]　贵州非物质文化遗产保护中心，https://www.gzfwz.org.cn/.

以针线代替笔墨，创造出线条流畅、色调柔和的图案。这种绣法不仅增添了湿润的笔墨效果，还赋予了作品光洁透明的质感。得益于精心的选料和制作工艺，该产品以其坚固的工艺、扎实的材质和合理的价格而著称，长期以来在陕西、山西、甘肃、青海等省份享有盛誉，深受消费者喜爱。"

图 2-12　蜀绣图　　　　　　　　2-13　蜀绣双面刺绣熊猫

蜀绣题材常见的有花鸟虫鱼、飞禽走兽、山水人物，比如以古代名家画郑板桥的竹石、陈老莲的人物等为蓝本，也用当代名画家的设计绣稿，由刺绣工艺师刺绣成一幅佳作。绣制图案流行的山水花鸟、龙凤、古钱一类，也有民间传说，如麻姑献寿、麒麟送子等等，也有寓意喜庆吉祥、荣华富贵的喜鹊闹梅、金玉满堂等等，富于地方特色的图案如芙蓉鲤鱼、山水熊猫等也深受东西方人青睐。

（二）羌绣（Ⅶ-76，四川省汶川县）

2008 年 6 月 7 日，羌族刺绣经国务院批准列入第二批国家级非物质文化遗产名录。

羌绣是在继承古羌人挑花刺绣的基础上演变发展而来的，主要分布在汶川县的两镇四乡（绵虒镇、威州镇、龙溪乡、克枯乡、雁门乡、草坡乡）。在刺绣的多种针法中，除了常见的挑花技法外，还包括纳花、纤花、链子扣和平绣等。羌族挑绣的图案题材多源于现实生活中的自然景观，比如花鸟虫鱼，以及人物形象等等。这些图案生动地展现了羌族人民对自然和生活的观察与理解。

关于羌绣的起源，民间传说众多，其中一则涉及三国时期。相传，羌族女性在三国以前擅长战斗，诸葛亮派遣姜维前往汶山时，屡次被羌族女将击败。后来，诸葛亮将施了符咒的挑花围腰送给羌族女性。这些挑花围腰在羌族中迅速流传开来，使羌族女性放弃了战斗，转而专注于挑花刺绣。

尽管这一传说缺乏历史依据，但它揭示了羌绣可能源于汉族文化的传入。羌绣艺术不仅吸收了汉族挑花刺绣的基本针法，还融入了古羌文化的传统元素，形成了鲜明的民族风格和特色，成为羌族独特的艺术遗产。

羌绣分为挑花、绣花、纳花、盘花、刺绣等。

挑花制品通常采用粗布和锦线制成，通常以黑色为底色，白色纹样点缀其间，黑白对比，朴素大方，同时给人清爽明快的视觉效果。羌绣通常采用丝锦线进行刺绣，不仅增强了绣品的质感，也提升了艺术表现力。

羌族姑娘 10 岁左右学挑花刺绣，"一学剪，二学裁，三学挑花绣布鞋"，在农闲之时，从事纺线、织麻、挑花刺绣。羌族妇女出嫁前必须绣出几件漂亮的嫁衣或好看的云云鞋，否则会被男方轻视。她们既不需要打样，也不需要画线、绘图，凭着娴熟的技巧，就能信手挑绣出绚丽多彩的具有民族风格的各种几何图案、自然纹样或花卉鳞毛等图案。

图 2-14 羌绣

羌族刺绣的图案种类与题材大多源于羌族的生活实践和对自然环境的观察。这些图涵盖了植物类的花叶与瓜果，动物类的鹿、狮、马、羊、飞禽、虫鱼等，以及描绘羌族社会风情与人物形象的内容。这些图案体现了羌族人对自然和社会生活的深刻理解，也富含了独特的文化寓意和审美情趣。

羌族女性服饰的衣襟、领口、袖口等部位的纹饰，来源于古代本土的彩陶陶片纹饰，被统称为"缸钵边"。此外，男性青年三角肚兜上的纹饰，与汶川龙溪出土西周青铜鼎上的纹饰类似；女性围腰上的方形组合纹饰彩绣图案，和敦煌莫高窟唐代壁画"藻井"极为相似。绣在枕帕、钱包、鞋底、腰带等易受损部位的装饰图案，不仅起到了美化作用，而且通过密集的针脚，增强了衣物的耐磨性。

羌绣的针法主要包括挑花、纤花、纳花以及链子扣等几种技艺。挑花以其精细的工艺而知名，纤花和纳花则呈现出一种清秀明快的风格。链子扣则以其刚健、淳朴、粗犷豪放的特性区别于其他针法。在挑花的色彩运用上，以黑白对比的经典搭配为主，同时也可见少许色线的巧妙点缀。某些作品中，飘带部分完全采用色线，通过参差分条排列的方式，运用纳花针法，形成了对比鲜明、色彩斑斓的效果，犹如五彩虹霓般绚丽夺目。[1]挑花多用棉线，显得朴素大方，异常明快。[2]

（三）水族马尾绣（Ⅶ-23，水族马尾绣，贵州省三都水族自治县）

2006年5月，贵州省三都水族自治县的水族马尾绣成为第一批国家级非物质文化遗产名录。水族马尾绣以马尾作为主要制作材料，其工艺复杂，刺绣图案古朴典雅，产品结实耐用。水族马尾绣在三都自治县已传承千年，被誉为刺绣的"活化石"。

水族刺绣十分丰富，不同地区的水族在掌握同一技法上有粗犷与精细之分，在不同的掌握技法上也各有所长。在水族刺绣工艺中，涵盖了挑花、绣花、补花等多种技法。水族刺绣拥有多样的针法，包括马尾绣、平绣、十字绣、打籽绣和乱针刺绣等，这些技艺共同塑造了水族刺绣独特的艺术风貌和表现技巧。在水族刺绣中，马尾绣（亦称钉线绣）是应用广泛的技法之一，也是该民族最古老、最具特色和最著名的刺绣形式，以其精湛工艺、强烈的立体感和艺术感著称。水族生活中的诸多用品，如妇女背小孩的背带和绣花鞋，都体现了马尾绣的艺术价值，展现了水族妇女高超的刺绣技艺，其风格浓郁且具有鲜明的民族特色。

水族马尾绣工艺复杂，绣品有浅浮雕感。马尾绣绣品多用于制作背小孩的背

---

[1] 王世琴.羌绣——民族艺术中的一朵奇葩[J].达县师范高等专科学校学报，2006（1）：113-115.

[2] 四川省文化和旅游厅，https://wlt.sc.gov.cn/.

带、绣花鞋，还有围腰、胸牌、童帽、荷包、刀鞘护套等。水族马尾绣的资料上不见记载，但这一传承了上千年的技艺，历经时代与环境变迁，其造型理念与程式化符号基本未变。

水族养马赛马的习俗可能催生了马尾绣这一独特的刺绣技艺。这种技艺利用丝线包裹马尾形成图案，具有两个显著优势：马尾的硬度有助于保持图案形状的稳定性，同时其耐腐性使得作品更加耐用。此外，马尾中可能含有的油脂成分有助于维护外

图 2-15　水族马尾绣

围丝线光泽。马尾绣的绣品上点缀的铜饰，除了装饰，水族人民认为铜饰有驱邪避凶的作用。

随着时代变迁，马尾绣艺术背带主色调发生了变化，由新中国成立前的背带色调主黄色到如今的主红色，与今天人们以红色为吉利的观念相同。

贵州省三都县是全国唯一的水族自治县，位于贵州省黔南布依族苗族自治州东南部。自治县三洞乡板告村是马尾绣的发祥地，那里的马尾绣工艺品远近闻名，成品远销海内外。水族刺绣技艺丰富多样，包括但不限于平绣、马尾绣、空心绣、挑绣、结线绣以及螺形绣等技法。在水族传统工艺中，中老年妇女在制作"歹结"尾花时，通常不依赖于剪纸底样，而是直接在红色或蓝色的缎料上，运用预先准备好的马尾绣线进行盘绣。在这一过程中，她们综合运用结绣、平针和乱针等技法，展现出高度的灵活性和自如性，最终形成的图案既美观又耐看。

马尾绣的制作方法是，将马尾上（白色马尾最佳）两三根白线缠绕在马尾盘上，

再在已描绘好的花纹轮廓上，在白线条的凹缝处绣、挑、补、梭各种彩色丝线，在布面上挑绣各种图案。

这些图案只是个空心的框架，还需用螺形绣或结线绣来填充，然后缝上金线，一共要经过 52 道工序才能完成一件作品。[1]

四、荆湘文化区

（一）汉绣（Ⅶ–75，汉绣，湖北省武汉市江汉区）

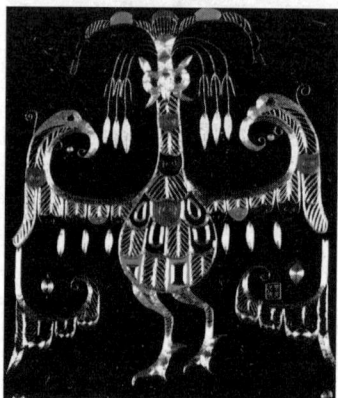

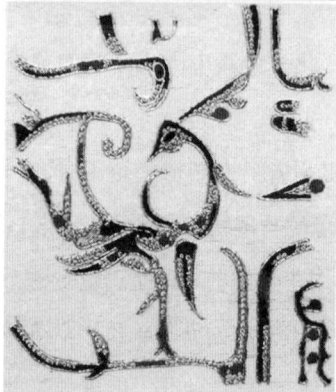

图 2-16　汉绣

2008 年 6 月 7 日，汉绣经国务院批准列入第二批国家级非物质文化遗产名录。2013 年，湖北省第一家民办汉绣博物馆 —— 武汉汉绣博物馆，在汉阳江欣苑社区挂牌成立。

汉绣，中国特色传统刺绣工艺之一，主要流行于湖北的荆州、荆门、武汉、洪湖、仙桃、潜江一带。汉绣作品曾多次在国内外展出，广受好评。在 1910 年和 1915 年，汉绣作品在南洋赛会和巴拿马国际博览会上荣获得金奖。

汉绣，起源于楚绣，融合南北绣艺，发展出具有地域特色的新绣法。其特色针法包括铺、平、织等，以"平金夹绣"为核心技巧，实现分层色彩与鲜明对比。绣品追求丰满华丽，体现"花无正果，热闹为先"的美学原则，呈现出浓郁的色彩效果。绣作中，枝叶花卉相互交织，展现了浑厚而富丽的风格。汉绣下针果断，

---

[1]　水族马尾绣.百度百科，https://baike.baidu.com/item/%E6%B0%B4%E6%97%8F%F9%A9%AC%E5%B0%BE%E7%BB%A3/9868901.

图案边缘齐整，名之曰"齐针"。绣品多从外围启绣，然后层层向内走针，进而铺满绣面。除"齐针"这一基本针法外，汉绣根据绣品材质和图案，灵活采用垫针、铺针等多种针法，呈现出强烈的立体效果，使其在刺绣领域独领风骚。著名汉绣艺术家如杨小婷、张先松，其代表作品《哀悼》《百龙图》等，均为绣艺珍品，大型挂壁《三棒鼓舞》《闹莲湘》，被选送北京，挂在人民大会堂湖北厅。

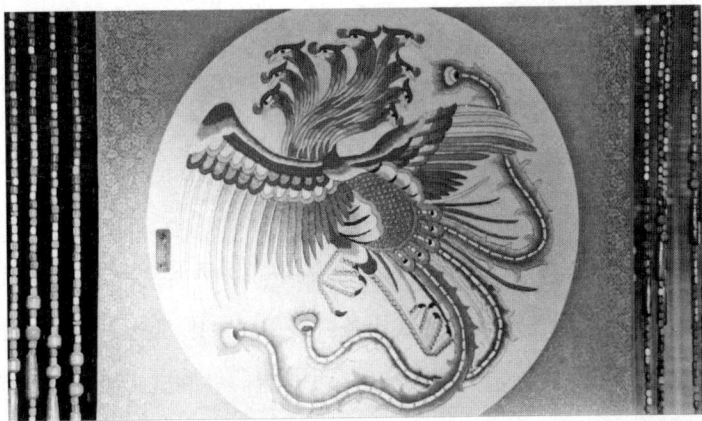

图 2-17　汉绣——九头鸟

楚国的刺绣品在春秋中期至战国时期就产业繁荣，远销至西伯利亚。屈原的《楚辞·招魂》中描绘了楚宫丝织品的繁华景象，如"翡翠珠被，烂齐光些"和"翡帏翠帐，饰高堂些"，展现了其精细与华丽。这种需求对刺绣品的生产、发展的刺激是不难想见的。同时，楚文化氛围下民间戏曲的发达、巫风巫术的盛行又为刺绣走向民间提供了生长的沃土。

在清末民初，汉绣达到了鼎盛时期。咸丰年间，汉口成立了织绣局，专门召集各地绣工制作官服及饰品。清末时期，武昌的营坊口等地及汉口的黄陂街等区域涌现了大量绣铺，形成了著名的绣花街。汉绣产品主要分为三类：一是生活用品，如绣衣、绣鞋等，常用于闺阁陪嫁，其中汉口绣花戏衣尤具盛名；二是装饰品，包括壁挂、屏风等；三是宗教礼仪用品，如神袍、彩幡等。

在抗战时期，汉口绣花街遭受破坏，汉绣技艺濒临失传的风险。中华人民共和国成立后，汉绣得以复苏。到了 20 世纪 80 年代，汉绣产品种类已从传统的民用小绣品和少量戏剧服饰扩展至帐帘、披风、被面、枕套、服装及大幅中堂、条屏、折页、摇件和屏风等 10 多个品种。

2003 年，汉绣传人任本荣先生在汉成立了汉绣工作室，大力发扬汉绣技艺。江陵马山一号墓出土的战国中期绣品，为汉绣的历史渊源提供了实证。这些绣品以红、黄、绿、蓝等鲜明色彩为主，采用密集的满绣技法，形成丰富的图案。绣线勾勒出珍禽异兽和奇花异草，呈现出立体和虚实相间的效果，色彩斑斓，图案精美，体现了汉绣艺人"花无正果，热闹为先"的美学理念，对其形成产生了显著影响。[1]

（二）湘绣

2006 年，湘绣（Ⅶ-19，湘绣，湖南省长沙市）入选第一批国家级非物质文化遗产名录。1995 年，长沙沙坪镇被国务院授予"中国湘绣之乡"的称号。2010年，湘绣被国家质检总局确定为地理标志保护产品，并制定了质量技术要求。"沙坪湘绣"也取得"国家地理标志"商标注册。2014 年，湖南省湘绣研究所被文化部列为第二批国家级非物质文化遗产生产性保护示范基地。湘绣是湖南长沙一带刺绣产品的总称。

湘绣是中国四大名绣之一。湘绣传统上有 72 种刺绣针法，主要有平绣类、织绣类、网绣类、纽绣类、结绣类五大类还有后来不断发展完善的鬃毛针以及乱针绣等针法。湘绣擅长以丝绒线绣花，绣品绒面的花形具有真实感，曾有"绣花能生香，绣鸟能听声，绣虎能奔跑，绣人能传神"的美誉。[2]

湘绣，源于湖南的民间刺绣艺术，融合了苏绣和粤绣的技艺精华。该绣种采用纯丝、硬缎等材料，以多色丝线和绒线绣制。湘绣以其严谨的构图、鲜明的色彩和表现力强的针法著称。其作品，无论是人物、动物还是自然景观，都通过丰

[1] 沈艺婷 . 传承视角下汉绣图案艺术及现代适应研究 [D]. 成都：四川师范大学，2023：21-56.

[2] 湘秀 . 湖南非物质文化遗产网，http://www.hunanfeiyi.cn/CulturalInfo-122-1.html.

富的色线和多样的针法展现出独特的艺术效果。在湘绣的各种技法中，如平绣、双面绣等，都强调对物象形态和质感的精细刻画，即便是细节之处也力求完美。

根据 1958 年长沙楚墓出土的文物，可以追溯至春秋时期，湖南地区的刺绣技艺已显雏形，距今已有 2500 多年的历史。1972 年，长沙马王堆西汉古墓出土的 40 件刺绣衣物，进一步证明西汉时期湖南刺绣技艺已达到较高水平，距今约 2100 年。在随后的长期发展中，湘绣逐渐形成了质朴而优美的艺术风格。随着商品生产的推进，众多刺绣艺人及优秀画家的参与，湘绣技艺得到了改革提升。湘绣将绘画、刺绣、诗词、书法、金石等多种艺术形式融为一体。运用超过 70 种针法和一百多种颜色的绣线，湘绣精细刻画物象的外形与内质，使绣品形象逼真、色彩鲜明、质感强烈，具有形神兼备、风格豪放的特点。湘绣曾被誉为"绣花花生香，绣鸟能听声，绣虎能奔跑，绣人能传神"。

图 2-18 湘绣

传统湘绣在用线方面独具特色，经过莱仁液处理和竹纸拭擦的丝线光洁平整，不易起毛，便于刺绣。织花线的染色深浅不一，绣制后呈现出自然的晕染效果。湘绣的擘丝技术非常精细，细腻程度超过顾绣的"发绣"，湖南俗称这种精细绣品为"羊毛细绣"。湘绣针法在苏绣套针的基础上发展，以掺针为特色，包括接掺针、拗掺针和直掺针等，还有独特的旋游针和盖针等技法。

自 19 世纪起，湘绣商品经济逐步发展，众多刺绣艺人不懈探索，以及众多杰出国画家的积极参与，使得湘绣融合了我国传统文化中的绘画、刺绣和诗词、书法、金石等多种艺术精华，以中国画为底蕴，采用数十种针法及多色阶绣线，在各类底料上细腻刻画物象的外形与内质，展现出独特的风格。明末清初，长沙城内出现了刺绣作坊。辛亥革命后，当地相继开办了各种规模的绣庄。作为湖湘文化的杰出代表，湘绣、滩头木版年画、湖南皮影戏等皆被收入中国国家级非物质文化遗产保护名录。湖南湘绣城成为全国首家由中国文联和中国民协正式授牌的国家级非物质文化遗产保护研究基地。[1]

（三）民间绣活

民间绣活（Ⅶ-77，民间绣活，四川省广元市，陕西省宝鸡市、澄城县，湖北省红安县、阳新县的红安绣活、阳新布贴）于 2008 年 6 月 14 日，被列入第二批国家级非物质文化遗产名录。

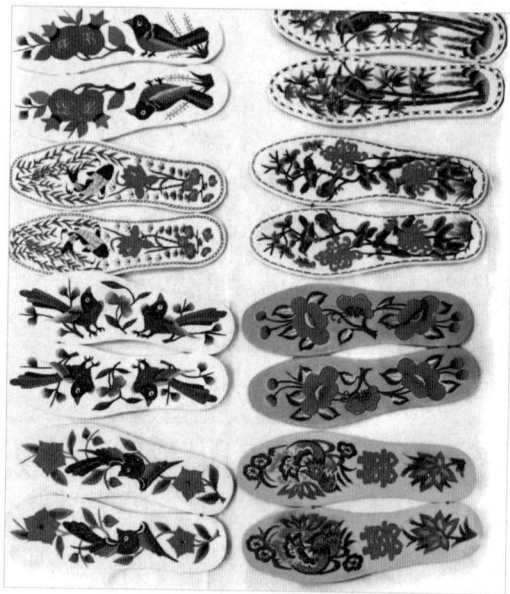

图 2-19　民间绣活

民间绣活是中国传统手工艺，是集传统民间美术、民俗知识和传统手工技艺于一身，具有较高的观赏价值、实用价值及收藏价值。近三千多年来，经过历代民间艺人的传承延续、不断创新，逐渐形成了自己独特的风格和完整的体系。民间绣活遗产包含高平绣活、麻柳刺绣、西秦刺绣、澄城刺绣、红安绣活、阳新布贴等。历经糊刮子、糊鞋帮、下料、刮鞋面布、抹鞋底、纳鞋底、设计（剪样）、粘花样、绣、沿鞋口、

---

[1]　湘绣. 百度百科，https://baike.baidu.com/item/%E6%B9%98%E7%BB%A3/300254.

滚鞋边、滚沿条等工序制作而成。选择或设计的图案一般以寓意吉祥、平安为主。

阳新布贴图案素材多样，寓意深远，涵盖飞禽走兽、植物、日用品及神话故事等元素。常见人物有观音、罗汉等，动物包括凤凰、老虎等，植物有莲荷、牡丹等，其他物象如花瓶、八卦等。这些图案通过暗喻、谐音等手法传达特定寓意，例如老虎象征驱邪，葫芦代表福禄，喜鹊和铜钱寓意喜在眼前，石榴象征多子多福。图案造型原始稚拙，色彩对比强烈，组合构成自由随性，主题浪漫吉祥。阳新古属楚地，布贴的楚文化特征显著，像底色常用红、黑二色，图案里凤凰姿态万千，皆因楚人有崇凤、喜红、尚黑的传统。

阳新布贴尽管构图主题丰富多样，包括鲤鱼跳龙门、狮子滚绣球等传统吉祥图案，或者如"金玉满堂"等汉字的布贴，展现了其独特的文化内涵和艺术风格。一般每幅布贴表现一个主题，或求婚姻幸福，或祈求人寿年丰，或寓意子孙繁衍，或希望子孙早日成才等。这些主题均反映了阳新人民向往幸福、追求美满的良好愿望。[1]

五、赣皖文化区

（一）南昌宣纸刺绣

江西南昌宣纸刺绣（Ⅶ-1，南昌宣纸刺绣，南昌市西湖区）是江西第二批省级非物质文化遗产名录。

宣纸刺绣又称为"宣纸绣""纸绣"，是一种独特的传统刺绣技艺，它将宣纸作为载体，巧妙地将中国传统书画艺术与手工刺绣工艺相融合。这种技艺不仅展现了刺绣的细腻与书画的韵味，还体现了中国传统文化的深厚底蕴。宣纸刺绣继承了传统纸绣的优秀刺绣方法，也突破了传统刺绣仅在布织物上的刺绣工艺，将传统刺绣从工艺装饰型功能推向文化艺术品领域，是刺绣艺术与宣纸书画艺术

---

[1]　阳新布贴.百度百科，https://baike.baidu.com/item/%E9%98%B3%E6%96%B0%E5%B8%83%E8%B4%B4/3150529?fr=aladdin.

的完美结合，因其工艺难度极大，所需技艺极高，而成品率又很低，所以被尊为刺绣中的无冕之王，被称为中华一绝。

宣纸刺绣采用青檀丝、蚕丝、桑、竹、麻等制作原料，使用平针、长短针、乱针绣法，以水墨画为表现形式。宣纸艺术刺绣无形的文化价值远远大于有形经济价值，它突破了中国传统刺绣的外壳，将传统刺绣装饰功能推向文化艺术的高峰。

宣纸刺绣是以水墨画为表现内容的刺绣技法。国内刺绣的刺绣方法大多以工笔画为主。水墨画由于"墨分五色""浓淡渐变""层次交错"为主要表现大千世界各类景物，对于水墨画是一种全新技术。宣纸刺绣系家族内传授的一个绣种，数百年来未曾流向民间。由于宣纸刺绣属于技术难度极大的创作性绣种，所以涉及该绣种工艺的技术人

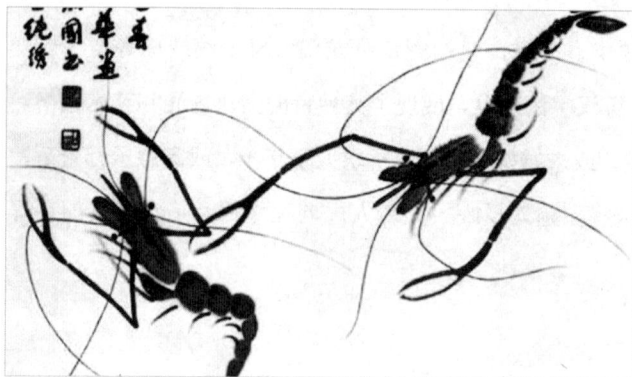

图 2-20 宣纸刺绣——虾

员，必须掌握书画技法、书法技法、素描技法，才能理解书画刺绣的理念。培养一名优秀刺绣艺人长达 3—5 年的时间。培养一名优秀的刺绣艺术家，一般长达 5—10 年甚至更长。

（二）永丰畲族刺绣（Ⅶ-2，永丰畲族刺绣，吉安市永丰县）

永丰畲族刺绣是江西省省级第二批非物质文化遗产。

龙冈畲乡刺绣是活跃在永丰县龙冈畲族乡一带的民间工艺。永丰畲族刺绣为江西省非物质文化遗产。龙冈畲乡的刺绣，喜欢在领口、袖口、襟边、围裙刺绣各种花鸟虫鱼和几何纹样；除在衣裙上刺绣外，还在帐帘、肚兜、鞋面、童帽、盒包等上面刺绣。龙冈畲乡刺绣以其源于生活、师法自然的主题而独具特色，呈

现出简洁构图、鲜明色彩和夸张图案，带有浓郁的农民画风格。其针线技法粗犷，包括平绣、织绣、立体绣和乱针绣等。该刺绣的植物和动物纹饰主要反映当地生态环境，同时融入了牡丹、梅花、龙虎、麒麟等传统吉祥图案。几何纹饰多为缠枝、云头、云勾、山脊、海牙以及八卦、万字形等纹样；刺绣无须图案样本、随意而为、心想绣成。[1]

图 2-21　畲族刺绣花卉

（三）望江挑花

望江挑花是安徽省安庆市望江县的汉族传统手工技艺，被列入安徽省第一批省级非物质文化遗产名录。

望江挑花，据考证，这一艺术最早始于唐代，约有 1000 多年的发展历史。二龙戏珠、狮子滚球、凤穿牡丹、蝴蝶扑金花等一个个活灵活现的动物形象及亭台楼阁、山石泉林、牡丹、秋菊等一个个文人景观和植物构图，以及神话传说、喜庆福寿、吉祥如意等，既栩栩如生，异彩纷呈，又颇具特色，巧夺天工。

望江挑花主要有两种针法：一种是"挑"，一种是"钻"。"挑"是一种十字针法，分单十字和双十字；"钻"，织品正面是阳花，背面是阴花，立体感强。不同的针法运用，挑绣出的饰品图案具有不同的特色和效果。如以"挑"为主的挑花，细腻、鲜明，正反图案花纹一致；运用钻花原理形成的织花，则兼顾提花的感觉、钻花的效果，凸现了技艺的精湛和娴熟。望江挑花三分传承，七分创造。有规有矩，千变万化。象形与会意、单独或组合、花中套花等，表现形式多样。望江挑花制品细腻精湛、色泽淡雅，曾三次被选入北京，成为人民大会堂显目的艺术饰品。又多次在各种交易会、博览会上获奖，声名远播。[2]

---

[1] 陈云倩，廖江波，李建亮. 永丰畲族刺绣的工艺及审美特征探析 [J]. 武汉纺织大学学报，2024（5）.

[2] 挑花（望江挑花）. 安徽省非物质文化遗产网，http://www.anhuify.net/Page/Content?ContentId=1141.

六、吴越文化区

（一）苏绣

2006 年 5 月 20 日，苏绣（Ⅶ-18 苏绣，江苏省无锡市、南通市，无锡精微绣、南通仿真绣）经国务院批准列入第一批国家级非物质文化遗产名录。2007 年，镇湖街道的苏绣基地荣获江苏省"传统工艺美术特色产业基地"称号。2010 年国家质检总局批准对"镇湖苏绣"实施地理标志保护。制定了《地理标志产品 —— 镇湖刺绣》地方标准。2013 年，苏州高新区镇湖刺绣艺术馆景区成为全国首家刺绣文化产业 AAAA 级景区。2014 年，苏州镇湖刺绣艺术馆被文化部列入第二批国家级非物质文化遗产生产性保护示范基地。2015 年，刺绣大师何建英把非物质文化遗产传承人王洪军大师《梅花篆字》创作成刺绣版。2018 年 5 月 24 日，入选第一批国家传统工艺振兴目录。

图 2-22　苏绣 —— 花鸟

苏绣是中国优秀的民族传统工艺之一，是苏州地区刺绣产品的总称，该技艺起源于苏州吴县及其周边地区，刺绣与养蚕、缫丝分不开，江苏土地肥沃，气候温和，蚕桑发达，盛产丝绸，自古以来就是锦绣之乡，所以刺绣，又称丝绣。随着历史的发展，现已遍衍江苏省的无锡、常州、扬州、宿迁、东台等地。苏州刺绣至今已有 2000 余年的历史，早在三国时期（220—280 年）就有了关于苏绣制作的记载，据西汉刘向《说苑》记载，早在二千多年前的春秋时期，吴国已将苏绣，用于服饰。有着数千年悠久历史的苏绣，其风骨神韵在隋唐时期就已奠定基础,至宋元时期其基本技法与特色已渐趋形成,明清以后苏绣艺术开始走向成熟。清代是苏绣的全盛时期,清代确立了"苏绣、湘绣、粤绣、蜀绣"为中国四大名绣。

苏绣种类繁多,分为双面绣与单面绣;按体积造型,有台屏、墙屏、地屏及大型组合屏风;内容涵盖人物、宠物、花鸟等等。明代时,江南成为丝织业中心,吴门画派以唐寅、沈周等为代表,促进了刺绣艺术的发展。刺绣艺人借鉴画作,创作出栩栩如生的刺绣作品,被誉为"以针作画"和"巧夺天工"。镇湖是苏绣的主要发源地,苏绣中的八成产品来自镇湖。

苏绣的技艺特色,大致可用"平(绣面平伏)、齐(针脚整齐)、细(绣线纤细)、密(排丝紧密)、和(色彩调和)、顺(丝缕畅顺)、光(色泽光艳)、匀(皮头均匀)"八字来概括,有别于国内其他地区的绣品。在种类上,苏绣作品主要可分为零剪、戏衣、挂屏三大类,装饰性与实用性兼备。其中以"双面绣"作品最为精美。

20 世纪 70 至 90 年代,苏绣融合镶、嵌、印、贴、雕、绘等多种技艺,打造出一批批契合现代审美的产品。借此,苏绣日用品迅速拓展至 10 多个大类、2000多个品种,远销一百多个国家和地区,广受各国人民喜爱。除了"小猫""金鱼"等常见的题材外,花鸟走兽、山水人物等各种题材的作品也表现出色,其表现远远超以往。在技艺上,苏绣和发绣相结合,发绣和发刻又相结合,刺绣和缂丝也相结合,刺绣和缂毛相结合等技艺样式的作品相继产生,为苏绣艺术的创新发展开创出了一条新路,拓展了苏绣的表现能力和绣面的效果。

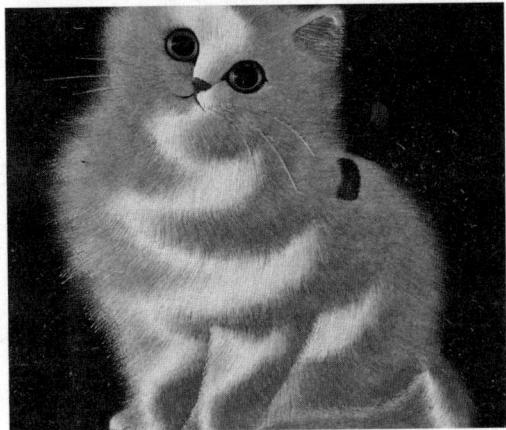

图 2-23 苏绣——白猫

在苏绣里的乱针绣，也称"正则绣"，由近代刺绣艺术家杨守玉于20世纪30年代创立。它运用长短交叉线条与分层加色手法呈现画面，尤其适合绣制以油画、素描、摄影为蓝本的作品，艺术感极强。

苏绣另有"盘金绣"，也称"钉绣"，靠金线盘绕、丝线横向钉固来绣制。常用于龙袍、官服、礼服、旗袍、剧装上的龙凤、山水、花卉等装饰图案，绣品金碧辉煌、尽显雍容。鼎盛时，苏州周边数千绣娘投身盘金绣，如今在长桥镇新南村，虽还有四百多位老艺人给广东、新加坡等地加工服装饰花，但因这门手艺枯燥、工价低，年轻人不愿学，盘金绣已面临后继无人的困境。[1]

苏绣被美誉为"有生命的静物""东方的艺术明珠"。作为国礼，近百次馈赠国外元首。苏州刺绣界的徐绍青、顾文霞、周爱珍、周巽先等人被授予为国家级"突出贡献专家"称号，享受国务院批准的政府特殊津贴。

（二）瓯绣

瓯绣（Ⅶ-73，瓯绣，浙江省温州市）2006年入选第一批浙江省省级非物质文化遗产名录。2008年，浙江省温州市申报的瓯绣经国务院批准列入第二批国家级非物质文化遗产。

瓯绣，别称"画帘"，是浙江温州的传统艺术，源自瓯江地区，属于浙江"三雕一绣"之一，由中国传统刺绣演变而来，与四大名绣齐名。瓯绣不仅是出口名绣，还常作为国礼赠送，有"发绣外交"之誉。这一工艺从生活用品装饰发展而来，早期制品包括神袍、戏装、寿屏等，后拓展至山水、人物、走兽、书法等题材，具有高度的观赏和装饰价值，是中国刺绣工艺中的独特精品。

20世纪30年代，温州女画家蔡墨笑于女塾专设刺绣科，她与名绣师金静芝的作品瓯绣花鸟入选巴拿马世界博览会，并获奖。1979年，温州瓯绣厂职工用彩色丝线100多种，针法20多种，绣成高一米、宽四米的巨幅瓯绣《红楼梦十二金钗图》，在香港举办的中国丝绸服装绣品展销会上展出，画面上16个人物的脸型、发髻、

---

[1] 苏绣. 百度百科，https://baike.baidu.com/item/%E8%8B%8F%E7%BB%A3/242794.

首饰、神态各不雷同，四季花卉同时开放，堪称瓯绣代表作。1998 年，巨幅瓯绣《鹤鹿同春》，幅长 3.5 米、宽 1.4 米，采用一百多种绣线颜色，是历史上第一件汇集人物、花鸟、山水、走兽为一体的瓯绣作品。其代表作还有《锦羽迎春》、《集瑞图》《雄姿奋发》（北京人民大会堂收藏）、《天池浴鹤图》、《虎韵》、《鱼乐图》等。温州地处瓯江之滨，故名，亦名"温绣"。

瓯绣的工艺流程很特别，制作者将毛竹刮去青皮，通过分层开片，煮熟抽丝，编织成竹帘，然后用颜料或彩线在上面制成花鸟、山水、人物等作品。瓯绣的最大特点是针法繁多，做工精细。如《松鹰图》中一只鹰就用了扇形针、切针、平针等 10 多种针法，还采用很多质地、粗细、色泽不同的色线混合使用。

瓯绣构图精练，纹理分明，针脚齐整，针法多变，绣面光亮适目，色泽鲜泡调和，动物羽毛轻松活泼，人物、兰竹精巧传神。它风格"主题突出，色彩鲜艳，构图精练，绣理分明"，装饰性强，颇具地方特色。针法有

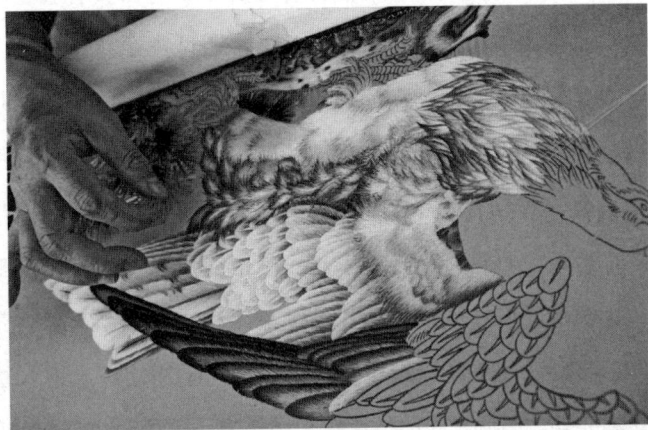

图 2-24 瓯绣

断针、滚针、乱针等 20 多种。古时温州少女素有"十一十二娘梳头，十二十三娘教绣"的传统，刺绣风气浓厚。

刺绣之所以存在差别主要是由于针法运用的结果，瓯绣经过多个阶段发展和多维的整合已经有：齐针、切针、套针、接针、施针、滚针、蔬针、掺针、断针、侧针、包针、缠针、网针、盘针、游针、长短针、打子针、人字针、八字针、排排高、匹匹咬等二十几种针法。所以，瓯绣所绣制出来的绣品构图精巧、造型准

确；画绣结合、以虚衬实；针法严谨、绣理分明；运针灵活、修面生动；色彩鲜明、明亮悦目。

（三）宁波金银彩绣

2011 年 6 月 7 日，宁波金银彩绣（Ⅶ-104，浙江省宁波市鄞州区）被国务院批准列入第三批国家级非物质文化遗产名录。该手工艺品以真丝为底，采用金银线和多彩丝线绣制，具有鲜明的地方特色和民间风格，图案形象丰富。金银彩绣以吉祥图案如龙、凤、麒麟、福禄寿为主题，融合敦煌壁画元素及宁波刺绣传统技法，形成了独特的艺术风格。其制作的戏剧服装亦受到国内外赞誉。

金银彩绣以"盘金""填金""包金""隐花"和"胖绣"等特色绣法著称。2010 年 4 月，浙江省绣品专家评审认定其具有独特风格。金银彩绣不注重写实，而强调华美、厚重的装饰效果，通过排线和线块结合的针法在细节上展现技艺。其题材主要涉及民间吉祥图案和故事，底色通常为暗红、深蓝或黑色，以突出金银线的光泽，呈现出强烈的装饰性。该绣法广泛应用于各类服饰、室内装饰及宗教仪式等领域。主要面料为缎，辅料包括布料、棉花和纱布，用于胖绣的垫料。金银线不直接用于刺绣，而是密铺于彩线之上。绣工具为花绷，中小型作品使用圆形竹圈结构，大型作品则采用四方形木棚。绣制完成以后的绣品，须背部"上浆"，才不易走形。与打铁、造房子相比，金银彩绣是细活，全凭眼功、手功和心功。因此，它的传承在中国历来是家庭母女与姐妹间传承。当然，在宫廷、官方或民间秀场，则有师徒传承。

在宁波工艺美术史上，"三金一嵌"最为出名，即金银彩绣、泥金彩漆、朱金木雕与骨木镶嵌。金银彩绣曾获赵朴初"斟古酌今，裁云剪月，奇花异草，神笔妙针"的称赞，其代表作《百鹤朝阳》还荣获 1989 年第八届中国工艺美术品百花奖金杯（珍品）奖。

金银彩绣是一种在丝质底料上运用金线或银线与彩色丝线交织的刺绣艺术，历史悠久，最早实物例证可追溯至唐代陕西法门寺地宫，当时称为蹙金绣或盘金绣。

图 2-25　宁波金银彩绣凤凰

杜甫和温庭筠等诗人对其有过赞美。宁波金银彩绣的起源时间虽不可考，但宁波
地区刺绣传统深厚，清代时绣坊众多，以"许德来写花店"最为知名。宁波金银
彩绣在原料、技术和表现手法上具有独特之处，区别于其他地区的钉金绣。

　　首先是材料的使用。金银彩绣的材料主要包括刺绣所用的金银线、丝线、真
丝底料、棉花、纱布等。金银彩绣最初使用的金银线是由纯金或纯银制成的箔切

割成，其金线 0.2 至 0.5 毫米。此外，
片金线以棉线或丝线为芯绕成细
线，形成金银细线。随着发展，进
口的洋金线（仿金线）被引入金银
彩绣中。比如，用于刺绣日本和服
腰带的金银线，就是从日本进口的
纯金银线。

　　在宁波金银彩绣中，棉花作为
一种特色材料，主要用于局部垫高
绣品，如人物面部的凸起，特别是
老寿星额头，以及龙纹双眼和花瓣

图 2-26　宁波金银彩绣

等细节。尽管潮绣中也使用棉花，但宁波金银彩绣的运用更为节制，仅限于关键部位以增强立体感和视觉效果。这种精细的处理手法不仅赋予图案以起伏，还带来了色彩光泽的多角度变化，显著提升了宁波金银彩绣的表现力和装饰效果。[1]

七、沪上文化区（上海）

（一）顾绣

顾绣（Ⅶ-17，顾绣，上海市松江区）在 2006 年 6 月被国务院列入第一批国家级非物质文化遗产名录。2018 年 12 月，上海师范大学成为顾绣中华优秀传统文化传承基地。

顾绣又称"露香园顾绣"，中国传统刺绣工艺之一。顾绣起源于明代（1368—1644 年）上海老城厢的顾氏家族。顾绣，成名于明代上海顾家，其家族曾于现黄浦区露香园路筑园，并因得一石上有赵文敏手篆"露香池"三字而命名该园。因此，顾家刺绣被誉为"露香园顾绣"或"顾氏露香园绣"，简称"露香园绣"或"顾绣"。该绣种以名画为参照，以精湛技艺、典雅形式和高度艺术性闻名。

图 2-27　顾绣

顾绣，相传起源于皇宫内廷，其绣线细过发丝，针刺细腻如毫，配色讲究精巧。在绣制过程中，不仅追求形象的逼真，更注重传达原作的神韵，工艺精细且技法丰富多样。顾绣的针法包括施、搂、抢、摘、铺、齐以及套针等数十种，完成一幅作品

---

[1]　浙江非物质文化遗产网，https://www.zjich.cn/xiangmu/xiangmulist.html.

往往需耗时数月。其绣制的山水、人物、花鸟等题材均极为精细，栩栩如生，深受官府与民间的推崇。

在明代，有缪氏、韩希孟和顾兰玉等顾绣高手。韩希孟以其精湛技艺确立了顾绣的卓越地位，她的写真手法对仿真绣和苏绣的发展产生了重要影响。顾绣融合了绘画与刺绣的艺术手法，以宋元时期名画为蓝本，将山水、花鸟、人物等元素以半绣半绘的方式呈现。这种独特的艺术形式，在《群仙祝寿图轴》中表现得尤为明显：人物锦裳先施以底色，再绣以锦纹；面部则是先绣后绘；云雾则直接以画笔施色，不施绣线。这种创新技法大胆且独到，使得山水、人物形象生动逼真。针法多变，时创新意：顾绣的针法复杂且多变，一般有齐针、铺针、打籽针、接针、钉金、单套针、刻鳞针等 10 余种针法。间色晕色，补色套色：这种精巧的明绣采用的种种彩绣线，是宋绣中所未见过的正色之外的中间色线。顾绣为了更形象地表现山水人物、虫鱼花鸟等层次丰富的色彩效果，采用景物色泽的老嫩、深浅、浓淡等各种中间色调，进行补色和套色，从而充分地表现原物的天然景色。顾绣独成一派，和苏、粤、湘、蜀四大名绣差异显著，专注书画刺绣，它把宋绣传统针法与国画笔法融合，以针作笔、用线当墨，让勾画晕染浑然一体，为我国文化艺术添彩。顾绣产品形式丰富，除传统画绣挂幅，睡衣、浴衣、台布、枕套、被面、围巾等生活用品也囊括其中。其针法丰富，色彩斑斓，丝线清晰可见，质地通常选用软缎、绸料以及特丽纶、尼龙等材料，制作工艺精湛。

（二）上海绒绣

2011 年 5 月 23 日，上海绒绣（Ⅶ -103，上海市浦东新区）经国务院批准列入第三批国家级非物质文化遗产名录。

绒绣，即绒线绣，是上海的传统工艺美术品，使用彩色羊毛绒线在特制网眼麻布上绣制。其色彩丰富、配色和谐、工艺精湛。起源于 14 世纪欧洲，德国农民服饰及壁毯上已有类似工艺。

16 世纪，欧洲出现一种专作刺绣底子的麻布，在底子上用绒线逐针绣满，便成了绒绣。绣品可用作壁挂、靠垫、椅垫等。17—19 世纪，绒绣在英国盛行。维多利亚时期（Victoria，1837—1901 年），一位柏林的印刷商人和他的妻子，在英国设计了一种在小方格纸上绘成的彩色图案，制作者可按照图稿数格在网眼布上绣制，技艺简便。当时多用德国美利奴羊的羊毛制成绒线进行绣制，因此人们把绒绣称为柏林绒绣。在 20 世纪初，英国传教士和商人引入绒绣来料加工，使该技艺传入中国。当时，绒绣主要制作日用品如拖鞋、手提包的装饰，色彩单一。上海绒绣技艺代表有刘佩珍、高婉玉等艺术家，她们对绒绣配色等工艺进行创新，增强了绒绣艺术的表现力。

图 2-28　上海绒绣流泪的女人

上海绒绣是在特制的网眼织物上，采用各色绒线逐格逐针绣制而成的手工艺品。每一针构成一个色块，一个完整画面由数万至数十万个色块构成。在绣制过程中，根据画面需要更换绒线，施以不同色彩，不同景物的乱针绣，使绒绣的表现力更强。既能绣制盘垫、书包等日用品，也能把国画、油画、人像摄影缝制在屏上，具有极强的艺术感染力。

第二节　心灵手巧剪出缤纷生活
——非遗视域下长江流域剪纸技艺的传承和发展

一、云贵文化区

（一）水族剪纸

2014 年 11 月，水族剪纸被列入国家级非物质文化遗产名录扩展项目名录。

水族主要集中在黔桂交界的龙江、都柳江上游地区，以贵州黔南的三都水族自治县、荔波、独山、都匀以及黔东南的榕江、丹寨、雷山、从江、黎平等县为主要散居区。贵州省都匀市归兰水族乡被誉为剪纸艺术之乡，著名剪纸艺术家韦帮粉就是生于这里。她自幼学习剪纸，以过人的悟性创作出匠心独运的剪纸作品，2004 年获全国剪纸邀请赛特等奖，被授予"全国十把金剪刀"荣誉称号，国家级非物质文化遗产传承人。

水族在自己开天辟地、造人类、造万物的古歌和神话传说中，有一位伟大杰出的女性创始神——牙娲。在造人神话中，牙娲把剪好的小纸人放在木箱中，吹入一口气，封藏起来。本来预定 10 天之后再启封，可是天下太寂寞了，牙娲忍不住，刚到第七天就揭开盖子，小纸人变成了真正的人，可是又矮又小、又弱又瘦，而且胸脯穿空，不但不能劳动，还被禽兽侵害。于是牙娲狠下心肠，放出老虎和老鹰把他们吃掉，然后又重新造人。

第二次，牙娲接受上次教训，足足等到第 10 天才打开盖子。这次小纸人变成了身材高大、体魄健壮的人，最终主宰世间。换而言之，剪纸在水族早期便已存在，并伴随着水族社会的发展而不断演变发展。

水族人民极其珍视剪纸艺术，将其视为表达世界观、价值观和审美观的重要媒介。水族妇女愿意投入多年时间精心绣制马尾绣背带，这一行为充分体现了剪纸在其中的核心地位。马尾绣背带的质量直接受到剪纸图案质量的影响。

水族剪纸，因其功能不同可以分为以下两种类型：

1. 民间祭祀型

水族是个信仰泛神的民族，拥有多达七八百个鬼神的信仰，其祭祀活动频繁多样，包括祭霞神、树神、稻田等等。在这些祭祀仪式中，剪纸艺术担任着重要角色，比如娘娘神祭祀中的牵手人形剪纸，祭祖时的经幡，以及丧葬仪式中的"灵房花"等。祭祀类剪纸图案多以连续重复的人形或花形图案为主，其结构简单，图案单调，但自身所具有神性光环，使其成为观念性存在，通过集体意识的渗透作用深入每一个社会个体的意识之中，成为家喻户晓共同的语汇，规范着人们思想和行为，成为水族文化的重要文化标志。

图 2-29　水族剪纸

2. 实用型

实用是水族剪纸的基本功能，包含装饰居室表达喜庆的剪纸，如婚嫁大喜日子里张贴的剪纸图案、花边、喜字等；有过年过节张贴的窗花剪纸以及纯粹点缀装饰居室的吉祥图案剪纸等；有用于雕刻、制陶、花边的剪纸，如水族石板墓刻纹样所需的造型蓝本；还有用于刺绣艺术图样蓝本的剪纸，如服饰、鞋帽、背带等装饰部件需要的图案、纹样蓝本等。

（二）苗族剪纸（Ⅶ－16，贵州省剑河县）

2008年，苗族剪纸被列入第一批国家级非物质文化遗产扩展项目名录。

苗族剪纸，俗名"剪花""花纸""绣花纸"，苗语叫"西给港""西给榜，意即"动物剪纸"与"花卉剪纸"。剑河苗族剪纸题材涵盖苗族神话传说，和自然界的花、鸟、虫、鱼等动植物形象，手法以剪、刻、扎为主，用作苗族服饰刺绣纹样稿。其图案纹样反映了苗族图腾崇拜与自然崇拜，具有原始、神秘的艺术特征。

图 2-30 苗族剪纸 —— 兄妹舂米

苗族没有剪窗花的习俗，苗族刺绣时，挑花这类绣法按织物经纬线交叉点定针脚，无须画底图，就能绣出规整的几何图案；而平绣、辫绣等绣法，则要先在绣面绘出底图，才能着手刺绣。直接在绣面绘图有难处与缺陷：其一，绣面需极为干净整洁，绘图不便修改，稍有疏忽就会弄脏；其二，费工夫，即便相同图样也得挨个重复画。用剪纸就方便多了，同样的图案叠剪一次就行，复杂图样多修画几次再剪，剪完干干净净。而且，剪纸贴在绣面比画的图更醒目，还能起到工艺提示作用，像施洞型刺绣，需锁边的线条剪空，不锁边的只剪破。所以，除少数人、个别地区因习惯仍在绣面直接绘图外。苗族剪纸通常采用尖端细小的剪刀进行裁剪，由于剪刀的限制，不能将纸叠得太厚。一些剪纸艺人因此转而使用刻刀进行雕刻，这样可以一次性处理多层剪纸。在刻制过程中，艺人会在纸下垫上一块木板，而不知有更先进的蜡板可供使用。无论剪或刻，先把图案在表层纸上画好，不像剪窗花那样随意剪。

苗族剪纸所用的纸有白皮纸、黄草纸，以及家庭自制的丝绵纸。白皮纸用竹、构皮等纤维浆制作而成，薄而韧性非常好，经得搓揉。丝绵纸是将蚕放在木板上让其吐丝结成的薄皮，既挺括又很柔和，是最好用的纸，它还可代替布料作绣面或染色作贴绣材料。多层纸叠合剪刻时，苗族妇女们习惯用白皮纸捻或缝衣线将纸穿钉成本子，一幅图案根据大小固定数个点，以保证剪刻中各层不错移。将白皮纸捻小如铁钉，长约两厘米，一头尖，一头粗，剪刻完撕揭时不用去掉纸捻，以纸捻尖的那层纸揭起，要几张，就揭几张。

二、吴越文化区

（一）乐清细纹刻纸（Ⅶ-16，浙江省乐清市）

2006 年，浙江乐清细纹刻纸被列为国家级第一批非物质文化遗产，2007 年 6 月 5 日，浙江省乐清市的林邦栋和陈余华为该文化遗产项目国家代表性传承人。

乐清细纹刻纸是集中华民族艺术精华的手工艺珍品，乐清市位于浙江省东南沿海地区，当地的细纹刻纸技艺是一份独特的传统艺术，主要分布在象阳镇的寺前村、后横村，北白象镇的东才村，以及乐成镇、柳市镇、翁垟镇等地。

乐清剪纸源于浙江乐清地方民间剪纸龙船花，至今已有 700 多年的历史。据《乐清县志》记载，元代大德年间，"社里笙歌达旦，通衢剪彩为众共赏，与民同乐"。

这里的"剪彩"就是剪纸。刻纸即从剪纸中发展而来。又有传说，明代乐清军民抗击倭寇获胜，故有船型龙灯，其上有细纹刻纸装饰，并以纪念在抗击倭寇中牺牲的 36 勇士。每年正月十五，乐清乡间有龙船灯巡游活动，其中龙船纸扎与细纹刻纸构成了龙船灯的基础工艺与装饰手法。早期的细纹刻纸以简单的几何图案为主，逐渐发展至包含花卉、鸟兽、山水、戏曲人物和神话故事等元素。代表作品如《九狮图》和《八角双鱼》等。乐清细纹刻纸以其精湛的刀法、挺拔有力的线条、细腻如发丝的图案而著称，其显著特征在于"细"，在早期的龙船花刻

纸中，能在一寸见方的纸上刻出 52 根线条。制作一幅碗口大小的细纹刻纸需耗时
10 多天，工艺极为耗时。

图 2-31　乐清细纹剪纸

　　细纹刻纸的工艺使各种民间图案纹样都能在几厘米见方的纸上得到细致而丰
富的表现，这使乐清细纹刻纸获得了"中国剪纸的南宗代表"之称。

　　细纹刻纸技艺复杂，需多年磨炼方能成就佳作。然而，近 20 年来，温州轻工
业的快速发展对乐清剪纸工艺品产业造成影响，导致年轻人转行，老艺人年事已高，
传承面临困境。

　　（二）傣族剪纸

　　2006 年 5 月 20 日，傣族剪纸（Ⅶ-16，云南省芒市）经国务院批准列入第一
批国家级非物质文化遗产名录。云南省芒市的思华章为该文化遗产项目国家代表
性传承人。

　　傣族剪纸，起源于云南傣族地区，最早可追溯至 1500 年前，主要在德宏傣族
景颇族自治州芒市流传。最初，剪纸作为祭祀仪式中的纸幡使用，后在佛教和中
原文化影响下逐渐发展，成为应用于多种场合的成熟艺术形式。该技艺现广泛用
于祭祀、宗教、丧葬、庆典及家居装饰等。

　　在芒市，几乎村村寨寨的傣族村民都能剪纸。剪纸一般用于刺绣样稿、装饰

门楣、灯彩、旗幡、供品等。题材大多是花草鸟兽和各种几何形纹。

图 2-32　傣族剪纸

傣族剪纸艺术中常见龙凤、孔雀等动物形象，以及糯粘花、荷花等花卉图案，还有亭台楼阁等建筑造型。这些图案生动、整齐、匀称，展现出粗犷有力的风格。

在傣族社会生活中，剪纸艺术占据了显著且独特的地位，其内涵与形式均体现了傣族的历史文化、审美观念和民族精神。芒市傣族剪纸采用特制的剪刀、刻刀、凿子和锤子，剪刀与刻刀尖锐、锋利、侧薄，能一次性剪裁八层纸；而凿子和锤子则稳定、精准、灵活，可一次凿穿 50 余层纸。剪纸技艺分为剪和凿两种，剪法无须稿样，可即兴创作；凿法则需依据稿样进行。傣族剪纸的主要产品包括扎、董、佛幡等，常用于装饰佛殿、演出道具和节日庆典。其内容多与傣族信仰的南部上座部佛教相关，融合了佛经故事、民间传说和地方特产，富有生活气息和地方特色。[1]

三、牛郎织女年画、剪纸、造型等

和刺绣紧密相连的民间技艺——剪纸，在七夕乞巧民俗传承体现了独特的艺术魅力。七夕节剪纸沿袭唐宋习俗，剪"仙楼""仙桥"祈求美好姻缘、夫妇和美。绣花用的枕头花样剪纸也表现了天河抢衣成亲和鹊桥相会的情节，玲珑剔透，显

---

[1] 剪纸（傣族剪纸）. 百度百科，https://baike.baidu.com/item/%E5%89%AA%E7%BA%B8%EF%BC%88%E5%82%A3%E6%97%8F%E5%89%AA%E7%BA%B8%EF%BC%89/54088110.

示出民间工匠的精湛技艺和巧思。有关七夕的民间剪纸主要有窗花，长江流域各地有关于牛郎织女传说的剪纸。七夕乞巧活动中的各种纸艺造型，如甘肃西和的巧娘、陕西的巧姑、浙江七夕香桥的剪纸造型，河北等地七夕祭祀中的天棚地棚图造型，广州七夕活动中的牛郎织女及各种传说故事的人物造型等。民间剪纸和刺绣中也有一些表现天河配的作品。河北蔚县彩色剪纸塑造了故事中的多个人物角色，在天河抢衣中表现了碧莲池中织女和同伴沐浴的场景，色调柔美而富于装饰性。河北建筑园林中的彩画、砖石雕刻，民间面塑和泥塑工艺中也常表现天河配的内容。

关于七夕造型乞巧可参见前面所述的造型和乞巧工具。各地七夕造型中颇具特色的还是广州的人物造型、公仔造型以及摆巧的各类刺绣工艺品等，另外甘肃西和的巧娘娘造型、浙江嘉兴的七夕香桥等造型都是民间工艺品展演中的精品。

在长江流域年画中，牛郎织女题材以牛郎抢仙衣，与织女成

图 2-33　七夕节

亲和鹊桥相会的场景年画作品常见。江苏苏州桃花坞有一幅采用西洋铜版画技巧的牛郎织女鹊桥会的年画，现在藏于日本，是清代乾隆年间作品，极为珍贵。天津杨柳青年画《天河配》，极为有名，其中有一幅以开大幅表现双星鹊桥团聚的情景，图案背景上云海上飞舞，画上题诗一首"千里姻缘如绵连，牛郎织女到河边。鹊羽栖桥助相会，"七夕喜团圆"歌颂了牛郎织女爱情的忠贞不渝。河南朱仙镇的《鹊桥会》年画，以质朴人物和饱满构图，展现了深厚的文化内涵。近代上海流行的月份牌年画中，杭稚英的《牛郎织女》备受喜爱，数十载发行不衰。杨柳青有一幅《七月七夕乞巧图》，将乞巧风俗和牛郎织女传说绘于一图，上端天空中有牛郎织女喜

结良缘、鹊桥相会的画面，下端则细致地表现了妇女们投针观影乞巧的生动场面，为古老的风俗留下珍贵的资料。

第三节　巧手天工织就美好生活
—— 非遗视域下长江流域织染技艺的传承和发展

在中国传统文化中，女性与原始农业和手工业的联系密不可分。她们的采集劳动不仅催生了农业的发展，也促成了原始手工业的兴起，为后来的工艺美术发展奠定了重要基础。中国妇女在手工劳动领域的天赋和创造力，在古老的神话传说中得到了充分的体现。其中，嫘祖的传说尤为突出，她不仅是黄帝的妻子，而且是"女红"技艺的始祖，教授全国女性养蚕、缫丝、纺织和刺绣，其影响力深远。嫘祖的传说和祭祀习俗在中国各地广泛流传，这不仅体现了她在民间文化中的重要地位，也反映了人们对她养蚕缫丝技艺的尊崇。织女，最初仅为星名，后来逐渐被神话化为桑织女神，她的纺织技艺被视为妇女们祈求手巧和桑织顺利的象征。正月"请七姐"和"七夕乞巧"的习俗，均深深植根于织女的信仰之中。女红文化与民间美术同源于原始文化母体女红文化属传统文化的范畴，是中国特有的文化现象。

在历代各地七夕节有一个重要的活动就是拜织女，传说中的织女就是个织锦高手。织锦在中国历史上占有重要地位，自古长江流域，江南水乡的丝绸、织锦极为发达，如江苏、上海、浙江、湖北和四川等地的丝绸、织锦在数千年的传承中极具特色。跟随牛郎织女的传说，我们一起来探讨历代各地区各民族的五彩印染、织锦。

在 2006 年，云锦、蜀锦、宋锦三种织锦技艺被列入我国第一批国家级非物质文化遗产名录。南京云锦研究所和成都蜀锦织绣博物馆被文化部认定为织锦类国家级非物质文化遗产生产性保护示范基地。至 2009 年，南京云锦织造技艺进一步荣获《人类非物质文化遗产代表作名录》的荣誉。

中国的丝织提花技术源远流长，早在殷商时期便有了丝织物的出现。到了周代，丝织物中的织锦以其五彩斑斓的花纹和成熟的技艺而闻名。汉代更是设立了专门的织室和锦署，专司织锦的生产，供宫廷使用。随着汉武帝时期丝绸之路的开通，中国的织锦技艺传入波斯、大秦等地。东晋时期，在建康设立了锦署，标志着南京云锦的正式诞生。唐代，窦师伦创造了著名的蜀锦图案，如对雉、斗羊、翔凤等，称为绫阳公样。织造工艺也从经锦发展为纬锦，并出现了退晕手法。北宋时期，宫廷在汴京等地建立了大型织造工场，生产各种绫锦。元代则是大量生产织金锦的时代，宫廷设有庞大的织染机构，汇聚了许多优秀工匠。明清两代，南京和苏州成为织锦生产中心，官府和民间作坊共同推动了江南织锦的繁荣，织锦多采用传统提花工艺和木制花楼织机。

中国织锦代表了我国丝织技术的高峰，以其彩色金缕线编织的精致花纹而闻名，因而得名。在 7000 多年的养蚕缫丝历史中，织锦是丝绸中最为精美的部分，它曾伴随丝绸之路上的商队，跨越陆地与海洋，传播至世界各地。这种独具魅力的织品，以其前所未有的光彩，引发了西方世界对遥远东方的无限向往。在不同民族、不同地域的人们数千年生活创造的过程中，织锦也呈现了多种多样的风格。如南京云锦、四川蜀锦、苏州宋锦、广西壮锦、湖南土家锦、云南傣锦、贵州苗锦、海南黎锦等，这些织锦品种在数千年的演变与发展中，从最初的布料逐渐升华为中国工艺美术的瑰宝，形成了独特的艺术门类。下面我们逐一阐述长江流域七夕乞巧背景下的织染技艺的传承与发展。

一、云贵文化区

（一）苗族织锦技艺

2008 年 6 月 7 日，贵州省台江县、凯里市、雷山县苗族织锦技艺经国务院批准列入第二批国家级非物质文化遗产名录。

20 世纪 90 年代以前，苗族织锦以母传女的方式世代相传，盛行不衰。麻江县苗族织锦主要有锦布和花带两种。锦布一般 30 多厘米宽；花带根据用途宽窄不一，宽者五六厘米，窄者仅二三厘米，长度同样根据需要确定。苗族织锦所用丝纱分素、彩两种，彩纱可有五色。织锦图案多源于生产、生活，以自由灵活的装饰纹样为主，主体是几何图形，以大菱形为框架，各种图案花纹相互连接在一起，布满画面，整体图案规整紧凑，饱满对称，美观大方。

图 2-34　苗族织锦围腰

苗锦是苗族女性运用当地特产的蚕丝、苎麻、木棉等天然纤维，经过染色处理后，采用传统的编织技艺制成的特色织物。该工艺体现了苗族独特的文化特色和审美观念。《黔书》称这种织法为"通经回纬"。其使用的平纹木机，必须用长约 10 厘米的舟形小梭，装入花纹色彩需要的各色彩纬，依花纹图样轮麻色彩分块、分区，分段挖花缂织，其特点是：本色经细，彩色纬粗，以纬克经，只显影纬不露经线。所以苗族织锦，亦称为织花，是指通过编织技艺形成的具有花纹图案的织物。在苗族织锦中，彩色的纬线被均匀地覆盖于织物表面，使得其正面展现出色彩斑斓、艳丽夺目的视觉效果。

苗族织锦技艺包含通经断纬法和通经通纬法两种，其中通经断纬法在苗族地区使用更为广泛，遍布从东部湘西到西部楚雄的广大区域。湘西地区的织锦通常以细棉纱或丝纱为经线，粗棉、毛或丝纱为纬线，采用通经断纬法编织出菱形、几何纹、字纹、团花等图案，这些锦品多用作被面，被称为"粗锦"。过去，也有使用细彩丝线按通经通纬法编织的花手帕、头巾等，称为"细锦"。贵州台江县、黄平县、剑河县等地的苗族织锦，以通经断纬法织出的彩锦图案丰富多样，包括龙纹、舞人纹、鹭纹、鱼纹以及几何纹等。

尤其是台江县施洞、革东、五河一带的织锦，图案最为丰富，色彩斑斓，常用于围腰和衣背。苗族织锦技术主要分为手工编织和机械编织两种。手工编织是一种便于携带的技术，它通过手工代替挑板或综线来交错经线。编织者通常将整理好的经线卷成短箱携带，以便在空闲时进行编织。在编织过程中，一端固定于树干，另一端系于腰间，利用综线挑织经纬线。编织平布时仅需两综，通常使用黑、白线即可；而织锦则至少需要五综以上，以形成具有立体感的图案。苗锦编织通常采用反面织线，正面显图的方式，通过交替使用红绿、黑白等彩色线条，实现色彩的交错对比和图案的和谐统一。机械编织则是利用专门的织布机进行。与普通织布机相比，织锦用的织布机需配备至少五综线，而平布编织仅需两综线。每根综线连接至踩板，通常有四块踩板，操作者通过不同的踩法控制踩板，从而形成多样的图案。每次操作仅能踩动两块踩板，并依次进行。

（二）傣族织锦技艺（Ⅷ-106，云南省西双版纳傣族自治州）

2008年6月7日，云南省西双版纳傣族自治州的傣族织锦技艺经国务院批准列入第二批国家级非物质文化遗产名录。傣族织锦技艺，云南省传统技艺之一。傣族人早有棉布和丝绸织锦，现在，我们看到的通常是棉布织锦。傣族织锦技艺最早可追溯至唐代，当时已有傣锦作为贡品进献朝廷的记录，反映了当时农耕社会中男女分工的特点，即男耕女织。

至今，傣族婚礼中仍保留着使用傣锦床垫的传统，这可视为最原始的"席梦思"。即使不擅长织锦的家庭，也会聘请工匠来完成这一重要习俗。在傣族宫廷历史中，每个村庄都有特定的进贡任务，曼乱点村便是专门负责为宫廷织锦的村落，因其织锦技艺闻名，被西双版纳傣族自治州命名为傣族织锦之乡。

傣锦以其精细的工艺、独特的图案、鲜艳的色彩和耐用性著称。傣锦通常以白色或浅色调为底色，图案多采用动物、植物、建筑和人物等元素，如孔雀、骏马、龙、凤、象和麒麟等。其中，凤凰展翅、大象、马等图案象征着吉祥、力量和丰收，而宝塔、寺院、竹楼等图案则体现了对美好生活的向往。这些富有象征意义的图案不仅展示了傣族人民的智慧，也表达了他们对美好生活的追求和向往。

在继承传统技艺的基础上，傣锦工艺得到显著的发展和提升。如今，除了传统的筒裙、挎包、床单、被面、窗帘和手巾等制品外，傣锦还应用于屏风、沙发垫等新型产品。这些新产品以其明亮的色调和精美的图案，赢得了国内外消费者的青睐。

图 2-35　傣族织锦 —— 围巾

二、巴蜀文化区

（一）蜀锦织造技艺（Ⅷ-16，四川省成都市）

2006 年，四川省成都市蜀锦织造技艺经国务院批准列入第一批国家级非物质文化遗产名录。

蜀锦，又称蜀江锦，起源于战国时期，是中国四川省成都市特产的锦类丝织品。其特点为经线彩色起彩，彩条添花，经纬起花，以方形、条形、几何骨架为图案基础，纹样对称且四方连续。色调鲜明，对比强烈，体现了汉民族特色和四川地方风格。蜀锦与南京云锦、苏州宋锦一同被誉为"中国三大名锦"。

蜀锦，作为中国织锦中历史悠久的品种，源于秦汉，鼎盛于唐宋，在明清达到鼎盛。早在东汉时期，蜀锦便享有盛誉。在汉唐之后的千年间，蜀锦通过南北丝绸之路对外输出，促进了中国丝绸业的发展与传播，同时对东西方文化交流产生了深远的影响。其寓合纹样，亦称"吉祥图案"，蕴含吉祥、顺利、喜庆等美好寓意。在三国时期，蜀锦成为蜀汉与东吴、曹魏之间的重要贸易商品，是当时蜀国的经济支柱。至明清时期，成都更是以机房两千、织机万余而闻名，成为全国织锦生产的中心，因而成都也被称为"锦城"。这些历史记载均体现了蜀锦在各个时期的重要地位和文化价值。

蜀锦的传统织机称为木制小花楼织机，现代艺人通过努力已成功恢复多款绝版蜀锦。莲花、宝珠等吉祥图案，是蜀锦中的传统名品。连珠狩猎纹锦则反映了唐代对波斯文化的吸收，其纹样描绘了骑马狩猎的武士形象，体现了唐朝蜀锦的独特风格。宋代的红底八大云锦以几何形花纹和红、黄、绿等色彩搭配，是一种珍贵的彩锦。月华锦则以其独特的色彩渐变和装饰花纹，模仿雨后彩虹的五彩斑斓，体现了蜀锦匠人的巧妙构思和失传已久的技艺。

蜀锦多以经向彩条起彩、添花，图案繁丽，织纹精细，配色典雅，别具一格，是兼具民族特色与地方风格的多彩织锦。它质地坚韧饱满，纹样秀丽，配色雅致，比如唐代

图 2-36　蜀锦

蜀锦就有格子花、纹莲花这类图案。联珠、龟甲花、对禽、对兽等，十分丰富。在唐末，又增加了天下乐、长安竹、方胜、宜男、狮团、八答晕等图案。在宋元时期，发展了纬起花的纬锦，其纹样图案有庆丰年锦、灯花锦、盘球、翠池狮子、云雀，以及瑞草云鹤、百花孔雀、宜男百花、如意牡丹等。在明代末年，蜀锦受到摧残，到了清代又恢复了生产，此时的纹样图案有梅、竹、牡丹、葡萄、石榴等。

蜀锦品种丰富，其中传统品种包括雨丝锦、方方锦、铺地锦、散花锦、浣花锦、民族锦、彩晕锦等。雨丝锦以其独特的色彩配置而著称，锦面由白色与其他色彩的经丝交织而成，色丝由粗至细，白丝由细至粗，形成明显的色白相间的雨丝状。这种设计不仅调和了对比鲜明的色彩，还突显了彩条间的花纹，营造出烘云托月的艺术效果，给人以轻快舒适的韵律感。雨丝锦的图案多样，常见的有天安门、杜甫草堂、望江楼等地标性建筑，以及芙蓉白凤、翔凤游龙、莲池鸳鸯等自然景观和传统图案。

方方锦的特点是缎地纬浮花，再单一的地色上，以彩色经纬线配以等距不同色彩的方格，方格内饰以不同色彩的圆形或椭圆形的古朴典雅的花纹图案，如梅鹊争春、凤穿牡丹、望江楼、百花潭等。

还有铺地锦、散花锦、浣花锦、民族锦、彩晕锦等等。这些蜀锦品种各具特色，体现了古代织锦工艺的高超技艺和深厚文化底蕴。

（二）土家族织锦技艺（Ⅷ–18，湖南省湘西土家族苗族自治州）

2006年湖南省湘西土家族苗族自治州的土家族织锦技艺，被批准列入第一批国家级非物质文化遗产名录。

土家织锦是武陵山区土家族人的西兰卡普，土家织锦民间称为"打花"，传统织锦多作铺盖用，土家语称"西兰卡普"，意思为土花铺盖。《大明一统志》称"斑布"。宋代称"溪布""溪洞面"。土家锦的主要原料是丝线、棉线和毛绒线。

西兰卡普以丝、棉、麻为原料，以红、蓝、黑作为织锦经线的棉线颜色，纬

第二章　巧手织就天工　瑰宝遗留人间
——非遗视域下长江流域女红技艺的传承

线则由织者自己决定，各种颜色均可。在古老的木质腰式机上，眼看手背，手织正面，采用"通经断纬"的方法挑织而成。西兰卡普是从土家人的历史文化中衍生出来的，但在发展的过程中，无论工艺上还是纹样上都融入了各民族的先进文化因素，弘扬了中华民族多元化的民族特征。

土家族妇女擅长织锦，其色彩运用以浓烈的大红大绿色调为主，呈现出与云锦的庄重、蜀锦的艳丽不同的民族特色。织锦在土家族的婚恋嫁娶和家庭生活中占有重要地位，有谚语云："养女不织花，不如不养她。"土家女孩从小便跟随母亲学习挑织技术，结婚时需以亲手织制的打花铺盖作为嫁妆，这一习俗至今传承。西兰卡普是土家族织锦的一个传说，讲述了西兰姑娘因追寻美的极致而发生的悲剧。西兰被誉为土家山寨中最美丽聪明的女子，她绣制了山中的百花，却未能绣出半夜开谢的白果花。在追寻白果花的过程中，西兰不幸遭遇误解而丧命，但其绣花技艺被土家人传承。土家族妇女学习西兰的卡普织法，将其制成被子，以示对西兰的怀念。土家族女儿从小就学织西兰织过的布，把它当作陪嫁品，人们把它叫作"西兰卡普"。土家锦的图案丰富多样，源于土家族妇女对生活的细致观察和美好事物的捕捉。她们将所见之美织入锦中，无须图纸，图案皆源于内心。这些图案包括九条云、小白妹、栗子花、太阳花、月亮花等，反映了少女们对美好生活的向往和憧憬。

图 2-37　土家织锦——背包

土家族织锦使用传统的腰织式斜织机，这种织机长约167厘米，宽约67厘米。操作时需面对织机背面进行观察，同时在正面进行编织，这要求织工对纹样和色彩具备高超的记忆和表现技巧。织造过程中采用牛角挑织法，以确保经纬线均匀沉浮，从而制作出结实耐用的织品。织机宽度有限，约67厘米，采用通经断尾、反挑和牛角挑等技巧。在材料选择上，以棉纱为经线，蚕丝为纬线，并染色成多种颜色，以形成丰富多彩的图案。

　　土家锦除了技法之外还要求心中有图案，对这些传统的土家图案，都烂熟于心。土家织锦总体的风格就是崇尚自然，追求幸福吉祥的生活。

图 2-38　土家织锦——挂件

三、吴越文化区

（一）南京云锦木机妆花手工织造技艺（Ⅷ–13，江苏省南京市）

　　南京云锦木机妆花手工织造技艺，于 2006 年荣获首批国家级非物质文化遗产名录的认定。2009 年 8 月，该技艺的地理标志产品国家标准在南京通过国家级专家评审，并于同年 9 月被联合国教科文组织列入《人类非物质文化遗产代表作名录》。这一荣誉充分体现了南京云锦木机妆花手工织造技艺在文化传承和艺术价值上的重要地位。

　　南京云锦，被誉为"寸锦寸金"的传统丝制工艺品，其源起可追溯至晋义熙十三年（417 年），当时在国都建康成立了专门管理织锦的官署——锦署，至今已有 1600 余年的历史。云锦是唯一保留传统特色和独特技艺的织锦，其传统的提花木机织造工艺依靠人脑记忆，至今无法被现代机器所替代。以其光彩夺目、宛如云霞的色泽而得名，云锦在材料选择、织造工艺、图案设计和锦纹风格上均体现出精细与高雅，它不仅继承了历代织锦的优秀传统，还融合了其他丝织工艺的精华，代表着中国丝织工艺的巅峰成就，是中国丝织技艺精华的集中体现，是中国丝绸文化杰出代表。

南京云锦，源于传说中的仙女织锦故事，其绚丽的色彩和云霞般的美感，使得人们将这种织锦誉为"云锦"。根据织造技法，云锦可分为库缎、织锦、库锦、妆花四大类。

明清时期，我国织锦工艺达到高峰，秦淮河畔织机遍布，从事云锦织造的工匠多达30万人。《天工开物》中

图 2-39 云锦织金五福龙

记载的大花楼织机，是一种由木头和毛竹构成的木织机，采用通经断纬的制造工艺，至今无法被现代机器取代。云锦的图案中反映出人们对吉祥、富贵、丰收的向往，其象征意义主要是指"福禄寿喜财权"。图案设计过程中，首先将图案放大并划分为格子，代表经纬线。随后进行挑花，将花纹变化编织在花本上，这是设计的重要环节。使用古老的结绳记事法，将丝线和锦线编织成暗花程序，形成节本。南京云锦专为皇家织造，选材上乘，采用优质蚕丝，具有良好的弹性、柔韧性和

光泽。至于金丝与孔雀羽，则更是珍贵的材料。金丝的制作，是由有经验的工匠，将金叶加入乌金纸中打成金箔，金叶要经过千百次的捶打，工人靠感觉调整角度，使金叶慢慢延展至最终定型。制好的金箔只有 0.12μm，轻微的呼吸就可以将它吹走。

再经过背光、切丝、捻成金线，成为可以织入云锦的圆金线和扁金线。红楼梦中有一出"勇晴雯病补雀金裘"，

图 2-40 云锦——龙纹

从那时就记载了将孔雀羽织入衣物的故事。活孔雀羽不变色，用线经水捻，一天能捻几十米。云锦织造时，机楼上的拽花工提升经线，织手在下面分段局部按花弹织，提经穿尾，两个人密切配合才能完成。

云锦精美，但若要发展，就得与现代生活结合。已有设计师尝试把云锦纹样用于结婚礼服中，穿云锦不再是皇家专属，走近寻常百姓家。云锦里织锦类织物品种繁多，民间作坊惯称"二色金库锦""彩花库锦""抹梭妆花""抹梭金宝地""芙蓉妆"等。

（二）宋锦织造技艺（Ⅷ-14，江苏省苏州市）

在 2006 年，宋锦被纳入中国第一批国家级非物质文化遗产名录，并由苏州丝绸博物馆担任传承单位，钱小萍成为该遗产的唯一国家级传承人。随后，2009 年 9 月，联合国教科文组织将其列入世界非物质文化遗产名录。2014 年 11 月，于北京雁栖湖举行的 APEC 晚宴上，与会领导人及其配偶身着采用苏州吴江鼎盛丝绸所制的宋锦"新中装"面料，彰显了中国传统服饰文化的魅力。宋锦，因其主要产地在苏州，故又称"苏州宋锦"。宋锦色泽华丽，图案精致，质地坚柔，被赋予中国"锦绣之冠"，宋锦与南京云锦、四川蜀锦一起，被誉为我国的三大名锦。

宋锦产于江苏苏州，因相传织于北宋而出名，织造技术独特，其经丝分面经和地经两重，故又称"重锦"。宋锦是中国传统的丝制工艺品之一，开始于宋代末年（约 11 世纪）。传统宋锦需经历 20 多道工序，从缫丝染色至成品织造，每一步均至关重要。该工艺的特点在于经纬线联合显花的组织结构，并运用彩抛换色的织锦技艺，使得织物表面的色线与组织层次更加丰富多彩。这一技艺特色被云锦工艺所吸收，并延续至今，成为当代织锦技艺

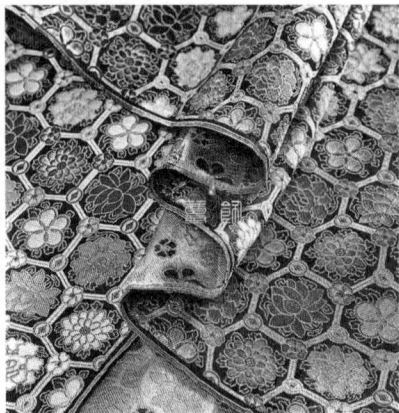

图 2-41 宋锦

重要的组成部分。自宋代起，宋锦便取代了秦汉时期的经锦，隋唐时期的纬锦，在宋、元、明、清时期得到蓬勃的发展。

　　宋锦根据织物结构、技艺精细度、用料品质、织物厚薄及使用性能等多个维度，可分为重锦、细锦、匣锦和小锦四大类。其中，重锦与细锦可称为大锦，从而形成大锦、匣锦和小锦三类，各类宋锦均具有独特的风格与用途。重锦质地厚重，产品主要用于宫殿、堂室内的陈设。细锦是宋锦中最具代表性的一类，厚薄适中，广泛用于服饰、

图 2-42　宋锦"国礼"服装

装裱。大锦包括全真丝宋锦、交织宋锦、真丝古锦、仿古宋锦等品种，常用于装裱名贵书画和装潢高级礼品盒。合锦，常用于装裱一般书画的立轴、屏条等。小锦，包括月华锦、万字锦和水浪锦三种，多用于装潢小件工艺品的包装盒。

　　大锦是宋锦中最有代表性的种类，它质地厚重而精致，花色

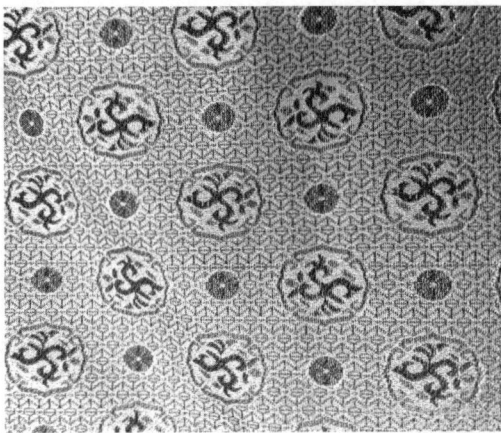

图 2-43　宋锦 —— 万字纹

层次很丰富。重锦则是宋锦中最贵重的种类，其使用材料要在纬线上使用大量的捻金线或片金线，其织造工艺技术复杂，需采用多股丝线合股的短抛梭、长抛梭以及局部特抛梭一起织就。

　　宋锦图案丰富，图案常用有植物龟背纹、八宝纹、盘绦纹等，主要为宫廷织造各类陈设装饰品及巨幅挂轴等产品。在北京故宫博物院就收藏有清代重锦"极

乐世界"作品，就是宋锦的精品。在两米宽的独幅纹样中就有 278 个神态各异的人物佛像，还有巍峨宫殿，宝池树石，祥云缭绕，奇花异鸟，展现了宋锦高超的艺术技巧。

细锦在原材料的选用、纬线重数等方面要比重锦简单一些。近代，蚕丝与人造丝的混用降低成本，被广泛应用于服饰，高档书画装饰以及贵重礼品装帧。细锦图案以几何纹样为基调，融入八宝、花卉、瑞草等传统纹样，其中"花卉盘绦锦"是典型的代表。尽管宋锦历经千年演变，但因其技术性、实用性和艺术性的特征，古朴典雅的风格和独特的艺术魅力，而享誉国内外。

（三）苏州缂丝织造技艺（Ⅷ–15，江苏苏州）

2006 年，苏州缂丝织造技艺被列入国家级非物质文化遗产名录。

缂丝，又名刻丝，是一种古老独特的地方传统织造工艺，主要流传于江苏苏州及其周边地区。苏州缂丝自南宋以后成为主要的产地。至明清时代，苏州缂丝仍昌盛不衰。缂丝因制作精良、古朴高雅的特点，在丝织品中列为最高。

宋元时期以来，缂丝作为皇家御用织物，主要用于制作帝后服饰、御真及摹缂名人书画。因其织造工艺精细，常被誉为胜过原作，存世精品稀有，成为当今织绣收藏与拍卖的焦点。缂丝技艺以"通经断纬"方式，利用五彩蚕丝线，在古老木机和竹制梭子的辅助下，织成色彩斑斓、色阶完整的织物。其独特之处在于图案花纹正反两面一致，表面轮廓和色阶变化处呈现出刀刻般的空隙或断痕，故得名"缂丝"。[1]

缂丝织造技艺独特，如宋朝庄季裕在《鸡肋篇》中所述，其过程不使用大的织机，而以熟色丝经放置于木桴上，根据主题创作花草禽兽等图案。织纬时，先用小梭预留下位置，再以彩色线点缀于经纬之上，形成完整的图案。此技法使得作品看起来似雕镂而成。由于缂丝制作繁杂多样的技法，图案造型独特，因此作品极具价值。

---

[1] 中国非物质文化遗产网，https://www.ihchina.cn/.

图 2-44 缂丝花鸟图案

缂丝的制作工艺包含嵌经面、画样、织纬和整理等 10 余道工序。织纬包括勾、抢、绕、结、掼以及长短梭等技法，同时还有盘梭、笃门闩、子母经花线等多种技法，都依不同的画面要求灵活运用，以表现各种不同的艺术效果。其中，"结"是单色或两色以上在纹样竖的地方，或较陡的纹样上有规律地穿经和上色的方法；"掼"指的是在一定坡度的纹样中采用两种或以上的颜色，按照颜色深浅规律进行有层次的排列，形成如叠加般的视觉效果。"勾"是指用较深的线来清晰地勾勒出纹样的外缘轮廓，类似工笔画勾勒的技法。"抢"又叫"枪色"或称"镶色"，是用两种或以上深浅色调和运用枪头相互伸展，从而起到工笔渲染效果表现纹样质感。

缂丝因色彩变换自如，常被制作书画作品。因此，从事缂织彩纬的织工需要一定的艺术修养。缂丝结构遵循着"细经粗纬""白经彩纬""直经曲纬"的织造原则，即使用本色细经线与彩色粗纬线，纬线覆盖经线，呈现出只显彩纬而不露经线的视觉效果。缂丝产品分实用品和装饰品两大类。实用品有台毯、靠垫、手提包、团扇面等等。新中国成立前还生产衣料、被面等，现在主要生产外销日本的和服腰带。至于装饰品，则多见屏风、立轴、册页等，这些作品或是作为展览、陈设用品，或作为国家对外交流的礼品。

缂丝的起源 7 世纪，自汉至隋唐时期，技艺渐趋成熟。至宋代时期，在中国织造史上已表现突出，当时"以河北定州所制最佳"，以宣和时期制作最兴盛。至南宋时，苏州的缂丝生产已具规模。自明代始，缂丝技艺在苏州市区及周边光福、东渚等地广为流传，成为该地区最具代表性的文化形式之

图 2-45　制作缂丝

一。明代苏州缂丝织造技艺最为精湛，以御用缂丝龙袍及缂丝书画中的开相织品著称。到了清代，出现了缂、绘结合的新技艺。

隋唐往后，缂丝制品就用作书画包首，至北宋、南宋，缂丝声名最盛。不管是包首、装裱，还是山水、花鸟、人物这类缂丝艺术品，技艺均达相当水准。到元代，缂丝艺术品转向生活日用品，特点是率先采用金彩，大量用于寺庙用品与官员官服。

明代缂丝最大的特点有，一是御用缂丝制作皇帝的龙袍。北京十三陵地下宫殿出土的明代皇帝龙袍就是例证。其二，写实和装饰相融合小副册页，内容包含山水、花鸟、人物、书法等图案。在织造人物上更是一大创举，像名家吴圻缂制沈周的《蟠桃仙》与《戏婴图》，人物开相皆为缂织而成，形态鲜活灵动，明缂丝独特的艺术风格由此尽显。在清代，缂丝艺术品通常融合了缂织与绘画技艺，有许多工艺精湛、细节考究的纯缂丝作品，例如《三星图》和《八仙庆寿图》等。清代缂丝中常见将诗文全文缂入幅面的做法，比如《御制三星图》作品所示。

在 20 世纪 60 年代，以复制南宋缂丝名作为生产起点，艺人们恢复了已告濒危的缂丝织造技艺。20 世纪 70—80 年代，苏州先后成立了五家缂丝厂，缂丝织

造技艺得到空前发展。自 20 世纪 90 年代初起，工艺美术品的出口任务逐渐减少，劳动力过剩、生产规模缩减、技艺人才流失，以及大多数企业转向其他行业，这些问题严重影响了缂丝的生产与发展。并且面对生存压力，某些技艺高超的艺人仅一味地模仿名家名缂，故步自封，难以投入人力物力尝试研究、发展、创新缂丝技艺。[1]

（四）双林绫绢织造技艺（Ⅷ–99，浙江省湖州市）

2008 年浙江省湖州市的双林绫绢织造技艺，被列入第二批国家级非物质文化遗产名录。

双林绫绢织造技艺是浙江省湖州市的地方传统手工技艺。"云鹤""汉贡"两枚注册商标，成为北京故宫博物院的指定生产厂家，而"云鹤"牌祥云图案绫绢更是作为奥运会冠、亚、季军和获奖运动员的获奖证书封面裱封写入了奥运历史。位于湖州东南的双林镇，地处杭嘉湖水网地带，历来盛产蚕桑，缫丝业相当发达。

因而在蚕桑业发展的同时，除了丝绸之外，还创造了另一种丝绸业奇葩——双林绫绢。绫绢是绫和绢的统称，其中带有花纹的称为绫，而素色的称为绢，均采用纯桑蚕丝织造。双林绫绢以其轻盈如晨雾、薄如蝉翼的特质，以及柔软的质地和光亮的色泽，被誉为"凤羽"。这一传统手工艺品拥有精湛的技艺和丰富的品种，包括耿绢、矾绢、花绫、素绢等。其生产流程严格，包含浸泡、翻丝、纤经、放纤、织造、炼染、砑光、整理等 20 余道工序。

图 2-46 双林绫绢织造图案

---

[1] 江苏省非物质文化遗产保护中心，https://www.jsfybh.cn/#/homePage.

第四节　五彩斑斓渲染生活色彩
—— 非遗视域下长江流域的扎染技艺的传承和发展

一、云贵文化区

（一）白族扎染技艺（Ⅷ-26，云南省大理市）

2006 年 5 月 20 日，云南省大理市白族扎染技艺经国务院批准列入第一批国家级非物质文化遗产名录。段银开，女，第五批国家级非物质文化遗产项目代表性传承人。

扎染古称"绞缬"，是中国一种古老的纺织品染色技艺。扎染一般以棉白布或棉麻混纺白布为原料，染料主要是植物蓝靛（云南民间俗称"板蓝根"）。

大理白族扎染工艺，通过手工针缝扎和天然植物染料浸染相结合的方式制成，其成品色彩鲜明，经久不褪，因为使用天然植物染料，对皮肤有一定的消炎保健的功效，这是现代化学染料比不上的。居于喜洲的白族妇女将传统结扎技巧与现代印染工艺结合的基础上，推陈出新，创作出彩色扎染作品。

彩色扎染作为一种新兴的手工印染技术，打破了传统单色扎染的限制，注重多色彩的搭配与和谐。通过调节扎缝的宽度、紧度以及疏密程度，实现了染色深浅的差异化，从而创造出具有独特纹样艺术效果的成品。

在部分白族地区，一种名为"反朴法仿扎染"的新工艺制品逐渐兴起。该工艺是在传统扎染基础上创新的产物，既具有扎染的外观特征，又融入了泼画的艺术风格，形成了独特的图案花纹。与传统扎染不同，反朴法仿扎染省略了扎结步骤，使得图案色晕层次更加丰富，呈现出交融混搭、色彩斑斓的效果。随着市场需求

的增长，大理扎染工艺的图案设计日趋复杂、多样，品种数量已多达数百种，涵盖了不同尺寸。大理扎染工艺产业发展衍生出各种扎染包、帽、衣物等丰富工艺品系列产品。大理扎染扎染的制作方法别具风格，古籍记载了古人制作扎染的工艺过程："'撷'撮采线结之，而后染色。即染，则解其结，凡结处皆原色，余则入染矣，其色斑斓。"

图 2-47　白族扎染布

大理扎染工艺包括画刷图案、绞扎、浸泡、染布、蒸煮、晒干、拆线、漂洗、碾布等主要步骤，其中扎花、浸染是技术的关键是。绞扎手法和染色技艺。染缸、晒架、染棒、石碾等是扎染的主要工具。

　　扎花是缝、扎相结合的手工扎花方法，其图案题材范围广泛，造型刻画细腻和变幻无穷的特点。扎花，原名叫扎疙瘩，在布料上用撮皱、翻卷、折叠、挤揪等方法，使之扎成为一定的形状，再用针线一针一针地缝合或缠扎在一起，并将其扎紧缝严，让布料变成一串串"疙瘩"。花样设计一般由民间美术设计人员根据市场的需要，进行创作出各式各样的图案用于蜡染。在印染工艺中，由印染工人先用带有孔洞的蜡纸在生白布上印上设计好的图案。村妇再根据图案进行手工缝制。缝制好的布料在染坊进行浸染。浸染过程需要将扎好的布料清水中浸泡后，放入染缸。如此反复多次浸染，每浸染一次色深一层，即所谓的"青出于蓝"。缝了线的部分，因染料浸染不到，就形成了好看的纹样图案，又因为人们在缝扎

时候针脚不一样、染料浸染的程度不一样，这种随意性，就出染出各有风格的作品，其艺术风格就显得多样。这种浸染采用手工反复浸染工艺，形成以花形为中心、变幻玄妙的多层次晕纹，古朴雅致。

图 2-48　晾晒染好的布

（二）苗族蜡染技艺（Ⅷ-25，贵州省丹寨县）

2006 年 5 月 20 日，贵州省丹寨县蜡染技艺经国务院批准列入第一批国家级非物质文化遗产名录。

苗族蜡染技艺源远流长，追溯至上古时期，其艺术作品在染织美术领域享有崇高声誉。古时，蜡染被称为"蜡缬"，基本工艺是在麻、丝、棉、毛等织物上以蜡绘制图案，随后浸入染料缸中。蜡覆盖的部分不染色，去蜡后便显现出精美的花纹。宋代五溪地区的"点蜡幔"蜡染技艺已颇受欢迎，而明清时期，黔中地区的苗族亦广泛使用蜡染作为衣料。

蜡染的故事起源：有一个聪明美丽的苗族姑娘，不满足于衣服的单一色彩，希望能在裙子上染出各样的花卉图案来，可是一件一件的去手工绘制实在太麻烦，在古代苗族，一位姑娘因无法解决某一问题而终日闷闷不乐。某日，她在观察鲜花时沉思入梦，梦见一位花仙子带她至一座百花园中。在花园中，她不自觉地被蜜蜂所吸引，直至蜜汁和蜂蜡沾染了她的衣裙。醒后，她尝试用靛蓝染桶重新染色，并在沸水中漂清浮色，意外发现蜂蜡覆盖的地方呈现出美丽的白花。这一发现激发了她的灵感，她用蜂蜡在白布上绘制图案，随后浸入靛蓝染液中，最终通过沸水去除蜂蜡，成功制作出印花布。这一技艺很快在苗族及相邻的布依、瑶族等民族中传播开来。此故事体现了蜡染技术的起源和发展，是苗族文化遗产的重要组成部分。

蜡染，亦称为"蜡防染色"，是一种在麻、丝、棉、毛等天然纤维织物上，通过蜡绘制作图案的染色技术。在绘制完毕后，织物被浸入适合低温染色的靛蓝染料缸中。由于蜡的防水特性，有蜡覆盖的部分不会上色，从而在去除蜡后展现出由蜡保护形成的白色图案。然而，单纯的蓝底白花并不罕见，与蓝印花布相似。蜡染的独特之处在于其"冰纹"效果，这是由于蜡块折叠导致的裂痕，使得染料渗透不均，形成具有抽象美感的图案纹理。

蜡染在我国历史悠久，秦汉时期，居住在西南地区的苗、瑶、布依等少数民族的先民（南蛮集团各部落），就已经掌握了蜡染技术，据《贵州通志》记载："用蜡绘花于布而染之，既去蜡，则花纹如绘"，因制作方法这种蜡染布被称为"阑干斑布"，因为产地是苗、瑶地区，所以又称为"徭斑布"。这种靛蓝染色的蜡染花布，具有独特的苗族民族，是我国别具风格的民族艺术之花。

四川、贵州、云南地区的苗族蜡染，常简称为川黔滇苗族蜡染，川黔滇方言的苗族妇女，服装使用蜡染十分普遍，衣、裙、围腰以及其他棉织生活用品，几乎都有蜡染制品。这种现象与苗族崇尚蜡染有关，她们喜欢

图 2-49 苗族蜡染

穿精美的蜡染制品为富为美，许多苗族支系不仅在祭祀、婚丧、节日等重大场合都以蜡染为饰，

比如如图所示苗族牯藏节用的蜡染经幡的蜡染纹样，生活中也以小巧精致的蜡染品作为装饰。川黔滇苗族的蜡染，会用一种特制的蜡刀点蜡，然后以蜂蜡熔

汁在白布上绘花样，染色后取出煮干水，蜡去则花样现。具体制作方法是先将白布平铺于案上，再将蜂蜡置于小锅中，加温升到60℃～70℃时，蜡熔化为液状，再用铜制的蜡刀蘸取蜡汁，在布上绘制出所需的图案。有经验者完全凭自己的观察以定温度，而初学蜡绘者，不易凭观察定温度，只好将画布置于膝上，凭皮肤的感觉以判断温度是否适宜。

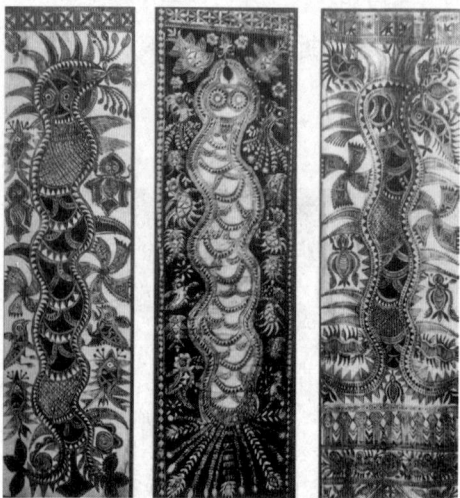

图2-50　苗族蜡染蝴蝶妈妈和十二个蛋

苗族妇女蜡绘，一般小打样，只凭构思绘画，也不用直尺和圆规，所画的对称线、直线和方圆图形，折叠起来能吻合不差。所绘花鸟虫鱼，惟妙惟肖，栩栩如生。绘成后，投入染缸浸染，染好捞出用清水煮沸，蜡熔后即现出白色花纹。

在苗族蜡染中，最具代表性的是贵州丹寨、黄平、安顺、榕江苗族的蜡染。丹寨苗族蜡染风格古朴、粗犷、原始，纹样一般是动植物的变形，如蝴蝶妈妈的纹样，变形的花鸟鱼虫等等，显得既抽象又不失具象。丹寨蜡染除大量用于服饰外，还用作被面、垫单、帐沿和包袱布等以及民俗活动中。丹寨苗族祭祖时，要穿特制的蜡

图2-51　苗族蜡染松鹤延年坐垫

染衣，叫"祭祖衣"。在13年举行一次的祭祖节——牯藏节上，蠡家要挑起数丈长的幡，其上装饰着蜡染的纹样，多为龙纹，它向人们昭示了苗族的龙图腾崇拜。

苗族的龙纹与汉旗不同，苗龙无尖利的爪和牙，形式优美，观之可亲。黄平苗族蜡染工整、细密、精致，构图严谨，一般面积较小。纹样是由经过高度程式化处理的动植物纹和几何纹相互穿插而成，除用于服饰外，人们还拿它做书包、枕巾、盖篮布和手巾等。安顺苗族蜡染多用几何图形，精上细作。榕江苗族祭鼓社，要用彩蜡绘制 10 面旗幡，飘飘屹立于仪仗队之前。

丧葬时，不少地方也用蜡染布做殉葬衣，花纹多为古老庄严的铜鼓纹、涡妥纹。此外，黔西北纳雍、水城一带苗族的蜡染也有特色，它的图案密集、饱满，包括花、蝶、草和一些几何纹样等。由于蜡染是从模仿铜鼓上的纹样演变而来，因而蜡染中保留下来许多铜鼓纹样，像云纹、螺旋纹、雷纹、芝草、同心圆纹、锯齿纹等较抽象的几何纹样。当然，应用最多的还是比较具象的自然纹样，如象征爱情的鱼与莲，代表多子的石榴，寓意长寿的桃子，带给人们幸福的蝴蝶和飞鸟等。有时蜡染在绘蜡后而未染时，由于蜡色深、浅变化丰富，比成品更美。苗族蜡染在图案题材上独具特色，并将内容和形式巧妙地融合一体。苗族蜡染的图案题材可分为七大类：蝴蝶纹、鱼鸟纹、龙纹、旋涡纹、花草植物纹、铜鼓纹、星辰山川纹。

二、吴越文化区 —— 南通蓝印花布染技艺（Ⅷ -24，江苏南通市）

2006 年 5 月 20 日，南通蓝印花布印染技艺经国务院批准列入第一批国家级非物质文化遗产名录。蓝印花布印染技艺代表性传承人有吴元新（国家级），王振兴（省级），徐亚能、宋诚、吴灵姝（市级）。2007 年 2 月，二甲镇蓝印花布被评为国家非物质文化遗产蓝印花布展示基地。2013 年 1 月，吴元新创建的南通蓝印花布艺术馆入选首批"国家级非物质文化遗产保护研究基地"的传承单位。

南通蓝印花布传统印染技艺遍及南通地区各县，是江苏省的地方传统手工技艺之一。影响较大的作坊在如皋的石庄、通州的二甲和石港、海门的三阳、启东的汇龙及南通市区。据调查，现在蓝印花布生产状况为：南通地区蓝印花布作坊有五家，蓝印花布博物馆一个，从业人总计也不过 50 多人。旧时，浙江、江苏一带农村家家户户都会织布、染布。老辈人身上穿的衣服、日常用的包袱皮，甚至自家闺女的嫁妆，都是自家纺织印染的蓝印花布。窗帘、头巾、围裙、包袱、帐子等都可用它来做。蓝印花布仿佛就是中国劳动人民的专用布料。

图 2-52　晾晒南通蓝印花布

江浙一带蓝印花布的主要产地就在江苏的南通地区。明清以来，江苏南通是中国棉纺织基地，所印制的蓝印花布"衣被天下"，南通蓝印花布印染技艺得以传承，用以制作生活用品，常见植物花卉和动物纹样印染图案主题，也有简洁的几何图形。它以耐脏耐磨、结实经用、图案吉祥、和谐的蓝白之美闻名于世充满浓郁的乡土气息。南通是全国研究开发和生产民间蓝印花布的重点地区，被誉为中国蓝印花布之乡。

图 2-53　南通蓝印花布图案

中国民间用蓝草色素染色，可以追溯到春秋战国时代。蓝印花布最具典型的图案是蓝底白花和白底蓝花。蓝底白花只需要一块花版，构成的花纹互不相连。白底蓝花则用两块花版套印，印的第一块花版称作"头版"，待花布稍干后，再印第二块花版，又称"盖版；盖版将第一块花版的连线部分遮盖起来，使纹样连接自然。

民间蓝印的技法保持了几百年来的传统制作工艺。其中白底蓝花的手法刻制难度比较大，一般民间艺人高手才可以制作。南通民间蓝印花布，图案全凭手工镂刻制作，每幅刻好的纸版都类似剪纸艺术，具有原始、粗犷、明快的风格，其艺术形象往往高度概括和夸张，具有浓郁的地方特色。[1]

　　长江流域七夕乞巧留下的人间瑰宝远不止如上所述，但细数非遗保护下，无论刺绣、剪纸还是织染，历经数千年的女红及七夕乞巧的传承，正在现代社会大放异彩，正所谓"穿针乞巧今安在，非遗技艺放光彩"。

---

[1]　南通蓝印花布染技艺 . 百度百科，https://baike.baidu.com/item/%E7%99%BE%E5%BA%A6%E7%99%BE%E7%A7%91/85895?fr=aladdin.

第三章　长江流域以女红技艺为中心的乞巧习俗及文化内涵

第一节　长江流域以女红和手工技艺为中心的乞巧习俗

一、七夕乞巧概述

中国古代在历史长期的发展中形成了众多的节日，如春节、元宵节、清明节、端午节、中秋节、重阳节、冬至等。但在这些节日里，男人们主持各种节日的祭祀活动、庆祝活动，负责各种节日礼仪交流、游戏和娱乐活动。特别是在节日的祭祀活动中，一般都必须由男人主持，女人连参加的资格都没有。七夕节是个例外，在这一天，妇女成了节日活动的主人，节日活动中的方方面面事务，似乎都与妇女有关。也许正是在这个意义上，人们常把七夕节称为"女儿节""少女节"。

七夕节与女性的密切关系，在七夕节的主题活动"乞巧"中最为突出。无论是参与的对象、时间的安排，还是活动的内容和形式，七夕的习俗无疑都包含着浓厚的"女性气息"。[1]乞巧，是七夕节最普遍的习俗，少女们在七月初七晚上进行各种乞巧活动。

七夕乞巧，起源于汉代，乞巧之风，至宋朝最为兴盛，其原因与宋太宗的推广有关。清代王士禛《香祖笔记》谈到，"宋太平兴国中诏以七日为七夕，著之甲令"，可见其对这个节日的重视。由于重视七夕，皇帝先于初六在外乞巧，初七回宫和家人一起过节。为了赶到宫中进行七夕活动，朝廷官员在初六之夜祭，于是初六之夜在民间流传开来。

随着七夕乞巧活动的发展，娱乐活动也随之而生，其中还有热闹的庙会。饮食习俗在节日中也开始发展，并演变成乞食活动。清代，乞巧习俗依然盛行，李于潢在《汴宋竹枝词》中写道："贫家儿女也穿针，半臂凉添不制襟。合里蜘蛛如大米，吐丝可许结同心。"姑娘们祈求通过智巧，来预知自己未来的命运。马朴臣在《七夕》说："何关人事说年年，此夕银河分外妍。闲对半湾无主月，痴看一片有情天。别离隔岁仙难免，漂泊经秋客可怜。忙煞邻家小儿女，喁喁乞巧不成眠。"

在七夕节，有很多民间糕点店喜欢制作一些织女形象的酥糖，俗称"巧人""巧酥""巧果"，售卖时也叫"送巧人"。这一节日食品在《清嘉录》就记载了："七夕前，市上已卖巧果，有以麦白和糖，绾作荸荠之形，次令脆香，俗呼为'荸荠'。至是，或偕花果，陈香蜡于亭或露台之上，礼拜双星以乞巧。"

图 3-1　七夕乞巧

---

[1]　蔡丰明 . 七夕乞巧习俗与古代女性文化心理 [J]. 寻根，2009（4）：39-45.

到了近代，七夕的节日活动在很多地方开始淡化，至中华人民共和国成立后趋于消亡。2006 年 5 月 20 日，七夕节、春节被列入第一批国家级非物质文化遗产名录。在中国非物质文化遗产保护和相关政策的倡导下，七夕节在中国得到了复兴。现在乞巧的方式大多是女孩子缝针试巧，做小物件赛巧，摆一些水果乞巧，各地的乞巧方式都不一样，各有千秋。

图 3-2　桐阴乞巧

在近代，七夕节有着诸多特色活动。穿针引线是常见的一项，还有蒸制巧饽饽、烙制巧果。部分地区会做巧芽汤，在七月初，把谷物置于水中浸泡，待到七夕当日，剪下谷芽熬制巧芽汤，此地尤为注重让孩童食用巧芽，寄望孩子聪慧灵巧。人们巧用面塑、剪纸、刺绣等技艺，制作各类装饰品。七夕当天，牧童们还有会采撷野花，挂于牛角上，称作"贺牛生日"。

广西一些地区有七夕贮水的习俗，认为双七水浴可以消灾除病，体弱多病的孩子，也常在这一天将红绳打上七个结，戴在脖子上，祈求健康好运。

又比如在杭州、宁波、温州等地，在这一天，用面粉做成各种各样的小东西，在油里炸，叫"巧果"。晚上，院子里摆放着巧果、莲蓬、白藕、红菱等。姑娘们对月穿针引线，祈求织女能赐巧，如果穿得好，就叫"巧"。或者捉一只蜘蛛，放在盒子里，第二天打开盒子如果结了蛛网也认为得巧。（还有种说法是中午捉蜘蛛）在绍兴地区，七夕的夜晚能看到这般景象：年轻姑娘会躲在枝繁叶茂的南瓜棚之下。倘若能听到牛郎织女鹊桥相会时的情话，那便意味着日后自己步入婚姻殿堂，能收获矢志不渝、延续千年的美好爱情。

而在浙江金华一带，为了寄托众人祈愿牛郎织女每日都尽享幸福生活的美好心愿，家家户户都会在农历七月初七宰杀一只鸡。当地流传着一种说法，认为在牛郎织女相聚的这个夜晚，若是没有公鸡打鸣，这对恋人就将永不分离。

在福建省，人们允许织女在七夕这天品尝水果，这样祈求来年瓜果丰收。祭祀的涵盖了茶、酒，还有新鲜水果，诸如龙眼、榛子、红枣、花生、瓜子组成的"五子"，以及鲜花、可供女性妆点的花粉，香炉也是必不可少的。人们先是斋戒沐浴，随后轮流虔诚下拜。参与祭祀的姑娘们，她们不仅乞巧，还乞子、乞寿、乞美和乞爱情。之后，众人便开启休闲时光，玩乞巧游戏。乞巧游戏分为两类：其一为"卜巧"；其二则是比拼穿针速度，穿针速度慢的一方被称作"输巧"，参与者需提前备好礼物，赠予在比赛中穿针迅速的对手。

在部分地域组织起"七姐会"。通常而言，各地"七姐会"多在宗乡会馆设置香案，这些香案大多为纸糊而成，桌上摆放着各类物品，像鲜花、新鲜的水果、用于妆点的胭脂粉，还有纸制的花衣、鞋子等等。各个地方的"七姐会"会在制作香案上下功夫，较量谁的更精美。时过境迁，现今这类活动被人淡忘，仅有为数不多的村社，还会在七夕节摆出香案，向牛郎织女祭拜。香案一般在七月初七准备好，晚上就开始向织女讨巧。[1]

在现代社会，流行于长江流域各地七夕习俗有，湖北郧西七夕文化节、恩施七夕土家女儿会、江苏太仓七夕文化节、浙江温岭石塘七夕习俗、浙江嘉兴的七夕香桥会、浙江杭州的祭星乞巧、广西的双七节、广州福建地区的"七娘妈诞"、甘肃西和七天八夜的七夕乞巧等。

图 3-3 瓜果乞巧

二、长江流域以女性和女红技艺为中心的历代七夕乞巧习俗

女红文化和民间艺术是在原始文化中孕育出来的，早期刺绣艺术的发明者和

---

[1] 七夕节. 百度百科, https://baike.baidu.com/item/%E4%B8%83%E5%A4%95%E8%8A%82/226647.

创始人，也是民间艺术的创造者和继承者。早期针线活工具的发明和使用，为民间工艺美术的产生和发展提供了条件。早期的针线活 —— 原始的织造工艺，也发展了民间艺术中最基本、最原始的艺术类型。

各民族的节日盛装和美食习俗，姑娘们婚前向情人赠送的定情信物，以及新婚时向亲友邻里展示女红陪嫁的婚俗，布置房舍的年俗和剪贴窗花等，都将女红融入我们的民俗生活中，成为女性生活不可分割的一部分。在这里，值得一提的是"乞巧节"（或称"女儿节"），这是一个对中国妇女具有特殊意义的节日。这个节日始于汉代（前 2 世纪），在明清时期（13 世纪至 19 世纪初）随着现代手工业的发展达到顶峰。每年农历七月初七，妇女们家家户户或村庄里都要为织女献上祭品，并进行乞巧、卜巧、赛巧等活动。"乞巧节"是妇女交流手工艺品生产经验、展示女红的绝佳机会。它的存在巩固和加强了中国女性的群体审美意识，促进了女性红色文化的传承和发展。

中国妇女擅长女红，这是社会自然分工形成的生产生活习俗。然而，在漫长的封建社会中，封建统治者为了维护男权统治，把妇女束缚在家庭中，还高度赞扬"女红"，并把女红作为衡量妇女道德和才能的标准。由于几千年来封建文化的推动，女红文化渗透到社会各阶层，在中国形成了一种独特的文化现象。正因为如此，中国妇女成为创造中华文化做出杰出贡献的重要力量的一种象征。[1] 让我们以女性和女红艺术为中心来探讨古代七夕的乞巧习俗。

（一）穿针乞巧

穿针乞巧是最早的乞巧方式，始于汉代，流传后世。据《西京杂记》记载："汉彩女常以七月七日穿七孔针于开襟楼，人具习之。"也就是说，这种活动最早出现在汉代，然后慢慢地传播到世界各地。为什么要向织女乞巧呢？据宋人董迪说"织女善女工而求者得巧"。因此，七夕皎洁的月光之夜成为女子聚会交流乞巧佳期，

---

[1] 何红一. 女红文化与中国民间美术 [J]. 艺术生活，2010（2）：28-30.

在当时，一般用五彩丝线穿七孔针或者是九孔针。

《舆地志》说："齐武帝起层城观，七月七日，宫人多登之穿针。世谓之穿针楼。"也就说此时皇宫里，齐武帝为供宫女乞巧专门修了一座穿针楼，登楼台穿针引线乞巧的活动开始盛行。

到了五代妃嫔各以九孔针五色线向月穿之的穿针乞巧活动不仅在皇宫盛行，老百姓也开始效仿了。五代时期王仁裕有《开元天宝遗事》写道："七夕，宫中以锦结成楼殿，高百尺，上可以胜数十人，陈以瓜果酒炙，设坐具，以祀牛女二星，妃嫔各以九孔针五色线向月穿之，过者为得巧。动清商之曲，宴乐达旦。士民之家皆效之。"文献记载里，唐太宗和妃子们每到七夕就在清宫夜宴，宫女们就各自乞巧，这个习俗在民间广为流传，代代延续。唐朝织染署还将七月七日定为祭杼日，民间妇女更

图 3-4　穿针乞巧

需要向织女乞巧。此时的乞巧活动不仅有穿针乞巧，还要摆上瓜果美酒等来祭祀牛郎星和织女星。当时使用的七孔针或是九孔针，并非是我们现在所用的针，《醉翁谈录》云："其实此针不可用也，针褊而孔大。"

元朝的陶宗仪在《袁氏宫廷志》中记载："九引台，七夕乞巧之所至夕，宫女登台以五彩丝穿九尾针，先完者为得巧，迟完者谓之输巧，各出资以赠得巧者焉。"乞巧发展到目前为止，登高楼、对月穿针、乞巧、赛巧，活动内容也越来越丰富。

古代文人所写的七夕诗、汉诗、唐诗、宋诗，在后世都一再提到妇女。其中为人们背诵的，唐代祖咏在《七夕》中写道："闺女求天女，更阑意未阑；玉庭

开粉席，罗袖捧金盘。向月穿针易，临风整线难。不知谁得巧，明旦试相看。"诗中说年轻的姑娘们对乞巧之事十分用心，对于能否得巧的结果很是期待。唐朝崔颢《七夕》诗载："长安城中月如练，家家此夜持针线。"唐代施肩吾也有七夕诗："乞巧望星河，双双并绮罗。不嫌针眼小，只道明月多。"而人们最熟悉、流传千古的是宋代文豪秦观所写的："纤云弄巧，飞星传恨，银汉迢迢暗度。金风玉露一相逢，便胜却人间无数。柔情似水，佳期如梦，忍顾鹊桥归路！两情若是长久时，又岂在朝朝暮暮！"

浪漫的"对月穿针"乞巧风俗演变至今，似乎再难寻其繁花似锦的景象，随着非物质文化保护的倡导和推行，各地穿针乞巧出现了新的面貌、焕发出新的生机。如甘肃西和七天八夜的乞巧、广州珠村等地乞巧活动等。不过如今七夕的穿针乞巧似乎更倾向于仪式化和娱乐化，更像是一场缅怀。

（二）喜蛛应巧

喜蛛应巧又称为"蜘蛛乞巧"或"蛛丝乞巧"。这也是较早的一种乞巧方式，其俗稍晚于穿针乞巧。活动方式并不复杂，一般是在七夕节的晚上，在院子里摆放好各种瓜果，然后等待蜘蛛在瓜果上结网，通过蜘蛛织网的疏密来评判是否手巧。结中上则为应巧。《荆楚岁时记》记载："七月七日，为牵牛织女聚会之夜。是夕，人家妇女结彩缕，穿七孔针，或陈几筵酒脯瓜果于庭中以乞巧。有喜子网于瓜上。则以为符应。"喜子即指一种小蜘蛛，是一种名为蟏蛸的长脚小蜘蛛的俗名，荆州河内人又称其为"喜母"，喜母着人衣，是亲客将至的征兆，可见喜子是民间吉祥灵物中的一种。

《开元天宝遗事》载："华清宫每七夕陈花果酒食祠牛女以乞巧。又聚极小蜘蛛置盒中，至晓开视，以蛛丝疏密为得巧多少。"民间以某种现象为吉祥之兆，屡见不鲜。陆贾曰："目瞤得酒食，灯花得钱财。乾鹊噪，行人至；蜘蛛集，百事喜。"刘子曰："今野人昼见蟢子者，以为有喜乐之瑞；夜梦见鹊者，爵位之象。"宗教祭祀祈愿的结果，以某种现象显示出来。若不如此，则祈愿者无以知晓织女的神意。

古代各朝代具体做法与要求有所不同,我们可以通过文献资料的记载来说明。

在汉代,妇女把小蜘蛛(古代叫果子)放在盒子里,以蜘蛛织网疏密来象征拙或巧。到了唐代,就会把瓜放在上面。宋元时期,以水中针影来占卜拙巧。细长的是巧,散的是拙。

五代时期的王仁裕在《开元天宝遗事》记载:"七月七日,各捉蜘蛛于小盒中,至晓开;视蛛网稀密以为得巧。密者言巧多,稀者言巧少。民间亦效之"。也就是说,此时蜘蛛乞巧的习俗从宫廷传到民间。

宋代的孟元老在《东京梦华录》里说,七月七夕"以小蜘蛛安合子内,次日看之,若网圆正谓之得巧"。宋代周密在《乾淳岁时记》里说;"以小蜘蛛贮合内,以候结网之疏密为得巧之多久",明代田汝成在《熙朝乐事》则记载,七夕"以小盒盛蜘蛛,次早观其结网疏密,以为得巧多寡"。似乎这一习俗的细节在传播过程中也发生了变化,有的以结有蜘蛛网为巧,唐代以蜘蛛网的细密为巧,宋代又以蜘蛛网是否结得圆为标准。总之,喜蛛应巧的方式由开始的摆放瓜果等蜘蛛来结网,大概把蜘蛛放在瓜果上结网的方法乞巧很困难,一是吸引蜘蛛不容易,二是结网也是偶然情况,不太容易实现,后来人们就把蜘蛛放在盒子里,只等待它来结网就可以了,并以网的形状来判断得巧情况。

图 3-5 喜蛛应巧

但明代又有不同,据《说略》引《玉烛宝典》云:"七夕乞巧,使蜘蛛结万字。"所谓"万"这里是指"卍",本来是佛教中的吉祥标志,佛教传入中国后逐渐成为我国古代传统吉祥纹饰。皇室帝王用这个图案代表江山永固，百姓用来表示子孙延绵、富贵安康的寓意，所以有"卍字不到头"的说法，意思是富贵不断。

蜘蛛结网成"卍"字，可谓"巧中之巧"，自然要福寿千秋了。

蜘蛛乞巧的习俗也是与它的织网本领有联系的。先民看到蜘蛛能织出形状规则的丝网，感到十分惊讶，认为这一定是神灵赋予的本领，所以王充在《论衡》曾发出"蜘蛛结丝以网飞虫，人之用计安能过之"的感叹，认为它的智能甚至超过了人类。感叹惊讶之余，人们还由此受到启发，希望从蜘蛛身上学到这种本领，以应付复杂的人生。《论衡》中提到的"扫其网置衣领中，令人知巧辟忘世"，就是这个意思。蜘蛛之"巧"，本来是指它精巧的织网本领，后来人们又据此演变为幸运之"巧"，逐渐产生了用蜘蛛"乞巧"的习俗，以求碰到好运气。

诗人也写到以蜘蛛乞巧："七夕织女赐新妆，挑来蛛丝盒中藏。明朝结成玲珑网，试比阿谁称巧娘。"又如元稹诗中有"稚子怜圆网，佳人祝喜丝"，李商隐在《辛未七夕》的诗中说"岂能无意酬乌鹊，惟与蜘蛛乞巧丝"。唐代刘言史写诗《七夕歌》描写蜘蛛乞巧："碧空露重新盘湿，花上乞得蜘蛛丝。"杜甫的《牵牛织女》诗中也写过此风俗："蛛丝小人态，曲缀瓜果中。"

缘于牛郎织女传说的蜘蛛乞巧习俗发展到现代，很难寻其踪迹，如今安徽大多数地区在七夕节用蜘蛛来乞巧。具体做法是：七夕前夜在小盘、小盒中放入蜘蛛，次日清晨看其结网的疏密来定巧拙。如果蜘蛛还在盘中的瓜果上结网，则是喜事，意味着智巧的到来。又或者小蜘蛛贮藏于盒子内，根据结网的疏密判断得巧的多少。

（三）投针验巧

投针验巧也称作"投针应巧"，又叫"丢针儿""丢巧针""浮巧针""漂针试巧"等。这种乞巧方式比较简单，只要把针投在碗或盆中的水里，观看针在水中的日影即可判断是否应巧。这是明清两代盛行的七夕穿针乞巧风俗的变体，源于穿针，又不同于穿针的七夕节俗。

明刘侗、于奕正的《帝京景物略》说："七月七日之午丢巧针。妇女曝盎水日中，顷之，水膜生面，绣针投之则浮，看水底针影。有成云物花头鸟兽影者，有成鞋及剪刀水茄影者，谓乞得巧；其影粗如锤、细如丝、直如轴蜡，此拙征矣。"《直隶志书》也说，良乡县（今北京西南）"七月七日，妇女乞巧，投针于水，借日影以验工拙，至夜仍乞巧于织女"。

明万历《顺天府志》也有七夕浮巧针的记载："七日民间女家盛水暴日是，令女投水针浮之，初水底日影散如花，动如云，细如线，粗如槌，卜其巧拙。"清于敏中《日下旧闻考》引《宛署杂记》说："燕都女子七月七日以碗水暴日红云台地下，各自投小针浮之水面，徐视水底日影。或散如花，动如云，细如线，粗粗如锥，因以卜女之巧。"清代吴曼云《江乡节物诗》："穿线年年约北邻，更将余巧试针神。谁家独见龙梭影，绣出鸳鸯不度人。"河南《荥阳县志》中也有类似的记载，描述了在乾隆十二年（1747 年）当地妇女在七夕节午时进行乞巧的情景。她们将水暴晒于盆中，待水膜凝面后，将绣针浮于水面，观察针影。影成云物花鸟者视为上等，剪刀牙尺次之，若针影粗细不当，则被视为技艺拙劣，会引起同伴的哄笑。清嘉庆二十二年（1817 年）湖南《湘潭县志》："七夕，妇女于月下暴水浮针，以卜女工之巧。"

图 3-6　古代投针验巧

总之，以上文献说明历代各地投针验巧的盛行，方法大体相同，取水于盆或碗中在太阳下曝晒后陈放，再投针验巧。具体方法如下：

做"投针验巧"要先准备一个盆，放在屋外，倒入把白天取的水和夜间取的水混合在一起的"鸳鸯水"。但一般把河水、井水混合倒入脸盆就算完成了，脸盆与水要放在屋外露天过一夜，到了七月初七的白天太阳一晒，等到中午或下午就可以"验巧"了。原来脸盆里的水，经过太阳光晒半天，表面生成薄膜，再取引线（即"缝衣针"），轻放在水面上，针就不会下沉，水底下就会出现针影，如果针影是笔直的一条，就是"乞巧"失败，如果针影形成各种形状造型，或弯曲，或一头粗，一头细，或是其他图案，就是"得巧"了。

丢巧针的占卜仪式，旨在制造一种光影效果，将水底针影产生的幻象，和女子刺绣工艺联系在一起。通过这种幻象，占卜者获得来自巧神织女的神谕。幻象与实物，在宗教经验中，形成了一种同一关系，"云物、花头、鸟兽"，是女性刺绣中的艺术造型，"鞋"是女性的艺术作品，剪刀则是刺绣的必备工具之一。因为，"充满想象力的眼睛可以发现一条路，而别的眼睛是看不到的。乞巧者所发现的是一种针影幻象表现巧艺的巫术之路"。[1]

图 3-7 现代投针验巧

"投针验巧"是过去女子祈求心灵手巧的一种方式，现代七夕活动中，长江流域的各地也有此"投针验巧"环节，比如湖北、浙江、云南等地，不过更大程度上是一种娱乐和缅怀，因为随着时代变化，衡量女子才能的标准已经发生变化。

（四）兰夜斗巧

因为农历七月古时叫"兰月"，所以七夕又称"兰夜"。"七月天汉清如练，兰夜私语祭婵娟。"夏历七月旧时称为"兰月"，而七月初七即七夕这天晚上又叫作"兰夜"。人们在这一天穿乞巧针、放幸运船，女孩子们祭拜星空，向着织女乞巧，获求婚姻美满。

兰夜斗巧习俗来自于汉朝的宫廷游戏，汉高祖的妃子戚夫人，有一个叫贾佩兰的宫女，离开宫中嫁给扶风人段儒作妻后，常和人们谈论汉宫七夕的事。她说：

---

[1] 李世武. 古代乞巧习俗的宗教现象学阐释 [J]. 河南教育学院学报（哲学社会科学版），2015（1）：24-30.

"汉宫在每年的七月七日，在百子池畔，奏于阗乐之后，就用五色彩缕，互相绊结起来，叫作'相怜爱'。随后，宫女们相聚于闭襟楼上，一起学习穿七巧针来乞巧。宫中有个叫徐婕妤的宫女，心灵手巧，把生藕雕刻成形状各异的奇花异鸟献给皇上。到晚上，皇上再把这些雕刻的小玩意随手放到宫中的桌角上，让宫女们摸黑寻找，这种游戏就叫作'斗巧'。"

兰夜斗巧也叫"赛巧"，也叫"比巧"，就是妇女之间通过比赛看谁心灵手巧。最常见的比巧方法是穿针乞巧，也叫作"金针度人"，这是流传最久的乞巧方法。其法于七夕月下以丝缕等穿针孔，先穿过的便是"得巧"，落后的则"输巧"。此外，比巧中还有一种近乎残酷的游戏，即度巧。这种测试智巧的方法不是在常规状态下进行，而是先让女孩子进入昏迷梦寐状态，然后测试，不过度巧的方法有些残忍。

现代长江流域各地如甘肃西和等地的七夕活动中也有斗巧、赛巧环节，不过与过去相比有些变化，除了传统的穿针斗巧外，还有巧娘比巧、投针验巧、投壶之礼、抛键绳、兰夜斗巧、斗茶、放运船、放孔明灯等活动。

（五）造型乞巧

在历代各地的乞巧活动中，旧时有扎像求福的风俗，根据相会的故事，用树枝等物品扎一对分别代表牛郎、织女的青年男女像，在像前摆放各种时令瓜果，众人下拜祈福。陕西黄土高原地区，在七夕夜也有举行各种乞巧活动的习俗，姑娘和妇女们也要结扎穿花衣服的草人，叫作"结扎巧姑"。浙江石塘七夕小人节中的纸亭造型和各种故事及人物造型精彩绝伦。在广州七夕活动中，有各种用纸、布、铁丝等物做成的牛郎织女造型以及各种传统人物故事造型，各乞巧点也用七夕人物造型比巧、乞巧。

浙江嘉兴七夕香桥会里，也会由几名手艺好的男女香客，用裹头香搭起一座四五米长、50厘米宽的香桥，再用双支粗官香装成桥栏杆，并在栏杆上扎上用各种颜色毛线做成的花纹装饰。桥的正中，便放上各家各户送来的檀香包，那些灵巧的手，会将那红绿纸包搭起一座精巧的香亭。香桥搭成之后，各家还会陆续送来一串串纸折的、金黄色的元宝锭，这些元宝锭也全堆放在桥上。于是，红绿相间，金碧辉煌，一座香桥在烛光照耀下屹立着，煞是好看。这么多年以来，多少人的祝愿和希望，都堆放在这香桥之上。

甘肃西和、礼县一带七夕有制作巧娘娘纸像和其服饰的习俗。巧娘娘纸像是乞巧祭祀活动的重要道具之一，在西和乞巧的传统观念里，巧娘娘是天上的仙姑，在乞巧时，要把她请到人间来，接受众人的祭祀和朝拜。巧娘娘的纸偶像就是巧娘娘在人间的化身，乞巧活动结束后，烧掉巧娘娘像，表示巧娘娘上了天。

巧娘娘纸像通常由民间艺人以纸为材制作，也被唤作"纸活"。一般来说，纸马店主要是制作葬礼习俗所需的纸制品。巧娘娘纸像的制作工艺相当繁杂，融合了民间艺术里塑、画、剪、贴等多元造型手段。经民间艺人代代相传，流传于民间的巧娘娘纸像呈现出独特动态造型，多是仿照传统木偶戏角色，以正面直立姿态示人。就整体图案而言，头部的制作与装饰堪为最重要。巧娘娘纸像大约80厘米到一米高，有站姿和坐姿两种，一手拿拂尘，一手拿花或一块手帕，盘腿坐着或脚踩莲花。其制作过程可分为两部分：第一，头部。通常将纸浆倒入固定的模子内，晾干后取出，用手画出眉毛、眼睛、鼻孔和嘴巴。做巧娘娘纸像的民间

图 3-8　造型乞巧

艺术家有不同于别人的模具，加上手工绘画制作的水平差异，导致巧娘娘纸像的面部特征不同，有些柔和优雅，有些泼辣刚烈，有些简单温和，有些聪明灵秀。当脸部完成后，将头发和头饰从黑色的纸上剪下来，粘贴在纸膜上，头部就完成了。

大部分发型为云鬓，也有下垂的辫子型。第二，躯干和四肢。用竹竿、竹条、稻草等扎成骨架，罩上用各种彩色纸做成华丽的衣裙，站在用泥做的精美莲台上，露出裙下精致的三寸金莲。巧娘娘的服装可分为两部分：上衣和裙子。上衣常见的是斜领和立领，斜领应取自

明代以前的服装风格，立领则取自明代以后的服装风格。裙子通常是一条有腰部装饰的百褶裙。也有不分衣裙，整体为长袍大袖的服装。色彩以红、粉绿、金、湖蓝、深紫等民间色彩为主，对比鲜明，大俗大雅，体现了民间艺人精湛的技艺和灵巧的智慧。每年农历六月下半月，巧娘娘彩纸偶造像成为西和县一道独特而美丽的风景，充满了节日的喜庆和喜悦。[1]

巧娘娘纸像的装点，一方面彰显着中国传统审美韵味，另一方面展露了浓郁民间艺术情致，还巧妙借鉴了传统民族戏剧装饰之长。以头部装饰为例，是以白纸裁剪、粘贴来塑造形态，纸像的美感重点在于头部，面部的绘画与装饰更是点睛之笔，弯弯拱形眉、樱桃小口、高高鼻梁，乌发之上点缀着华丽花朵，尽显妩媚娇态，且带有特定程式化风格，与民间泥塑人偶传统审美如出一辙。

图 3-9　面花造型乞巧

就像乞巧歌中对巧娘娘像的赞美："巧娘娘的好眉毛，弯弯的眉毛两眼笑；杏核眼睛圆又圆，线杆鼻子端又端；窝窝嘴，实好看，糯米牙子赛天仙；巧娘娘的好白手，白蜡蜡手儿摘石榴……"她是一个美丽、纯朴、善良的农村姑娘的理想形象，体现了民间艺术的审美情趣。[2]

总之，长江流域各地七夕在祭祀牛郎、织女的同时，各地的纸扎、剪纸等技艺得以传承、发展，并散发出独特的魅力。

（六）吃巧食

浙江杭州、宁波、温州等地有七夕吃巧食的习俗。七夕巧食中巧果最为有名，

---

[1]　王朴.西和民间乞巧工艺美术概述 [J].大众文艺（理论），2009（22）：112-113.

[2]　陈宇菲.乞巧中的女性文化研究 [D].兰州：西北民族大学，2011：10-12.

巧果是七夕节面类食品的总称，巧果又称"乞巧果"，七夕乞巧的节日食品，风格非常的多。节日食品以油、面、糖、蜂蜜为原料，制成荷花、虫鸟、金鱼、果篮等形状，或蒸或炸成各种新颖精致的乞巧"，寓意谁吃了乞巧果，谁就能得巧。《东京梦华录》中把它叫"笑厌儿""果食花样"，图案造型有捺香、方胜等。

宋代，市场一直有七夕巧果出售，巧果的做法是：先将白糖放在锅中熔为糖浆，然后把面粉、芝麻混合后放在桌子上擀薄，冷却后用刀切成方形块，最后折为梭形巧果坯，油炸至金黄。心灵手巧的女人，还会把其揉捏成各种与七夕传说有关的图案。江南之地，糯米丰饶，以其制成糯米粉面坯，入油锅煎炸，瞬间蓬松开裂，仿若朵朵鲜花绽放，食用之际撒上白糖，口感香甜酥脆。中原所处，取用小麦粉经发酵制成发面坯，染上缤纷食色，置于蒸锅之上蒸熟。回溯北宋，巧果里出现模拟人微笑时脸颊酒窝模样的"面靥儿"。再看清代宫廷，七夕当日亦有供奉、食用花果之惯例。据史书记载，七夕清晨，清宫于御花园内设下供奉牛郎织女的贡品，所供食物有鹿肉、腊肉，还有七样新鲜菜肴，即芹菜、香菜、京瓜、春老菜、冰茄子、豆豉与扁豆。夜晚，皇后偕同宫女们心怀虔诚向织女祷告，盼能习得女红绝艺。礼毕焚香，众人分食巧果，食得多者更为手巧。清代宫廷制作的巧果命名吉祥。就如清宫御膳房所记，乾隆年间巧果风格多样，有采芝花篮、太平宝钱、吉祥仙糕、仙葩筑篱、宝塔献佛、如意云果、万年鸿福这七个品类，取七夕之意。无论是七夕的祭品，还是送给后妃的赠品，都放装在一个红漆食品盒里，里面是

图 3-10　七夕造型各异的巧果及模具

七种巧果。彩盒装饰和盛巧果的碗，也都是以七夕内容装饰花果图案。文中还记录了制作使用巧果的原材料，即每七种巧果（一盒）使用"面粉十斤，江米面二斤，白糖三斤，香油四斤，黄米面八两，芝麻八合，梅桔三两，青豆三两，红豆三两，澄沙一斤，红枣六两，绿豆三两，红花水二钱，红棉纸五张，蓝靛二钱"。制作巧果的原料有

面粉、米粉、糖、香油、豆沙以及干枣，另外的用于装饰。红豆常被用来模拟鱼眼，黄米面能够塑造花朵，红枣则可充当花心，使得巧果造型更为逼真。而红棉纸、红花水与靛蓝起着染色的作用。凭借各类色泽各异的面料，巧妙地同豆子相互组合搭配，最终制成的巧果既散发着清新香气、口感宜人，兼具食用与装饰双重价值，既是乞巧又是比巧。

此外，瓜果的使用也有多种变化：或将其雕刻成奇花异鸟，或在瓜皮表面浮雕图案；这种水果叫"花瓜"。广泛雕刻制作和糕饼模的使用，有几百年的历史，人们用糕饼模做成各种饼、糕、粿、粑以及其他的糕点，主要作为祭品、礼品、食品使用，这使得糕饼模具本身具有丰富的文化内涵。人们会把自己手工制作的各种饼、糕、粿、粑以和其他糕点，作为祭品给祖先，或者作为礼物送给亲朋好友。例如在胶东半岛，当地的糕点模具称为"磕子"，多装饰有莲花和鲤鱼图案，寓意多子多福。雕刻者通常会在鱼或莲蓬图案上加上双喜字或吉祥话，使用者会在馒头上点上鲜红的点。在清代徽州饼模和民国宁波饼板（版）中，人们喜欢雕刻"状元及第""连中三元""平升三级"等吉祥字句和纹饰。这些模子经常用于孩子生日、上学、入学考试及其他重要考试。

还有一种是七夕节或乞巧节使用的巧果模子。在胶东、宁波等地，用饼模或饼板（版）印巧果十分流行。父母加入鸡蛋面粉和糯米粉、糖、芝麻、花生、水果和其他美味的原材料，用一个适当的巧果模具印出鱼、叶片、葫芦、莲花、翅膀、桃子、佛手柑等形状的巧果，蒸熟后涂上红色、黄色和绿色，作为礼物送给亲戚、朋友和邻居的孩子。巧果变成孩子们的"开心果"，一幅其乐融融的生活画面画展现在眼前。中国传统糕饼模作为制作饼、馍、饽、糕、粿和粑的工具，出现的历史很早。然而，据文献记载，饼模雕刻装饰并在民间流行，应该是从明代开始，直到20世纪80年代，整个流行时间持续了约七个世纪。如今，传统糕饼模具带着曾经的辉煌退出中国人民的生活舞台，而一些好看而稀有的传统糕饼模具更是民俗文化收藏者的宝贝。[1]

因此，七夕巧果这一节日食品在历史上已成为一种美食，也是一种造型艺术，在现代社会更是一种受欢迎的旅游食品。

（七）乞巧道具

乞巧道具是指在乞巧活动中用到的各种道具，有面塑、木雕、布艺，甚至园艺等种类。

1. 面塑和木雕

在娘娘面前巧奉神明，常献上丰盛的贡品，除了苹果、梨、香蕉等水果和各种糕点、茶、酒等从店里买来的食品及饮品外，最重要也是最具特色的是手工煎馃子。"七月七，炸花吃"，这里指的是馃子。馃子的制作方法是将鸡蛋、蜂蜜等原料加入面粉中，揉成有一定韧性的面团，然后做出各种形状的面团，最后油炸定型。常见的造型有各种鲜花、水果，以及猪、鸡和其他动物等。馃子以形美、颜色正、味道好为佳。此外，还必须有一把用于面团雕塑的剪刀，为了显示对巧娘娘的敬意和乞巧的美好愿望。此外，祭祀用的器具也非常精美。除了精美的金属器具如香炉和灯座外，还有一些木雕，如错综复杂的雕刻灯墙和精致的果盘架。这些木雕作品一般采用透雕的形式，有传统的祥云图案、龙凤等吉祥图案。雕刻精美大方，古韵十足。

2. 布艺和园艺

布艺作品除了鞋垫、绣花鞋、枕头、肚兜、被巾等品种外，还有用于迎巧的"法船"等综合布艺作品。"法船"是以铁丝、竹条等为骨架，配以各种颜色的布料，经过缠绕、缝纫、织造、刺绣等复杂的过程制成船形，用以接巧娘娘渡过天河。"法船"的制作是女性综合能力的体现，它不仅体现了制作者的审美水平，也检验了她们的女红技艺。在乞巧活动中，还有一个非常重要的内容就是生"巧芽"，因

---

[1] 王来华. 糕饼模上镂"吉祥" [N]. 光明日报，2015-06-05：2.

为它是一种植物工艺，所以我们可以归类为园艺。"巧芽"的生长，是在乞巧活动前，精心挑选小麦、玉米、豆类的种子，在阴凉处栽培。经过 10 到 20 天的生长，种子就变成了一丛美味的嫩苗，一般长约 20—30 厘米，颜色鲜艳，形状柔和，精气神俱全的为上品。成形后，用彩带系在巧娘娘像前作装饰。后来，卜巧时则将其掐分成数段，在月光下放入水盆，以其生成的形状，来占卜女孩们未来的女红技能和妇女们的前途命运。"巧芽"是乞巧活动中不可缺少的道具。其本义是为了感谢司作物生长的织女神，并祈求农业丰收。后来又赋予它生生不息，繁殖成长的寓意。乞巧的道具除了以上几种外，还包括扇子、拂尘、纱巾、手花、花棍等，由于制作简单，工艺普通，在此不做详述。[1]

（八）"针线卜巧"

针线卜巧，流行于甘肃西和等地，简单讲就是指以绣花针为卜具预示结果，乞求巧娘娘可以让自己变得聪明灵巧。这种乞巧方式和前面所写的投针验巧有类似的地方，不过传承到陇南的甘肃西和等地区又具有一些地方特色。此地的针线卜巧的方法分水面浮针卜巧和燃香穿针卜巧两种。

1. 水面浮针卜巧

在甘肃西和，农历七月初七，祈祷仪式结束后，一碗神水在院子里曝晒。过了一会儿，水面产生了一层微弱的薄膜。这时，哪个女孩想卜巧，就先准备一枚小绣花针，然后在神桌前烧香、叩头，默默祈祷，求神赐巧，接着就到院子里的水碗前，在几个女友的旁观中，憋住呼吸，将几枚绣花针小心地放到碗里。如果针浮在水面上的越多，浮得时间越久，就越能证明得巧。这时，卜巧姑娘脸上便露出了喜悦的笑容，大家都鼓起掌来祝贺她。得到巧的人便去神桌前焚香、磕头，感谢神恩。如果针浮的少，很快沉到碗底，就是没有得巧。卜巧的姑娘看起来很沮丧，大家都默不作声，或者低声安慰她。放入碗中的绣花针，一般只要阳光强烈，

---

[1]　王朴 . 西和民间乞巧工艺美术概述 [J]. 大众文艺，2009（22）：112-113.

水曝晒的时间长，针的型号小，多数能浮在水面上。

2. 燃香穿针卜巧

七月初六或初七晚上，哪个姑娘要卜巧，首先要准备一根绣花针、一根绣花红丝线。在神桌前焚香、磕头和祈祷后，拿起一根针线，请女友去烧香。两人一起走到黑暗的地方，拿着香的姑娘将香头上的红光吹亮，卜巧姑娘在黑暗中借助这点红光，把注意力集中在往针孔穿线上。如果线穿过针眼，每个人都很高兴，走到神桌前表达感谢，并将红丝线缝在巧娘娘的衣角上，这样就可以永远得巧。

如果红丝线多次没有穿过针眼，就没有得巧。卜巧姑娘和其他人相对沉默和不高兴。

针线卜巧有两种不同的方式。一是判断针在水中的效果，二是判断在黑暗中绣线是否穿过了针眼。看似没有科学根据的占卜活动，实际上却蕴含着丰富的意义。与其说这是一种占卜活动，不如说这是对那些祈求聪明的姑娘的一种考验。神秘、占卜预知的信仰充满了不可知和玄妙，但对结果的预测是人为因素可以控制的，要想得到好的预测结果，需要一定的技巧。笔者发现，针线可以通过运用缜密的心思和熟练的动作，以达到所期望的效果，如水中悬浮绣花针，仔细观察，卜的动作要领有两点，一是要选用体积纤小的绣花针，来保证针在水中所受浮力大重力小。二是水表面的那层白膜，这层白膜其实是漂浮在水面的水垢，是一种矿物膜，其主要成分是碳酸钙。由于其密度大，缝针浮在上面就像躺在浮萍上一样，自然不会下沉。掌握了以上两点，少女在放针时也需要屏住呼吸，以防绣花针因受力不平衡而下沉，然后小心翼翼地把针放在白膜上即可完成。同样，黑暗中的穿针引线可以反复练习以达到预期的目的。针线卜巧实际上是对女性手眼协调能力的一种锻炼。女孩们在日常生活中多练习针线功夫，在卜巧测试中就可以一展她们的针线技巧。

（九）结扎巧姑

在陕西省黄土高原地区，七夕之夜有举行各种乞巧活动的习俗，妇女们往往要结扎穿花衣的草人，即结扎巧姑。不但要供水果，还要种豆苗、青葱。七夕之夜，妇女手里端着一碗水，剪豆苗、青葱放入水中，观察月下投物的影子来占卜巧或拙，还要进行穿针引线的比赛。同时还举办剪窗花以及其他比巧手的活动。

第二节　七夕节传统习俗中女性借以传承女红文化

乞巧民俗集崇拜信仰、音乐舞蹈、诗词歌赋、工艺美术以及劳动技能的综合性文化活动，绵延千载，传承着中国女性数千年的梦想，寄托了她们独有的期盼。这一节日源起于原始民间信仰，映照出年轻女性渴盼智慧、技能，希冀交流生存与生活的热望，彰显出女性对家庭美满的执着追寻。因其蕴含丰厚历史底蕴，兼具独特与稀有，乞巧文化业已被列入国家级非物质文化遗产名录。

流行长江流域的各种七夕乞巧习俗蕴藏着中国传统女红文化的传承，同时历代乞巧中传承的女性手工技艺在非遗生产性保护中，给现代女性带来新的就业机会，也为当地的旅游和商品经济发展贡献力量。下文从历代乞巧习俗促进女性性别和自我认同、陶冶女性的审美情趣方面加以论述。

一、乞巧是女性对性别的自我认同

女红是对妇女针线手工的概括描述，是母亲传给女儿的闺房艺术，其中婚嫁女红多以刺绣来表现。刺绣女红既是新娘嫁妆的重要组成部分，也是男方家庭评价新娘的标准，也是女性表达情感的媒介。

个体从出生起就决定自己的性别，这是基于男性和女性的生理特征。然而，在未来的成长过程中，个体需要文化因素和社会教育的引导，才能实现对自身性别的心理认同。乞巧，作为女性世代创造、传承和享用的民俗事象，对促进女性的性别认同和社会化产生了积极而广泛的影响。乞巧有一个稳定的文化空间，从一开始就被贴上了性别的标签，男性被排除在外，而女性在这样的文化空间里，学习社会期望女性具备的社交技能。因此，乞巧不仅是一个"女儿节"，也是一所特殊的女子学校。那么，乞巧民俗对女性的影响又是怎样的呢？我们可以从女性内部心理变化和外部行为模式两个维度对其进行解释。

第一，乞巧的姑娘从七八岁开始在年长女性指导下参加乞巧活动，对乞巧文化耳濡目染。"聪慧灵巧"的观念从小就植根于她们的内心，并且根深蒂固，在她们心中，"聪慧灵巧"是女性良好品质的标志。巧娘娘身上的善良、灵巧等优秀品质正是她们一生追求的目标，只有具备这些素质才能被社会接受，成为一名合格的社会成员。对女性"聪慧灵巧"的内在要求，是社会群体在历史的长河中凝练出来的。牛郎织女的传说故事表明，女性只有忠贞善良才会被社会认可、被历史歌颂。在漫长的封建统治下，妇女长时间处于从属地位，也因此形成了女性性别角色期待的刻板印象，那些与社会大众、传统不合的观念是不被社会认可的。在此基础上，在乞巧日，女性不仅要牢固确立这一特殊的性别角色特征，而且要逐渐将这些特质内化，最终成为自身人格的一部分。

第二，因为我国内陆农耕文化的长期积累，"男主外、女主内"社会模式决定了女性要在社会中体现价值，需要在自己的领域做出成绩。在过去的父权社会里，传统女性的行为准则要求是女红，女性也参与农业生产，但自身特有的价值展现仍是手工技艺。

女红的传承遵循着"世代相传"的规律，外婆把它传给母亲，母亲又把它传给女儿。心灵手巧的巧娘娘则是她们的女红祖师，成为女孩们的偶像。在乞巧活动中，她们一方面通过对祖师的祭拜乞巧，另一方面交流学习女红、检验学习成果。精致美丽的手工艺品更像是学生交给老师的作业。此外，乞巧活动中妇女的歌舞表演也是提高妇女性别认同意识的一种形式。能歌善舞、姿态优美、神韵飘逸是女性行为的独特表现。在老年妇女的领导下，未成年妇女通过模仿和学习，最终掌握了乞巧的相关技能。可见，乞巧是年轻女性由自然人向社会人转变的关键过程。

每一位乞巧的女性经过乞巧文化的熏陶洗礼，将社会行为规范、准则内化成为自己的行为准则，并融入且成为社会中的一名成员，所以，乞巧也可看作女性进行社会化的过程。

而针线活，是封建社会衡量妇女价值的特殊标准。起初，由于男女分工的不同，针线活最初是为了满足个人生活的需要而产生。后来，女性的情感逐渐倾注到针线活中，它代替了语言，以艺术的方式表达女性的喜怒哀乐，成为表达女性情感的载体，间接表达女性的欲望。女红在一针一线之间饱含着女性对生活的感悟和对自由的向往，在中国传统社会中，受传统道德的约束，女性不能公开表达自己的意愿，追求自由的爱情，年轻女子们便通过绣花图案来表达她们渴望的幸福和爱，比如在肚兜、枕套、鞋垫绣成双成对的鸳鸯等。由此可见，乞巧在我国古代民间习俗中流传，有乞巧、祈福追求幸福美满之意。[1]

现代社会里，女红技艺在婚嫁、节日民俗中作为意象比以前淡了，但在非遗手工技艺的传承保护中重获新生。

二、乞巧发展了女性的审美情趣

审美，是人认识世界的一种特殊形式，是人与世界（社会和自然）形成的一种非功利的、形象的和情感的关系状态。审美是在理性和情感、主观与客观的具体统一上追求真理。发展过程中的审美情趣是人在审美活动中的主观倾向，是人的审美意识的组成部分。各地七夕乞巧活动中，无论是乞巧贡品、道具、巧娘娘造像等真实的物质载体层面，还是祈求生活幸福、追求真善美等精神层面，都在传达着女性对美的感知和追求。审美是一种主观的心理活动过程，是人们根据自身对事物的要求做出的看法，具有很大的偶然性，但它其实也受到客观因素的影响，特别是人们所处的时代背景会影响人们的评判标准。

乞巧民俗的基本目的是妇女祈求心灵手巧。几千年来的农业文化，使得男耕

---

[1]　余永红. 乞巧文化传承的图像形式 [J]. 民俗研究，2015（4）：103-111.

女织的社会分工，对女性提出了特别的评价标准。因此，传统的社会结构决定了妇女与民间工艺美术有着不可分割的联系。民间艺术是在女性代代相传的传承模式下得到传承和发展的。手工艺品承载着女性的情感和对美的追求，也是女性与社会的情感纽带。七夕妇女的审美情趣主要体现在：

（一）自然美

乞巧活动首先充满了对自然界（太阳、月亮、星星、动植物等）的赞美和爱护。乞巧最早起源于对织女星的崇拜，乞巧物品刺绣和剪纸中的图案大多是蝴蝶、喜鹊、鸳鸯等动物，以及莲、梅、桃等植物。一方面，这些动物和植物外在形态美丽，以它们为图案，线条流畅，色彩美丽。另一方面，这些植物和动物分别代表着积极和美好的含义，如蝴蝶：双宿双栖，喜鹊：幸福生活，鸳鸯：永不分离。还有的手工艺品表现普普通通的生活图案，比如农间劳作图案、福字图、金元宝图案等，这些都说明女性对生活中美好事物大胆和直白追求。她们认为最真实的东西和事物是美的，反映了人与自然的和谐统一，也表达了对人与自然强烈的赞美和热爱。

（二）艺术美

乞巧女性大多是农村妇女，受教育程度低，更不用说美学的专业训练，但就是这些女性制作了大量充满智慧的手工艺品。它们反映了乞巧女性美的感知和体验，比如巧娘娘造像、巧芽的形状、面花的造型，这些是符合人体的生理特征的，那些身材匀称、形状纤细的物体更能引起她们的共鸣与关注。色彩上，乞巧女性追求丰富而明快的颜色，绿色的巧芽，色彩斑斓的花朵枕巾、鞋垫、绣花鞋等，不同的颜色将带来不同的心理体验，因此刺绣的颜色能展现女性积极和乐观、喜庆祥和的心态。所以，大多数的图案使用颜色饱和度很高的纯色。她们使用的色彩种类众多，但最有代表性的颜色是红色系列，色彩搭配自然和谐，设计讲究对称有序，整体构图集中且富于点缀，反映出女性对美的独特理解和追求。

（三）心灵美

其实，心灵就是我们的气质、欲望和本能。头脑有自己的判断功能，它基于先天因素，也依赖于后天经验的积累。黑格尔认为美是观念的感性表现，只有心灵才是真实的。把心灵引入对美的本质和规律的探索中，可以突出审美价值评价主体的积极作用。乞巧女性是乞巧文化的创造者，也是享用者，她们对美的选择和展现，实际上也是她们的心灵对价值判断的体现，就像乞巧的膜拜对象，织女、巧娘娘们，就是中国女性美德的集大成者，在她们的身上，善良、勤劳、聪明、善良的中国女性美德等元素突出显示，成为女性的楷模。美学专家李泽厚曾经说过："如果美真的是完全随意的、主观的，并无任何客观的规定性或客观的规律和标准，那一切艺术将是多余的，一切装饰也无必要了。"巧娘娘美的元素是由人主观赋予的，但它们被社会广泛认可，她是中国文化沉淀的结果，符合社会对美的评价标准，因此这些元素的美，成为一个心灵美女性向往、追求。乞巧女性追求的是内心和外在、情与景的意境美，乞巧女性愉悦自己的同时，培养提升了自己的审美情趣，更是完善了自己，她们在乞巧活动中感受美、展示美、欣赏美，又创造美，乞巧活动正是一场美的盛宴。[1]

总而言之，中国的七夕乞巧活动逐渐成为一种民间习俗，有潜移默化的社会效应；它主观促进整个社会重视纺织、刺绣等女红技能，客观上促进了纺织、刺绣、服装制造等工艺的发展。也就是说，女红技艺在年复一年、一代又一代的传承中，不断发展。随着非物质文化遗产保护的发展和推进，七夕节和乞巧节焕发出新的活力。乞巧作为一种特殊的民族文化形式，沉淀在中华民族的心灵深处，并与纺织、刺绣、民间女红联系在一起，是汉族的一个珍贵的、美好的文化宝藏。在现代大规模机器生产逐渐取代民间手工艺的今天，传承女红技艺和相关文化等民族非物质文化遗产是非常重要的，要使人们永远不会遗忘它们。

---

[1]　陈宇菲.乞巧中的女性文化研究——以甘肃西和乞巧民俗为例[D].兰州: 西北民族大学，2011: 25-35.

第四章　乞巧祈福的传承，农耕文明的信仰

—— 长江流域以星宿拜祭为中心的祈福活动及文化内涵

　　牛郎织女的传说源于神话故事。这一神话又来源于早期的天文星象知识，是古代先民星辰崇拜的历史延续。最早在商周时期已经有了牛郎、织女等星辰的记录。在万物有灵的原始思维观念支配下，星辰也具有类似人类的生命与灵性，由此产生了远古的星辰崇拜。在追溯这种崇拜的根源时，我们发现其本质依然是上古时期的一种岁时献祭、一种天道信仰，都是以物候和星象确定时令的反映。在天文学上，牛、女二星是永远不会聚首的，但七夕的喜剧结尾承载了人间的愿望，是现实社会中人们的精神抚慰。牛郎织女的传说大约在晋代以后渗入七夕节。因此七夕活动中有大量以星宿拜祭为中心的祈福、乞巧等活动，下文将阐述有关情况，并探讨七夕星宿拜祭中的农耕文化和宗教文化。

第一节　长江流域以星宿拜祭为中心的祈福活动

一、拜织女

拜织女是姑娘和媳妇们的事。一般约三五好友，多的十来人，共同举办。拜织女仪式前，需在月光下陈设一桌，桌上陈放茶酒、水果、由桂圆、榛子、红枣、瓜子、花生组成的"五子"等祭品，以及用红纸束扎、插于瓶内的数朵花，花前另设一个小香炉。参与此仪式的姑娘们，按惯例需提前斋戒一日，沐浴后举办仪式；她们先焚香敬拜后，围坐在桌边，一边吃花生、瓜子，一边向织女许愿。比如女孩子希望长得漂亮或嫁个如意郎，年轻的媳妇希望能够早日生子，都可以向织女星祈祷，玩到半夜才散场。

姑娘们深信织女技艺高超，因女性在"婚姻市场"中的价值，除容貌外，

图 4-1　现代拜织女

常常取决于烹饪、女红、家居装饰、梳妆等某种技艺。她们深信织女有此才能，于是七月初七这一天，她们都要祭祀织女，祈求技艺，以便获得如意郎君。

古代未出嫁的姑娘，常结乞巧会，各自筹备独特的玩品。她们以通草、彩纸、芝麻、大米为材，制成鲜花、仙女、器皿和宫殿等精美物件。初六晚上，姑娘们

就设好了神坛，到了初七，他们就烧香向天上祈祷，进行迎仙、拜仙等仪式。在众多的祭品中，存在一种颇为独特的物件，即纸圆盆，其又被称作"七姐盆"。

图 4-2　古代拜织女

该盆内部放置纸衣服、纸毛巾、纸鞋、纸粉、纸镜子、纸梳子，且每类物品均为七份，取自织女排行第七之意。

在古代，先辈通过观察地理、仰望星空，逐渐积累起原始的天文学知识，进而萌生出虔诚的星辰崇拜之情。牛郎、织女星座隶属二十八宿星系，最初诞生于汉江流域。于仰韶文化遗址，也就是汉水北面河南濮阳西水坡处的第 45 号墓，墓主人呈头南足北的卧姿下葬，墓穴平面呈现南圆北方之态。若将头部视作天空，足部为大地，便能鲜明地映射出古人所坚守的"天圆地方"。在墓主人身体的左右两侧，有用蚌壳摆置的龙虎造型图像，其中龙位于东侧，虎处在西侧，这般排列的方位与东宫所对应的苍龙、西宫对应的白虎位置恰好相互契合。而在墓主的北面位置，有由蚌壳拼组而成的三角形图案，在东侧横向部位还陈列着两根人的胫骨所构成的图案，这组图案组合起来正是北斗的模样。其中，胫骨恰似斗杓，其指向东方，对着龙头方向；三角图案仿若斗口，倚靠于西方，整体构成了一幅展现 6000 年前"二宫与北斗"的天象实景图。

显然，五六千年前，黄河流域汉水以北之地的先民们已开启对天象的探索，绘制出初始天文星图，就此催生出早期星辰崇拜。

古人把五大行星以及日月运行轨迹周边的恒星划分成二十八区域，称作二十八宿，四象即为东宫苍龙、南宫朱雀、西宫白虎与北宫玄武。四象、二十八宿环绕北斗星，一同构建起四象二十八宿体系，此乃中国古代天文学最显著特征。

该体系率先现于汉水流域，后为中原周王室接纳。北宫玄武七星内包含牵牛、织女二星，而对二十八宿最初且最具权威性的认知，正是汉江流域楚人智慧的结晶。

在湖北省汉水流域的随县雷古墩 1 号墓中，出土了众多的漆木器。其间有一个漆衣箱颇为显眼，据陈遵贵于《中国天文文学史》所提及，该漆盒盖长度达 82.8 厘米，宽度为 47 厘米，高度是 19.8 厘米。其封面正中央有着一枚大篆书黑体的"斗"字，而环绕这个"斗"字的，则是古代二十八宿的名称。二十八宿依据中心"斗"字的形态，排列成了中间大、两头小的橄榄状布局。在箱盖面的两端，描绘着青龙与白虎，二者头尾方向相反。从青龙、白虎和二十八宿的对应关系来讲，它们所处的方位与四象划分大体上是保持一致。图案中北斗、四象和二十八宿作为一个整体，为深入研究中国二十八宿的起源和演变提供了宝贵的历史数据。[1]

现代社会，七夕节被认定为国家第一批非遗后，长江流域如湖北、浙江等各地随着七夕活动的复兴传承，七夕佳节都有举办穿汉服、行汉礼、拜织女、分巧果等活动，乞美，乞姻缘，特别是现代社会剩女的日益增多，乞姻缘各种民俗活动也日益增多。

二、祭牛郎织女拜银河

七夕节来源于牛郎和织女的传说。当然，牛郎和织女是七夕祭拜的中心。在七夕节习俗形成之初，人们只是祭拜天地。《古今图书集成》引《风土记》说："七月七日，其夜洒扫于庭，露施几筵，设酒脯时果，散香粉于筵上，以祀河鼓、织女，言此二星神当会。守夜者咸怀私愿。或云，见天汉中有奕奕正白气，有耀五色，以此为征应，见者便拜而愿，乞富、乞寿、无子乞子，唯得乞一，不得兼求。三年乃得，言之颇有受其祚者。"民间七夕是这样的习俗，皇宫七夕也是这样。五代王仁裕《开元天宝遗事》说："帝与贵妃每至七月七日夜，在华清宫游宴，时宫女辈陈瓜花酒馔列于庭中，求恩于牵牛织女星也。"直到明清时期，此风俗还

---

[1] 拜织女 . 百度百科，https://baike.baidu.com/item/%E6%8B%9C%E7%BB%87%E5%A5%B3/8979365.

很旺。《北京岁华记》说："七夕，宫中最重，市上卖巧果，人家设宴，儿女对银河拜。"今天，七夕这天的这个风俗还存在。大约在元代以后，兴起了悬挂牛郎织女图像、供奉牛郎织女像的习俗。

图 4-3　现代祭牛郎织女拜银河

元代熊梦祥在《析津志辑佚》说："宫廷宰辅士庶之家咸作大棚，张挂七夕牵牛织女图，盛陈瓜果酒饼蔬菜肉脯。"《光禄寺志》里也说："七夕，各宫供像生牛郎、织女、从人、麒麟、象、羚羊、海马、狮子、獬豸、兔、海味、糖果、糖菜，具用白糖浇成。"

在过去，祭祀牛郎织女和银河时，还有一个习俗。据宋代作家陆元明在其《杂记》中记载："京城人祭祀牛女时，先在桌上放印马叶，再摆上水果盘。"《淮南子》里则说："七月，官财，树楝。（此处提到的楝树，其树高类似于张榆，叶子密集且形状尖锐，与刺槐的叶子相似。）"高雨注："印楝实秋熟，故树印楝也。"这说明古代七夕仪式也不忘时间顺序，楝叶的命运是与季节一致的。

在古代，人们祭拜银河、祭拜牛女还有作五盆的习俗。元代的宋裹诗说："晓凉门巷柳阴蝉，九陌晴泥着锦鞯。到处帘栊尽相似，巧棚人静五生蔫。"自己解释说："七夕前数日，种麦于小瓦器，为牵牛星之神，谓五生盆。"[1] 看来这五生盆是专门为牛郎准备的祭品。现代长江流域保留祭牛女、拜银河等习俗，如：江苏

---

[1] 梁中效. 汉水流域文化与牛郎织女星神 [J]. 安康学院学报，2013，25（4）：10-15.

太仓地区有牛郎、织女庙，每当七夕就有祭拜牛郎织女的仪式和习俗。

三、陕西拜巧姑习俗

在陕西有拜巧姑习俗，比较有趣。具体包括缚巧姑、迎巧姑和拜巧姑三个环节。

（一）迎巧姑、缚巧姑

迎巧姑、缚巧姑很有讲究。端一张椅子，椅子上用蒜瓣或干草扎个骨架，为骨架穿衣服前把衣服隔墙壁扔过，扔前扔后要称一称，扔后衣服重量增加了，叫图赏了，把图赏了的衣服穿上才叫巧姑。衣服穿好后，把准备好的适合妇女穿的三寸金莲小鞋、用葫芦制作的头面像装好，让她拿着扇子，心灵手巧人能把缚的巧姑手能活动，这样就象征着巧姑（织女）缚成了。

（二）拜巧姑

傍晚，村里成群的男女青年组成锣鼓队，使劲地敲打，燃放鞭炮，迎接巧姑到摆好的供案上。在供有巧姑（织女）像的桌案上，由村里的妇女们献上各式各样的供品，有乞巧花馍、瓜果以及专门为过节泡好的"巧芽"。每摆放一件

图 4-4　拜巧姑

东西，都要向巧姑作揖。供品摆齐后，由年长的妇女将选好的七位小姑娘带到巧姑面前叩头、作揖、行跪拜礼。

四、拜魁星

在福建、浙江等地有七夕拜魁星的习俗。当地人认为农历七月初七又称"魁星的生日"。"魁星"是北斗中一颗星的名字。魁星掌管文运之事，心怀功成名就的书生每逢七夕祭拜魁星，祈愿能得庇佑、考场顺遂。魁星爷实则为魁斗星，隶属北斗七星，位居其首，亦被称作"魁首"或"魁星"。在古代，文人高中状

元之际，便有"大魁天下士"或"一举夺魁"的称呼。这是因为魁星掌管文曲星和考生命运的缘故。中国很多地方都建有"魁星楼"或"魁星阁"，正殿塑有魁星像，如湖南、四川、福建等地。在当代社会，各地魁星楼依旧香火旺盛，这一现象反映了现代社会竞争的激烈性。家长普遍期望子女能够成才，学子们也渴望在高考中取得优异的成绩，金榜题名。因此，他们纷纷前往魁星楼进行祭拜，希望得到神灵的庇佑。在魁星楼中，通常都会展示当地历年高考文科和理科状元的名单，这些名单既是荣耀的象征，也是对魁星信仰的一种体现。

汉族民间认为"魁星主文事"。读书人崇拜魁星，仅次于孔子，在七夕中也有"崇魁星"的风俗。拜魁星仪式在月光下举行，和拜织女星是相似的。因此，在闽东乡村地区，居民在七夕节那天晚上，在一个人丁兴旺的大房子外的天井里，会摆上"拜织女""拜魁星"两张香案，根据不同性别分两群人分别相聚并参与七夕祭拜等活动，非常生动有趣。

图 4-5　魁星点斗

"拜魁星"仪式前，事先糊制一个魁星纸人。该纸人高二尺，宽五六寸，蓝眼睛，身着锦袍、脚蹬皂靴，左手斜捋飘胸红髯，右手握着一根朱笔，置于桌上。祭祀中不可缺少的是羊头（公羊，一定要有羊角），将羊头煮熟后，把两只羊角束以红纸，置于盘中，再摆放于"魁星"像前方。茶、酒一一备好。烛光与月光相互映照，拜祭魁星的仪式正式开启。众人虔诚地鸣炮、焚香、礼拜后，便围聚在香案前桌旁聚餐。会餐期间，还有一项饶有趣味的"取功名"游戏。准备桂圆、榛子、花生三种干果，它们分别寓意着状元、榜眼、探花。参与者手持各一颗三种干果，往桌上轻轻一掷，使其自由滚动。倘若干果停于某人跟前，此人便相应获得干果所代表的功名；若投掷后干果没有一颗滚至众人面前，意味着无人"高中"，就得重新投掷，此称"复考"；如果都投中了，叫"三及第"；若仅有其中一颗干果，如花生滚到某人处，那此人就摘得"探花"桂冠。每投掷一回，众人饮一轮酒，此为"一科"，亦称"这科出探花"，众人向"探花"敬一杯酒。敬酒的"落第考生"就在下"一科"继续"求取功名"，而取得"功名"的就不参加了。众人就这样边吃边玩，直至全员皆取得"功名"，游戏才宣告结束。散场之际，再度鸣炮，将纸锭焚烧，就连魁星像也一并焚烧。

在东南亚地区，七夕节有个独特的习俗：女拜织女，男拜魁星，原本毫无交集的织女与魁星，竟一同登台，接受众人祭拜。尤为引人深思的是，乞巧节自来便是女儿节，姑娘拜织女意在求得女红精巧，反观魁星爷，其与女红毫无关联，缘何现身七夕？从传统观念看，文昌星和魁星均主宰文场功名，备受文人举子尊崇，不过有人混淆了拜魁星与拜文昌，实则拜文昌是在二月初二，非七月初七。虽说二者都关乎科举，可文昌与魁星仍存差异，二者还是有较大差异的，仍要区分开来。清代福建地区，文人有着特定的祭拜传统，于二月初二敬拜文昌星，待到七月初七礼拜魁星，可见在民间认知里，这两位神仙分工明确。康乾盛世之时，福建漳浦文人蔡衍锟，对当地文人热衷于拜文昌、魁星的风气极为抵触，为此特向知府上书，恳请禁绝此类祭拜仪式。也正是源于这次上书，后世得以知晓彼时福建拜文昌、魁星的习俗：

图 4-6　魁星点斗书法

图 4-7　魁星老爷点状元年画

即在闽浙带，第一，二月二日拜文昌，七月七日拜魁星；第二，主要是文人学子参加祭拜，官府（有司）也有参加祭拜的；第三，在祭拜所供奉的神仙塑像方面，文昌星宛如身着华服、仪态端庄的君子，魁星却仿若头角奇异、形似鬼魅的精怪；第四，当地百姓竟将文昌与魁星敬奉为"帝"，足见推崇之意；第五，民众深信二者掌控文运，祭拜以求仕途顺遂；第六，当地人还特撰阴骘文颂扬文昌星功绩，广为流传，令仪式颇具宗教韵味；第七，拜文昌和魁星的仪式，规模灵活多变，小规模仅摆香案、陈供品，参与者仅限文人举子，大规模时则有巫觋，搭台演戏，娱神悦人，举国欢庆，像是一场盛大的狂欢聚会。

于福建部分地域，因"魁星"和"奎星"读音相仿，当地文人又觉着"奎"字与"蛙（畫）"形近，便忌讳吃蛙，生怕触怒魁星，致科考不利。清朝末年的文人、浙江钱塘人施鸿宝（？—1871 年 3 月）在《闽杂记》中记载：龙岩地区的文人们为了能科举高中，居然连青蛙也不敢吃了。施鸿宝的记录可知清代福建七夕拜魁星之风已然极盛。同时清代的浙江也有七夕拜魁星的习俗。[1]

现代每年七夕前夕或高考的前夕，不仅是福建、浙江等地，长江流域其他地方的魁星阁也挤满了拜魁星的人，以乞求取得好的考试成绩。

五、晒书晒衣

古老的七夕晒书习俗。魏晋以来，官方文人讲求虚名，以七夕晒书来彰显学识，逐渐成为一种风尚。据《晋书》所载，司马懿由于权倾朝野，遭曹操猜疑。鉴于当时政治晦暗，他无奈佯装疯癫，闭门不出。魏武帝依旧心存疑虑，遣一亲信密探实情。恰逢七月初七当天，司马懿虽装疯，却仍在家晒书。武帝见状，即刻责令他回朝就职，不然就将其拘禁他处。司马懿唯有遵命，实属无奈之举。另有一类人，身处乱世，借放浪不羁之举抒发内心愤懑，他们漠视礼教，抵触流俗。刘义庆在《世说新语》卷二十五记载，七月七日人人都晒书，只有郝隆跑到太阳底

---

[1]　刘宗迪 . 七夕拜魁星习俗的异域渊源 [J]. 文化遗产，2013（6）：95-105.

下躺着，人家问他为什么，他回答："我晒书。"一方面是蔑视晒书的习俗，另一方面也是夸耀自己肚子里的才华，晒肚子就是晒书。在魏晋时期，晾衣服的习俗为有钱有势的家庭提供了炫耀财富的机会。"竹林七贤"之一的阮咸对这种风俗嗤之以鼻。七月七日，当他的邻居正在晒衣服时，他看到货架上摆满了绫罗绸缎，令人眼花缭乱。阮咸却漫不经心地用一根竹竿挑了一件破旧的衣服。有人问他在做什么，他说："未能免俗，聊复尔耳！"从这几个故事中，大家就知道了七夕晒书、晒衣服的习俗有多兴盛。

古代七夕晒衣服的常见现象，在《杨园苑疏》中有记载，汉建章宫有一个太液池，池西有汉武帝晒衣服的亭子，每年七月七日，宫女都会登楼晒衣服，这应该就是七夕晒衣服的由来。到了魏晋时期，七夕晾衣的习俗开始流行起来，并在相当程度上演变成官宦显贵晒富的一种表现。

晒衣服和晒书从七月七日改为六月六日，应是宋代以后的事，最早出现在明代文学中（如前所述）。那就以晒书为例，晚唐诗人杜牧在《西山草堂》记载"晒书秋日晚，洗药石泉香"，可见那时晒书习俗还不是在六月。直至清代，书画家潘弈隽创作了《六月六晒书》一诗，诗中开篇

图 4-8 七夕晒书

图 4-9 七夕晒书晒衣

即言"三伏乘朝爽，闲庭散旧编"，其题目亦明确标注为"六月六晒书"，表明晒书习俗在清代已确立在六月六日。

图4-10 瑶族六月六晒衣

"六月六，晒红绿。"农历六月初六，全国各地都有许多民间活动，最常见的是晾晒衣服和书籍。不仅百姓要晒衣服，官吏要晒官服，连皇帝也要晒龙袍、晒銮驾；而且，这一天读书人要晒书，佛教徒要晒经书，其他人也要晒图籍、谱牒等物品。

提前一个月晒衣服和书有一定的理由。在笔者看来，主要原因是六月为盛夏，太阳比秋天更猛烈，晒太阳也更彻底；另外，夏季多雨，气候潮湿，棉质衣服、毛皮书等东西，容易发霉，早洗早晒，更利于保存。

六、拜七娘妈

各种有趣的七夕习俗，反映了人们追求简单、幸福的生活，也给我国的民间节日增添了丰富的色彩。现代社会仍有晾衣服的习俗，如湖北、贵州等地，瑶族人有六月六日晾衣服的习俗，但晒书的习俗非常罕见。[1]

七夕节，福建等地有拜七娘妈的习俗，因为闽南和台湾地区七夕是七娘妈的生日。七娘妈除了掌管世间的婚姻之路，她还照顾刚出生的孩子，让他们平安成长。因此在闽南地区，七夕会找人扮演七娘妈，在小提琴、萨克斯管的动听的音乐伴奏下，为男女信众祈福，信众佩戴上缀有五色珠的红丝线，希望得到美满的婚姻、

---

[1] 七夕节.百度百科，https://baike.baidu.com/item/%E4%B8%83%E5%A4%95%E8%8A%82/226647.

夫妻幸福、儿女平安。七娘妈，被认为是保护儿童平安和健康的神仙，深受当地人的欢迎。闽南学者林再复在《闽南人》一书里记录，以前闽南人频繁渡海，远赴台湾或异国打拼、寻生计。他们长期漂泊在外，无法回家，家中妇人遂将满心期许全放在孩子身上，靠着这份盼头，才有勇气继续过日子。如此一来，七夕这原本饱含相思之意的节日，于当地已然蜕变成向守护孩童的"七娘妈"神祈愿求福的节日。在闽南及台湾地区，部分家长于七夕之际，不单向"七娘妈"致谢，还会为孩子操办成人礼，设宴邀请亲友同贺。当地民间过七夕时，对乞巧并不那么看重，反倒极为关注养生食材。每逢此节，近乎家家都会购入草药使君子与石榴。

七娘妈的信仰在闽南和客家两个方言族群中有不同的传说。

闽南流传着这样的传说：牛郎织女被王母娘娘拆散后，织女的姐姐们怜惜二人的孩子，暗中庇护，使其顺遂长大，这逐渐催生了七娘妈守护孩童的说法。父母怀着让神灵庇佑自家孩子的祈愿，会将自己的孩子送给七娘妈做义子或义女，此行为称为"拜契"。农业社会时期，因劳动的需要，普通家庭育有多个子女。为了使每个孩子平安成长，父母把孩子托付给七娘妈，或是恳请姑娘妈、佛祖等神明收为契子，虔诚祈求神明护佑孩子好摇饲"（好养活）。

图 4-11　拜七娘妈

凡是给七娘妈做契子的孩子，其家会在七夕黄昏时安置一张供桌。备齐鸡油饭、胭脂水粉、鲜花、刈金以及婆姐衣等各类祭品。在孩童脖颈处系上用红丝线串起的铜钱，此行为名为"挂志"。此后，每年七夕都需拜七娘妈，更换红丝绸，以寓意"换志",如此往复,直到 16 岁"脱志""出花园"仪式方止。

民间相信,七娘妈能护佑 16 岁以下的孩子,自婴儿出生到满周岁前,母亲或者祖母会抱孩子前往寺庙祈愿。她们会用古币、银牌、锁牌串上红绒线,系于孩子脖颈处,且一直到孩子年满 16 岁那年的七月初七方才取下。

在客家民俗中,同样存在"拜契"惯例,不过背后原因完全不同。相传,七星娘娘共有七位,自织女离去后,仅剩六星,且未设有专门祭祀她们的庙宇,这使得她们在神格上属于闲神,时常下凡游走。民间还传说,七星娘会抓小孩,八字较弱的孩童只好给她做契子。客家人祭祀七星娘时,不用七娘亭,而用一幅印着七星娘的图画,并用香炉压着。父母为他们的孩子求七娘紧,就要拿杯交,口中念道:"红(白)花枝某姓某名,身体欠安,容易惊吓,现在要作你的契子,带你的紧(一种象征性的护身符或祝福),以后若有遇到,请不要随意触碰他。如蒙你允许,请赐我一圣杯。"他们会重复这个过程,直到七星娘娘"允许",即圣杯显示出吉兆为止。

浙江、福建等地信仰七娘妈的人家,也会在七夕黄昏供祭七娘妈。供品一般有软粿、圆仔花、白粉、茉莉花、树兰、鸡冠花、牲礼(如猪、羊等肉类)、胭脂、鸡酒油饭、圆镜。不能少的祭祀品还有一座纸扎的七娘妈亭,家里如果有刚满 16 岁的孩子,还要供奉粽类、面线等物品。七娘妈亭由竹片和纸糊成,有一层、两层,也有三层,通常与金纸、经衣一并焚烧供献,这叫"出婆姐间",表示孩子们已经长大。祭礼结束后,就把金纸、经衣、七娘妈亭焚烧,没有烧尽的竹骨架要丢到屋顶,表示这个孩子已成年了。胭脂、白粉丢一半到屋顶,留一半自用,据说可以让容貌与织女一样漂亮。

父母为孩子祈愿时一般都会说:"子女如果能顺利长大,等到子女年满 16 岁成年时,我一定以猪、羊等为供品祭拜,或演戏娱神,或捐款给慈善事业。"等到他们的孩子 16 岁时,就要在七月初七这天去还愿,这才算是脱离七娘妈的保护了,叫作"脱紧"。家里有 16 岁的孩子要举办"16 岁"的仪式,会由父母捧着七娘妈亭,站在神案前,年满 16 岁的孩子由亭下匍匐穿过,男孩子起身后,再往左绕三圈,叫

"出鸟母宫"，女孩则需要往右绕三圈，表示"出婆妈"，这样的仪式完成，就表示孩子在七娘妈的佑护下已经长大成人了。然后把七娘妈亭送入火中，献给七娘妈。有些孩子的外婆家还会为他们做"16 岁"仪式的男或女外孙，准备衣服、手表、项链、自行车和其他物品，以迎接他们 16 岁的生日。在过去，人们在祭拜七娘妈时，还会设宴招待亲友，共同庆祝这一重要时刻，场面热闹非凡。

此外，七娘妈充当无子女家庭送子娘娘的角色，有孩子的家庭可以治好孩子的病。许多母亲也让自己的孩子认七娘妈作干妈，确保自己的孩子平安成长。

在台湾地区，七夕除了拜七娘妈，通常还会准备一小碗油饭拜"床母"，想来二者寓意颇有相近之处。"拜床母"是台湾七夕的习俗之一。每个家庭生产、养育孩子，是女人不可替代的职责，所以这种神只能是女神；如此一来，女神与女性信徒间便构建起紧密关联，舒缓了女性身为母亲所面临的焦虑与不安。

"床母"，是孩子们的保护神，家中有儿童的家庭，当天傍晚在儿童睡的床边祭拜床母，希望孩子快快长大。若小孩出生在农历七月七日，祭拜的时间就是农历七月七日的下午酉时（5—7 点）。一般来说，如果想让神灵多保佑孩子，即使不是孩子的农历生日，也可以准备贡品来祭祀。祭祀时把供品放在孩子的床上做祭拜，拜的时候也是面对着床做祭拜。另外，礼拜时不准使用筷子（怕床母娘娘用筷子打小孩），也不可以拜酒（否则床母会因酒醉睡着而疏于照顾小朋友）。祭拜时说："床母娘娘今天是月 × 日（×× 日子）准备了 ××× 拜拜，让 ×××（小朋友名字）白天好好玩，晚上好入眠，好教养。"祭拜床母时，耗时不宜久。大致供品安置妥当、香烛点燃后，便能着手焚烧"四方金"与"床母衣"，待焚烧完毕，即可撤下供品，祈愿孩子茁壮成长。

也有的说，不可以在床前打、骂孩子。相传每年的七月初七日，要祭祀婴儿神"床母"，就是拜床母，当日要准备很丰盛的佳肴来祭拜床母。15 岁以内的小孩，一律称为"花园内"。男孩的前头部都留少许头发，特称为"刘海"，直到满 16 岁成年时才能剪去。凡是在"花园内"阶段的子女，都要接受婴儿神床母的保护。所以七夕当天从下午六点起，这些少男、少女都要在自己的寝室上供祭拜床母。[1]

七、踏歌乞巧

在滇南，有踏歌乞巧的习俗，这是信仰和艺术的巧妙结合。据明代《朱日藩集》记载："滇南风土，每岁七夕前半月，人家女郎，各分曹相，聚以香水花果为供，连臂踏歌乞巧于天孙。因采其意，为滇南七夕歌。"踏歌乞巧具有娱神娱人的双重作用，是一种宗教艺术形式，通过集体表演来与织女交流，祈求织女的恩赐，目的是促进歌手与神灵之间的沟通和交流。因此，这些歌舞成为了信徒与巧神织女建立精神纽带的桥梁。值得一提的是，这种通过歌舞与神灵沟通的方式，在远古的萨满教中早已有广泛的应用。

八、观星祈福

长江流域现代观星祈福，主要流行于浙江、福建等地，主要包括拜织女和拜魁星。相传七夕当晚，仰头便能望见牛郎织女于银河相聚，瓜果架下，还可偷听到二人相会时的情话。在这浪漫的夜晚，姑娘们迎着朗朗星空与明月，将应季的瓜果整齐摆好，朝天祭拜，恳请天上的织女神赐予她们聪慧的心智与巧手，使针织女红的技艺愈发精湛，同时也祈愿能收获甜蜜爱情与美满姻缘。毕竟婚姻于女性而言，往往关联着一生的幸福走向。所以，世界上无数的恋人们都会在七夕夜深人静的时候，到星空下为自己的婚姻幸福祈祷。

九、集会乞巧祈福

在甘肃西和、礼县一带有巧饭会餐，当地人叫"办会会"，即参加乞巧活动的姑娘们相聚一起吃一顿"巧饭"。乞巧活动的从第一天到第六天，姑娘们回家吃饭，到第七天下午，姑娘们相聚吃巧饭。晚餐巧饭的食物、做饭的工具和调料

---

[1] 拜床母．百度百科，https://baike.baidu.com/item/%E6%8B%9C%E5%BA%8A%E6%AF%8D?fromModule=lemma_search-box.

都是姑娘们从各家自带的，做饭也是按能力分工。大家相聚在一起，自己动手，团结合作，很快就准备好了所有人的饭食。巧饭主要是面食，种类不复杂，大多是普通的家常菜。吃巧饭的意义是祈求消除灾害和疾病，人们相信巧饭是由巧娘娘赐给的，具有神奇的作用，吃巧饭会保佑来年顺顺利利，如愿以偿。于是，做成的第一碗巧饭也要先献给巧娘娘，然后，女孩们聚在一起，分享巧食，气氛热闹而随意。有的女孩在晚餐结束时，会把多余的巧饭带回家，认为老人吃了可以健康长寿，病人吃了可以让身体尽快康复。[1]

长江流域各地的七夕集会乞巧活动，经历了从最初主要作为女性参与的节日，到如今演变成民众广泛参与的、被喻为中国"情人节"的庆典。在这一天，姑娘们会聚在一起，遵循乞巧的传统习俗，同时享受游玩嬉戏的乐趣，增添了更多的情趣与欢乐。值得注意的是，这种七夕习俗在长江流域的不同地区，展现出了各自独特的风貌和特色。

第二节　长江流域以农耕文化为中心的祭拜祈福活动

一、为牛庆生

七夕当日，孩子们常会摘取些野花，挂于牛角之上，名曰"贺牛生日"。在传说里，西王母以天河隔开牛郎织女后，老牛为助牛郎跨越天河与织女相聚，甘愿让牛郎剥下它的皮，披上此皮飞向织女。为了纪念老牛的牺

图 4-12　为牛庆生

---

[1]　关溪莹. 甘肃西和乞巧节与广州珠村七姐诞乞巧节比较研究 [J]. 边疆经济与文化，2023（10）.

牲精神，人们有"为牛庆生"的习俗。

据湖北咸丰县《武玄赋志》记载："七月七日……牧童采摘野花，将其插入牛角以庆祝牛的生日。"在这一天，人们要用酒和食物招待牛，以示尊敬。流行于长江流域的湖北、河南等地的"过牛年"，体现了农业社会对牛的重视，在牛郎织女的浪漫传说中发挥了重要作用。

二、祭土地神

《四川志书》记载，眉州地区"七月七日相传以此为土地神的生日，家家户户都会设酒宴、备纸钱来祭祀土地神"。关于土地神，存在两种主要说法。清代翟灏的《通俗编》引用了《孝经纬》中的描述："社者，乃土地之神。由于土地广袤无边，无法全部祭祀，因此人们堆土为坛，称作'社'，以此来报答土地的功德。"这表明土地神也被称为社神。

另据《名山县志》记载，李凤翙在《觉轩杂录》中提到："土地神，实际上是乡村之神，村巷之中处处可见人们供奉的土地神，有的用石室供奉，有的用木房。有的不摆神像，仅用长约一尺多、宽约二寸的木板，写上'某土地'作为神主牌位；有的则塑造神像，神像中胡须花白的被称为'土地公'，而梳着发髻的则被称为'土地婆'。祭祀土地神时，人们会献上纸烛、菜肴、酒水，或者杀一只雄鸡作为祭品。俗话说，如果土地神灵验，那么虎豹等猛兽就不会进入村庄。又有一种说法认为，乡村中那些年老且公正无私的人去世后，就会成为土地神。土地神的种类很多，有花园土地、青苗土地、长生土地等，家堂中所祀的土地神，还有拦凹土地[1]、庙神土地等，这些土地神都是根据所在地的名称来命名的。"这里所说的土地神与社神有所不同，它更多的是指地方性的神灵。眉州人祭祀的土地神应当属于这一类。

---

[1] 拦凹土地：是中国民间信仰中的一种土地神，特指位于地形较为狭窄或交通要道转弯处的土地神。在这些地方设立土地神位，主要是为了祈求神灵的庇护，保佑过往行人安全，以及防止邪灵恶鬼的侵扰。拦凹土地的设立体现了民间对于自然环境和地理位置的特殊敬畏，以及对平安顺利的愿望。

土地神信仰不仅在四川存在，在以农业为主的长江流域的很多地方都有这种信仰，最典型的代表当属各地复建的各种土地庙及祭祀活动了。

三、祭百虫将军

在过去河南、浙江、江苏等地为祈祷农业丰收，每年会有祭祀百虫将军的习俗。北魏郦道元《水经注·洛水》说："又有百虫将军显灵碑。碑云：将军姓伊氏，讳益，字隤敳，高阳之第二子伯益者也。晋元康五年七月七日，顺人吴义等，建立庙堂。永平元年二月二十日，刻石立颂赞，示后贤矣。"《水经注》所记，是说百虫将军多有显灵，故建立庙堂祭之，建立庙堂之日在七月七日，按古之常以立庙日为神诞辰的习俗，其祭日当在七月七日。明董斯张《广博物志》注说："今巩洛嵩山有百虫将军庙是也，自汉有之。"这是说此祭俗汉代已有。

《江南志书》说，吴县"七月初，田夫耕耘甫毕，各醵钱礼猛将曰烧青苗。横塘、木渎等处尤盛"。

关于猛将的身份，存在多种说法，有称之为刘锜、刘锐、刘宰、刘承忠等。其中，时代最早的是刘锜。刘锜为宋德顺军人，与韩世忠、岳飞并称中兴名将。他在去世后，于宋理宗景定四年（1263年）被立祠，并被民间附会为驱蝗之神。对于刘猛将的祭祀，一年之中有两次，一次是正月十三，即刘猛将的生日，另一次是七月七日，即蝗虫易造成灾害之际。

清顾禄《清嘉录》"祭猛将"条说："十三日，官府致祭刘猛将军之辰。游人骈集于吉祥庵。庵中燃铜烛二，大如栲栳，半月始灭，俗呼大蜡烛。相传，神能驱蝗虫，天旱祈雨辄应，为福献亩，故乡人酬答，尤为心愫。前后数日，各乡村民，击牲献醴，抬像游街，以赛猛将之神，谓之待猛将。穹窿山一带农人异猛将，奔走如飞，倾跌为乐，不为慢亵，名曰越猛将。"《清嘉录》"烧青苗"条，又说："是时，田夫耕耘甫毕，各醵钱以赛猛将之神，异神于场，击牲设醴，鼓乐以酬，田野遍插五色纸旗，谓如是则飞蝗不为灾。"在一年之中，有两次祭刘猛将，一次在年头，一次秋收的时节，这表明这位尊神深得农民仰望，可以说，在众多的农事神中只有这位神才是最重要的神。

四、七夕佳节和水

在少数民族地区七夕节同样广受欢迎，时间上相同，只是节庆的具体活动形式会依据地域不同而各有特色。以湘西为例，矮寨坡、吉首、古丈等地苗族的传统"七月七鼓会"，都在农历七月初七举办。在这一天，苗族人民穿上新衣服，聚集在鼓场，打节日鼓，欢舞。在四川的一些地区，七月初七被称为"七月香节"。在这一天，酒、肉、茶、盐、米各两碗和筷子两双作为祭品敬献给祖先，当地的瑶族人最尊重祖先，即便在外务工的人，到了特定节日也会回故乡，与家人共度佳节。像土家族的"纳顿节"，纳西族的"七月会"等活动都与七夕节有关，但活动形式各不相同。广西一带，将七夕称作"贮水"，亦称"双七水"。尤其在广西百色，人们更是直接把其称为"七夕泡水"。每至七夕上午零时，百色市民便会前往澄碧河泡水，或取水储存。传说在七月初七的清晨，天仙女在水源地洗澡。天仙女让水变得又清又神圣，于是在七月初七的清晨，众人把水放在坛或罐里，每年添些许新水，水既不会变质，也不会散发异味。这水可供饮用或酿酒，用来制作酸食也能持久保鲜。城中无论男女老少，皆钟情于在河中泡澡，传闻浸泡其中，能促进身心健康，驱邪除病，为未来生活筑牢安宁根基，只因这河水被视作圣水，可涤荡人们身上的疾患与灾祸，赋予安康和幸福。因此，每年这时，众人便汇聚江边，此习俗经代代传承。然而，自1949年起，尤其在"文革"阶段，该习俗被视作"封建迷信"，遭到禁止，人们只能秘密进行活动。以上就是百色水俗的全貌。七夕泡水习俗已经流传了很长时间，并被广西人接受。在广西梧州等一些地方也有这个习俗，每年七月初七，人们喜欢在河里泡水，他们认为水是最圣洁的，和百色市情况大致相同。广西百色壮族源起百越族，基于当地独特生态环境，并且祖祖辈辈在此生息繁衍，逐渐形成特有习俗与观念。中国历来为农业大国，壮族先辈亦很早迈入集约化农业社会。即便时代更迭，人类步入工业文明阶段，他们仍然对土地有着颇为深厚的情感。以"那"（稻田，即稻作）文化为中心的壮族风俗也随之繁衍和发展起来，当地流传着这样一种说法："正月十五后必忧，七月十四后必乐。"究其缘由，在往昔旧社会，农历正月十五刚过，人们便一头扎进春耕大忙之中，这意味着身心疲惫开始。彼时自然条件有限，面对青黄不接的饥荒困境，人们苦思应对之策，内心满是忧虑。反观农历七月十四日后，春播的各类农作物陆续成熟，丰收曙光初现，们不再恐惧饥饿，于是开始微笑。此间还有泡水习俗，寓意着能安心洗净周身疲惫与脏东西，让泡水习俗的意义更加明显。

从天干地支推算，七月为人月，人与鬼相互对立，正好形成一个积极和消极的精神世界。相传，七月鬼魂颇为作祟，危害不小。自农历七月初六至七月十四鬼魂会降临凡间。它们或滋事犯错，或为祸人间。尤其在古代，鉴于社会生产力水平较低，这类观念深深扎根于民众心间。故而，民众将农历七月十四这天命名为"鬼节"。值此节日，众人会备好形形色色的祭品及物件，用以祭祀先祖与诸神，祈愿他们于阴间安稳度日，勿搅扰阳世。而七夕泡水，可除去污秽，安鬼神，祈福。

在部分地区，虽不在七夕泡水，却有着与水关联的别样活动，以此祈愿生活美满。就如藏族的沐浴节，这是其传统节庆，于藏历七月六日至十二日拉开帷幕。每至此时，藏族男女老少纷纷涌向水源地、江畔，或畅快沐浴，或擦拭身体，尽情享受节日欢愉。相传这 7 日里，西藏上空会现"弃山星"（也称"山鼠星"），被其映照的水极为洁净，民众借此沐浴，守护健康、抵御疾病。云龙县白族、云南丽江傈僳族等地，都有类似于泼水节的活动，多在公历 4 月中旬开始，傣历 6 月时进行，持续三到四天，男女相互泼水嬉闹，大家深信能洗去倦意、驱走灾祸。南亚泰国、缅甸、老挝等国，每年公历 4 月热热闹闹过泼水节。在非洲，除夕夜人们手持火炬聚于河边游乐，尽享欢乐。总而言之，此类活动于慰藉人们精神大有裨益。在探寻浸泡水根源之际，除却传说里沾染仙气的圣水一说，实则还存在着合乎常理的要素。常言道："十里不同风，百里不同俗。"自然生态环境是孕育文化所在，各个民族唯有依托自然给予的这片天地，方能开展文化创作活动，催生出民俗文化景观。然而，不同地域的自然生态背景，往往在各种形式的文化上留下深刻的印记。

中山大学人类学教授周大明曾说："过去，传统与现代是对立的，认为只有打破传统才能建设现代性，也就是所谓的'不打破规则'。"这样，"许多民间信仰将被破坏为落后的封建传统"。若把现代性当作传统的延展，民间信仰其实并不与现代相悖。诸多传统习俗原本源于生活中的祭祀仪式或生产活动，要知道在古时，人们视自然为生命的根本，这些观念皆与宗教信仰息息相关。随着现代化脚步不停迈进，新的文化娱乐形式接连登场，必然会给各类习俗、文化造成深刻冲击与深远的影响。民俗文化归根结底是民众的民族文化展现形式，扎根于大众生活的沃土里，作为国家风貌的一种外在表征，所以才难以禁绝。而现代只能是传统的延续，我们不必人为地添加干扰。[1]

第三节　七夕传说和习俗中的农耕文化

牛郎织女这一称谓最初于《诗经》中，之后，古代典籍里与之相关的记述不可胜数。从浩渺天际的星辰幻化成尘世凡间的故事，又经汉代象形文字的演绎蜕变出人间的七夕节，在历代口口相传中，传说故事持续得到润色与完备，民俗也随之在传承的长路上日益丰饶，与此同时，其传承的主导力量以及核心主题同样在不断强化。农业文明的文化范式在传承里愈发典型，而作为中国农业文明精粹的七夕文化，关键要素涵盖如下几方面。

---

[1] 陆斐，尹建成. 不会消失的民间习俗 —— 百色七月初七泡水习俗的考察 [J]. 绥化学院学报，2005（1）：152-154.

一、七夕传说和习俗中的农耕文化

（一）男耕女织的日常生活模式

中国农业起源甚为久远，远早于桑蚕史与妇女针织史。在山顶洞人遗址处，惊现骨针遗迹，此发现震撼全球。穴居人不光佩戴骨头、石头、贝类制成的饰品，所制骨针更是手法精湛。针织的问世，堪称桑麻、纺织、编织、裁缝、刺绣及丝绸行业的先声。中国丝绸享誉世界，乃中国妇女的卓越功绩，亦是彰显中国文化的鲜明标识。华夏民众依靠农业文明与土地耕耘，筑牢生存根基。数千年来，男耕女织、衣食富足，这既是国人的生活常态，又是生存追求，更是孕育牛郎织女传说产生的文化土壤。

（二）天人合一的人与自然的世界观

从《诗经》中记载了最早的牛郎织女的称谓开始，整理者孔子就形成了"天人合一"的思想。所谓"天人合一"之意，即人与自然相融一体，二者关系紧密交织、相互关联。孔子主张"不违农时"，倡导依循节气自然规律安排农事，所谓"使民以时"，恰是天文与人文的契合统一。七夕节仪式流程饱含对自然的尊崇敬畏，它搭建起天、地、人、神以及男女间沟通的桥梁，促使各方关系和谐融洽、协同统一。此日，人们体悟、感慨、触动于天人、人与自然相融的境界。顺应天时、靠天营生，乃农业文明的基本思维模式。

（三）男孝女巧理想化的人格模式

董永七仙女传说脱胎于牛郎织女传说，它的出现使得原传说朝着理想更进。这两大传说为牛郎、织女的形象注入了更多人格魅力。若要用词汇描述牛郎、董永的性格，诸如忠、孝、勤、善、诚、农、勇等颇为贴切；而谈及织女、七仙女，其形象特点鲜明，聪慧、机智、温婉、手巧、坚贞、朴实等词跃然纸上。男女两种人格的统一与结合，是幸福生活的典型与光辉典范，也是田园风光和农业文明的典范。[1]

（四）"牵牛""织女"的命名，反映了古代农业发展的痕迹

从某种意义上讲，民间传说堪称劳动人民"口口相传的史话"，虽然并不是严格史学意义的历史，却与历史联系紧密。其一，"牵牛"的起源及其身份特性，折射出古代农耕技术演进与发展，牛郎、织女也象征着中国数千年男女农民的缩影。春秋时期，牛不单用于祭祀，更涉足农业劳作。春秋战国时，铁农具推广促使农耕模式转变，畜牧业应运而生。在那个时候，诸多与耕牛相关词汇用以指代牛。如《史记·仲尼弟子列传》记载了孔子弟子的姓名，其中有冉耕，字伯牛，司马耕，字子牛等姓名，星宿用"牵牛"来命名也同此理。

再者，"织女"的称谓与身份特质彰显了古代纺织业的前行轨迹。由织女星之名，可观春秋阶段纺织业发展态势及其于经济体系的关键地位。古人出于缅怀其卓越功绩考量，以"象天法地"之举将之留存天际并予献祭。故而，《牛郎织女》这一爱情传奇，实质是对小农经济的理想化描摹与神圣化升华，深深镌刻着小农经济的印记。因此，男耕女织的日常生活模式也是农业社会理想的家庭模式。

二、七夕习俗中文化意象的蕴藏

（一）"牵牛""织女"的出现，源于古人星辰崇拜观念和祈求农业丰收的意愿

"牵牛"与"织女"，乃是分处银河东西两侧两颗星宿之名（现代天文学里叫天鹰座、天琴座）。西周之时，伴随农业进步，民众需借观测天象推进农耕，以求五谷丰登，这也催生了原始天文历法以及占星术。在《左传》《尔雅》《国语》《诗经》等先秦古籍当中，均留存着有关星象的记录与翔实描绘。在古代，人们认为天与人是相互感应的，天地之间的事物是相互对应的。早期先民对牵牛和织

---

[1] 毕兹.中国农耕文明的经典图式[N].中国艺术报，2013-08-12：3.

女双星的崇拜，与古人将自然物拟人化的原始思维有关。

《牛郎织女》取自于现实里的男性农耕、女性织造的真实生活，再加上具艺术性的呈现。又因星辰故事自带一种荒诞神秘之感，因此正值七月晚上，织女星恰升至一年里的最高处，在苍穹之上清晰可辨。（《夏小正》的古农事历中有记载："七月……初昏，织女正东向。"）此时正是农作物从繁育期到收获期，所以古人将此现象作为带来繁育和丰收的吉星，并加以神化，是祈求丰收的人类欲望投射到天河中两颗星星上，将牵牛星和织女星"人化"为农业社会的一员，并伴随《牛郎织女》故事的传播，渗透到中华民族的文化中。

在七夕节与牛郎织女的传说中，农业图式融合了诸多文化意象，创造出丰饶的农业文明意象景观。就如甘肃西和县七夕民俗来说，留存着鲜活多样的遗迹，涵盖完备祭祀流程、多彩民歌、女性民俗及专属歌曲。广东东莞等地七夕民俗，则着重祭品制作、手工艺水准、泥人产销，将女性手工、女红以及织女祭祀予以"特色"拓展，形成了别具一格的七夕风俗。湖北省郧西县在七夕节期间，依托当地的自然景观与传说，结合当地的地理条件、风景和风俗，形成了一系列与牛郎织女故事相一致的传说和文化景观。这些传说和文化景观共同塑造了一个独特的、充满田园和生态特色的郧西七夕节文化走廊景观。

（二）七夕节俗中古人农事祭祀活动与祈福

首先，在古代，"七"在中国人的心目中是一个吉祥的数字和象征。北斗七星的数字是七，七夕的数量是七个，天空中有七种颜色的彩虹，古琴的弦数是七根，人有七种情绪，《周易》中有"七政"之说。《说文解字》解释"七"，说："七，阳之正也。"农历七月初七被称为"七夕"。这些现象和记载表明，中国人有一种强烈的"七"崇拜心理。西汉《淮南子》记载七月七日切瓜叶，周楚的《风土记》引用了《董勋问礼俗》："魏时人或问董勋云：'七月七日为良日，饮食不同于古，何也？'勋说：'七月黍熟，七日为阳数，故以糜为珍。'"从这一段对话中我们可以得到两个理解：之于七月七日，古人认为它不仅是一个时间概念，而且与农业有着密切的关系，农历七月初七，正值农作物成熟，而造就此吉日的关键为"黍熟"与"阳数"。"黍熟"意味着粮食丰收，"阳数"则蕴含着吉祥寓意。再者，从七夕节的诸多习俗来看，还存在祭祀田公（也就是田祖）的传统仪式，习俗活动皆与农业生产紧密相连。当七夕时节步入孟秋，丰收的景象已初露端倪，人们为了祈求在这即将到来的收获季节里能够获得大丰收，早在周朝以前，就有了以新黄的稻穗敬献田祖的习俗。

"呈瓜果""种生""生巧芽"等习俗，同样展现出原始民众渴望丰收、企求增产的心愿。毕竟"民以食为天"，农业是人类存续根基。古时，食物堪称原始人与自然间最根本的联结纽带。七夕乞巧习俗，委婉且深沉地蕴含了早期人们追逐物质生活、期盼丰收增产、提升生产技能的现世态度与价值取向，承载着早期人们对农耕织造的炽热期许。

据古籍记载，织女是守护瓜、果、麦、豆等庄稼的神，也是丰收之神。此外，文学作品也反映了七夕节主要通过供奉瓜果祭拜双星。在《诗经·大雅·绵》中有"绵绵瓜瓞，民之初生，自土沮漆"。"绵绵瓜瓞"，藤蔓上长着许多大小不一的瓜果，寓意祝福子孙后代繁荣昌盛。在各类七夕风俗里，丰殖与丰产相融于人们对织女的尊崇之中，这反映出初民原始思维里，把人口生育繁衍与植物生长相互交织。故而七夕摆瓜果祭织女，既盼多子多孙、家族昌盛，又求物质丰饶、增产增收，此为对生产进步、人丁繁盛的追求，亦是农业文明衍生的结果。

部分地区有七夕夜观天河的习俗，相传借此可预判年成。天河熠熠、繁星闪耀，预示收成欠佳，粮价走低；反之，天河黯淡、星稀无光，则意味着丰收，粮价升高。这一习俗源自古代将织女视作收获女神的信仰。

在农业社会里，粮食收成与价格是农民的关注焦点，毕竟这直接与切身利益相关，唯有作物丰收，并且粮食价格可观，农民才算真正的有所收获，才算是一个完整的丰收年。除此之外，七夕节习俗的其他方面，同样带有显著的农耕文化印记。

如七夕时许多妇女唱乞巧歌：（甘肃正宁县流传）"姑娘们，乞巧来，银河上面天门开。天门开，云儿摆，我把巧娘请下来，好牛郎，喂金牛，年年夏收大丰收。种庄稼，念文章，五谷瓜果满山庄。我给巧娘娘献梨瓜，巧娘教我剪梅花……我给巧娘献红枣，巧娘教我缝棉袄；我给巧娘献柿子，巧娘教我缝被子；我给巧娘献苹果，巧娘教我蒸馍馍。"又如七夕烙饼赠亲、姑娘晨起打草露，还有"拜仙禾""拜神菜"之类的食俗（像浙江萧山坎山有吃鸡传统），均彰显出农耕文化特质，在此就不逐一列举赘述。

综上所述，七夕节的习俗隐匿着古代农业文明发展变迁的脉络，清晰映照出"男耕女织"家庭结构模式。回溯古代中国，农业始终是国家赖以生存的根基，"牛郎织女"这一传说故事原本便对农业生产、纺织技艺给予了着重关注，以此衍生出的七夕节习俗，更是蕴含着中国古代社会一以贯之的重视农业的导向。

在千百年的历史中，女性怀揣着期许，借助七夕乞巧活动，持之以恒地磨砺技能。她们日复一日的耕织劳作，吐露着对物资的渴盼与憧憬之情。这也映射出她们对勤劳、平安、和谐的人生终极理想的执着向往，展现出农耕时代女性的精神风貌与价值追求。通过探索七夕习俗中所包含的农业文化因素，可以更深入地了解中国早期农业发展的历史，全面了解全国各地七夕习俗经久不衰的文化内涵。[1]

随着经济社会的发展，城镇化建设的进行，近百年来，七夕风俗逐渐淡泊已是公认的事实，七夕风俗赖以生存的文化空间已发生巨大变化。但长江流域南阳、郧西等地关于七夕文化的诸多记忆，在非遗保护国策下重新以"中国情人节"和"七夕文化节"的形式走进人们的节日生活。

---

[1] 隆滟.七夕节俗的农耕文化透视[J].中国农史，2011（4）：107-113.

第四节　七夕节俗中的宗教文化

七夕节发源于人类对星辰的尊崇。东汉崔寔于《四民月令》里提到，七夕之时"需陈设酒脯、应季水果，在筵席之上撒布香粉，向河鼓、织女虔诚祈愿"。此处所言的河鼓与织女，正是牛郎星与织女星。从历史文献可知，古代先民们对太阳、月亮以及各类星星等满怀崇拜。无论是希腊、罗马神话中的太阳神、月神、星神，还是古波斯、埃及、印度所尊崇的太阳神、星神，都彰显出古人对天体的敬仰。在中国，这种天体崇拜的观念表现得尤为突出，古代中国的星宿之名，多数情况下指代的是部落的始祖以及做出重大发明创造的先辈。

一、织女神格的确立

仰观天象以占卜农业是一种古老的宗教行为，正如明代学者杨慎《丹铅总录》所记载："又七月七夕视天河显晦，卜米价丰歉，盖老农有验之占云。"在民间所流传的这类占卜知识，乃是一种宗教理念，即民众幸福安康的生活同上天所施予的恩泽相连。织女不但精于纺织技艺，更是统御天下纺织行业的主神，与此同时，在民间还融入了织女主宰瓜果生长的观念。故而，纵观千百年历史，于乞巧这一习俗里，被尊崇的核心便是女神织女星。织女星拥有织布才能，传说曾帮助孝子董永织就绢帛，并且她掌控着世间的布帛、珍宝、瓜果等诸多事物。

因为织女星具有这样的神格，所以织女神就成了人们祈巧习俗中祈祷的对象，也就是祭祀的对象 —— 赐巧之神。在古诗文中，还有七夕求子等私愿的表达。如《风土记》中记载："七月七日，其夜洒扫于庭露，施几筵，设酒脯、时果，散香粉于筵上，以祀河鼓、织女，言此二星神当会。守夜者咸怀私愿。或云见天汉中有奕奕正白气，光耀五色，以此为征应，见者便拜，而原为乞富乞寿，无子乞子，唯得乞一，不得兼求，三年乃得。言之颇有受其祚者。"由此可见，牛女祭中有时也包括织女祭，织女祭的目的不仅是祈巧，还是祈求财富长寿。

织女的祭祀仪式不全是临时搭建祭坛的祭拜，也有建有寺庙的祭拜。正如范成大记载："黄姑庙，在昆山县东二十六里，地名黄姑。父老相传尝有牵牛、织女星精降焉。女以金篦划河，河水涌溢。今村西有百沸河。乡人异之，为立祠，旧列牛女二像，后人去牵牛，独织女，祈祷有应。七夕，乡人醮集庙下占事，无毫厘差。旧有庙记，今亡之。"《荆楚岁时记》里说："牵牛谓之河鼓，后人讹为黄姑。然古乐府有云：黄姑、织女时相见。"李太白的诗中说："黄姑与织女，相去不盈尺，则指牵牛为黄姑。"李后主诗中说："迢迢牵牛星，杳在河之阳。粲粲黄姑女，耿耿遥相望。"又以织女为黄姑，事久愈讹矣。不为牵牛星立庙，而单独立庙祀织女的不在少数，其原因，无法猜测。也有可能，对巧神的钟情，迫使一部分信众将原是一对的牵牛、织女神分离开来。《姑苏志》中记载："织女庙，在县西北三十里。"《江南通志》也说："黄姑村在张泾关渡东南三里，相传牵牛织女二星降其地，织女以金篦画河，水涌沸。牵牛不得渡土人因立祠，俗呼织女庙，庙西有水，名百沸河。"而《江南通志》又说："织女庙，在州南七黄姑塘。"织女庙的建立标志着织女在一百多年的时间里，学者们对中国古代重要的乞巧习俗进行了讨论，呈现出不同的局面，特别是对乞巧习俗的起源，也有不同的看法、争论。

在笔者看来，乞巧习俗最初便具有鲜明的宗教属性，宗教信仰构成了乞巧习俗的精髓所在。与之紧密关联的各类传说、诗歌、艺术作品乃至歌舞表演，无一不是从这一宗教上衍生而来。而乞巧无疑是七夕节最具标志性的习俗。本文拟从四个不同的视角，即织女神格如何在乞巧习俗中得以奠定根基、乞巧仪式呈现出的多元样态、口头文学与仪式之间的相互交融，以及该习俗最终达成的总体成效，深入探寻古代乞巧习俗所蕴含的宗教现象学内涵。

二、七夕口传文学与仪式的互动

毋庸置疑，乞巧显灵传说于乞巧文化传承有着稳固与助推的作用。试想，如果人们祈愿没有结果、祷告不灵验，人们又怎么会持续祷告呢？神话传说为仪式营造了背景，仪式反过来令其更加稳固，并赋予庄重意义。

显灵传说所传达的祭祀结果，已在上述各种形式的祭祀和占卜中讨论过。传奇性的散乱叙事也激发了习俗的传承。在《世王传》中曾记载："窦后少小头秃，不为家人所齿。遇七月七日夜，人皆看织女，独不许后出，乃有神光照室，为后之瑞。"这里窦后被织女庇护。在传说中，唐代名将郭子仪，也因织女的降临赏赐而获得福禄长寿。《神仙感遇传》也记载："郭子仪初从军，至银川，日暮将宿，忽见左右皆有赤光，仰视空中，见辎车秀，幄中有一美女，坐床垂足，自天而下。子仪拜祝云：今七月七日，必是织女降临，愿赐长寿富贵。女笑曰：大富贵，亦寿考，言讫。冉冉升天，犹正视子仪，良久而隐。子仪后立功，贵盛，拜太尉尚书令。"传闻尚父年届九十仍乞巧得验，在民众间口口相传。这类传闻表明，乞巧绝非毫无根据的臆想、肆意胡闹的玩乐之举，实则是一种满含虔诚、富有精神深度的宗教实践。那些历史名人承蒙织女护佑的传说世代流传，此类传说有对织女神性的尊崇，而且在这些传说里，也常常能看到普通人乞巧成功的具体事例。又如在《密阁记》所记载："蔡州蔡氏七夕乞巧，忽见流星坠筵中，明日瓜上得金梭。自是巧思益进。"

宣扬乞巧显验的传说，其目的在于支撑乞巧仪式存续的合法性，突出该仪式的真实可靠，隐晦地映照出人类渴望灵巧、摒弃笨拙的诉求。在古代，曾有"有今贵家或连二宵陈乞巧之具，此不过苟悦童稚而已"这般状况，这揭示出乞巧习俗伴随历史车轮滚滚向前，在世俗层面发生的种种演变。然而，对于那些笃信乞巧仪式的信众群体而言，祈祷无疑是一项庄严神圣的宗教实践活动。也正因如此，在借助针影来占卜乞巧成败的特定仪式进程中，才会出现"妇或叹，女有泣者"的场景。

三、乞巧习俗的整体效应与乞巧习俗是一个文化原点织女的祭祀、祈祷，形成了一系列与求巧有关的文化现象

这种衍生性的突出特征在于巧的观念的普遍传播。《会稽志》载："七夕，立长竹竿于中庭，上设莲花，谓之巧竿。以酒果、饼饵祭牛女，盖乞巧也。"一根插着莲花的长竹竿，由于受巧观念的感染，成为显圣之物，具有宗教意义上的神圣性。

在乞巧文化中，有泥塑神偶作为乞巧之神，有在瓦器中种植小麦作为牛郎星之神等象征性行为，也出现了巧棚、巧果等。此外，还有乞巧楼："光华三年以造二楼，构飞桥以通往来。"甚至还有巧山："万历《杭州府志》：在县治北四十里。《名胜志》：俗传钱王七夕登山乞巧于此。又名珠山。"关于巧山还有一则记录："庵去城北三十里，系古刹。宋高宗七夕驾幸其山，因命名巧山。"乞巧习俗衍生的部分文化现象颇具艺术特质，像诗词、绘画与文字。从唐代以来，文人诗作里就记载了诸多对乞巧习俗的记述。唐天宝年间，宫廷乞巧盛极一时，彻夜欢庆乞巧成为集体民俗的一种。古代文人看待乞巧态度各有不同，有人投身其中、积极热情倡导；有人以"巧"喻拙，阐述处世之道；有人嫌其俗闹，扰了自身清净；还有人自视清高，予以嘲讽讥笑。精英、大众以及男女权力差异，在对乞巧仪式的态度上尽显无遗。

乞巧作为一种宗教仪式，常常伴有欢乐的笑声和祥和氛围。元代陆文圭患病之际，极度反感乞巧，觉其欢快喧闹扰了自身的安宁和清净，遂抱怨："病枕怕闻箫鼓闹，谁家乞巧到天明。"乞巧仪式源起于孝子传说与星辰神话，这类口传文学是仪式传承的关键载体。信仰的民众视传说为真，然而宋裘称："京师里俗以七月七日昏时立祠，乞巧于天星织女，盖闺人处子惑于荒谬怪诞之说……"显然，乞巧是多民族信仰，追随者多为妇女、儿童，故而七月七日堪称中国古代妇女节与儿童节。

对于朴素唯物论者来说，这样的行为似乎是荒谬的。对于理性主义者来说，

初学的人所体验到的与巧妙的神会面和拜访的神秘体验是无法理解和缺乏经验的。作为一种心理层面的事实，显著且深刻的神秘状态往往具有权威性，能够左右那些有过此类体验之人。这些人曾涉足其中故而知晓。理性主义者的埋怨是无效的，其荒诞之处在于所针对的是独特的信仰与仪式。虔诚的体验属于先验性的宗教事实，虔诚的思想与行为并不会因理性主义者的抱怨而有所改变。

乞巧习俗得以萌生的因素，大致可归为两个关键：其一，源自星辰神话、织女助力孝子的故事，以及传颂乞巧灵验的各类传说；其二，是伴随着乞巧习俗应运而生的仪式，以及诗文、乐舞、绘画作品等表达形式。以乞巧为核心，信徒们持续从理念认知与实践行为这两个层面，塑造出独具中国文化韵味的"乞巧节"。在传统建构的模式下，乞巧者在某个神圣的时间里，定期地与织女神（也有时同时与牵牛神）同在，定期举办神圣和坚不可摧的乞巧仪式乞求巧神的恩赐。[1]

这些源自劳动妇女巧手的民间艺术佳作，其"巧"主要呈现在三个维度。其一为构思与寓意的精妙。传统民间艺术极为看重作品内涵，惯常把艺术造型同谐音手法相融，进而营造出巧妙意境与优美意蕴。举例来说，将蝙蝠、梅花鹿、寿星汇聚于同一画作，便能生成"福、禄、寿"的美好祈愿；"锦鸡窜牡丹"这一图案，实则蕴含"富贵吉祥""锦上添花"的双重祝愿；"鹭鸶闹莲"图案，既有"藕断丝连"的爱情寓意，又具"三思而后行"的劝诫意味；"喜鹊闹梅"图案饱含"喜上眉梢"的喜庆之感；莲花与鱼搭配，则寓意"连年有余"，诸如此类。其二是形式上和谐的"巧"。为使民间艺术作品承载美好寓意，姑娘们常常把毫无关联之物组合在同一画面，那些在主题性绘画里难以攻克的组合难题，在民间艺术领域却能实现融洽、完美的统一，尽显民间艺术形式的精巧。妇女们运用布局谋划、造型变换、色彩对照等民间艺术手段，把现实中无法相融的事物整合为一幅协调统一的画作。虽然其造型语言具有质朴的本质特征，不过，其依旧展现出和谐灵动的形式，切实诠释了"大巧若拙"所蕴含的审美意趣。其三，呈现的

---

[1] 李世武.古代乞巧习俗的宗教现象学阐释[J].河南教育学院学报，2015（1）：24-30.

是生活实用性与艺术美学融合的"巧"。民间所创作的艺术品，大多属于日常生活用品。以刺绣文化为例，其中的刺绣成品诸如绣花鞋、虎头帽、肚兜、鞋垫、门帘、钱包之类，均是生活里常见的物件。人们穿戴这些时，既能感受到温暖，还被赋予了诸多美好的寓意。再看陕西地区的面花，这类面食制品不光重视口味的调适，在造型、色彩等审美同样颇为用心。当人们品尝这些面花时，一方面满足了基本的生理需要，另一方面还为日常生活增添了别样的情致。就民间编织领域而言，所产出的一些生活用品或是劳动工具，不仅着眼于使用时的便捷，而且力求在造型上精巧别致，质地方面细腻优良，甚至还巧妙地将部分废弃物品加以利用，使之重新回归自然循环，进而合理地维护了自然生态的平衡状态。在全球艺术的浩瀚宝库中，中国民间艺术占据着举足轻重的地位。它始于广大民众的智慧，扎根于民间生活，将人们在衣、食、住、用等各个领域所积累的"生活技艺"高度凝练。这般源于民间生活的智慧，置于当下全力构建和谐社会、向着中国梦奋勇迈进的时代浪潮之中，依然具备为我们提供启示与借鉴的力量。

在西汉水上游区域所举办的乞巧活动当中，当地民众凭借着民间刺绣、特色服饰、精美剪纸、精巧编织等丰富多彩的民间艺术品，将"巧"这一抽象概念以具象化的形式呈现。在此过程中，得益于当地政府、各类文化单位以及众多专家学者的协同参与，这些民间艺术品，通过现场演示、举办展览、广泛宣传以及大力推广等一系列举措，进一步丰富了乞巧文化的内在意蕴。从文化生态视角审视，保障乞巧民俗得以完整延续传承。总之，流行于长江流域的七夕以"牛郎织女"和"董永传说"为中心的星宿祭拜乞巧祈福活动，蕴含了丰富的文化内涵，不仅包含着星辰信仰等宗教文化，更象征着我国古代农业社会文化，千百年丰富着人民的生活，如今在七夕非遗文化传承中丰富人民节日生活。

第五章　美丽的传说　不朽的爱情

—— 长江流域以婚恋生殖为中心的民俗活动及文化内涵

中国是一个节日文化丰富的国家，具有文化内涵的节日丰富多彩。七夕也称"乞巧"，据说是牛郎和织女在鹊桥上相会的日子。牛郎织女传说能流传至今，仰赖三个关键标志性要素：爱情的确立、天河分离、七夕相聚。恰是这三点衔接构建的架构模式，为故事赋予蓬勃生命力与独特精神内蕴。因爱情主题得以凸显，《牛郎织女》得以跻身中国经典爱情文学之列。在中国爱情文学范畴内，常通过虚构的奇景来展现民众心声与诉求，以看似漫不经心的艺术雕琢，折射生活本真。

七夕节日习俗花样繁多，生动有趣，而这些各式各样的习俗主要是从牛郎织女的传说中得到灵感而创造出来的，它们都与牛郎织女的传说紧密相连。究其原因，有以下几点：

第一是经济原因。我国古代是自给自足的自然经济，纺织是古代妇女日常生活中一个重要的组成部分，所谓的"男耕女织"便说明古代的男子多外出耕种，而女子在家纺织，聊以为生。在古代中国，纺织技术对于女性而言至关重要，它不仅关系到家庭的温暖和生计，也是女性才能和智慧的体现。因此，女性对掌握高超纺织技术的渴望十分强烈。织女作为纺织技术的化身，被赋予了极高的敬意。在七夕节这一天，许多女性会通过乞巧活动，向织女祈求纺织技艺的提升。

第二是文化原因。在我国古代，自由恋爱通常是不被允许的，许多婚姻都是父母之命，媒妁之言，缺少了爱情的参与。然而，人们追求爱情的天性是无法扼杀的，既然现实生活中无法实现，青年男女们便将自己的爱情寄托于神话传说、小说戏曲当中，在别人的爱情故事中满足自己对自由美好爱情的渴望。

牛郎织女的爱情正是象征了对封建包办婚姻的反抗，对自由爱情的追求。而七夕节那天，青年男女在树下祈求美好爱情的民俗，便是对美好爱情的渴求。于是，我们可以在七夕的众多节日习俗中看到牛郎织女的影子。譬如，乞巧的习俗。在乞巧习俗中，女性祈求织女的保佑，一方面希望能够获得织布、刺绣等技艺的提升，另一方面也寓意着对美满姻缘的期盼。在古代社会，婚姻是女性生活的重要组成部分，因此乞巧习俗也成为了女性表达对爱情和婚姻美好愿望的一种方式。

又比如，种生求子的习俗。传说中牛郎织女有两个孩子，一儿一女，这种家庭模式是人们心中理想的家庭模式，许多百姓都希望自己拥有这样的家庭。于是，在七夕当天，许多妇女都会向牛郎织女两位神仙祈求，希望他们能帮助自己实现生养子女的愿望。于是，我们在这一习俗中可以看到，人们将牛郎织女以及他们的子女的蜡像放于水中，称为"水上浮"。

此外，同样的习俗在不同地区，细节上略有不同。牛郎织女传说之所以在各个地区有着不同的差异，正是由于人们在其传播过程中加入了本地区的个性化再创造。比如湖北恩施土家女儿会，把七夕节称为"七夕相亲节"，打造七夕相亲文化品牌。

历代七夕都是以女性为中心的活动，因此女性的婚姻和生殖文化也渗透在七夕的各种民俗活动中，下面让我们来看看长江流域有哪些以婚恋生殖文化为中心的七夕民俗活动。

第一节　长江流域以婚恋生殖文化为中心的七夕民俗活动

一、种生求子

长江流域各地旧习俗里，七夕节前几天，在小板上铺上一层土壤，撒一些小米的种子，等它长出一些嫩绿的芽，再在上面放一个小茅屋、花木等，做成农村田园小家的样子，叫作"板壳"；或者把绿豆、红豆、小麦等种子浸于瓷碗，待发芽，再用红、蓝丝绳束起，称作"种生"，亦名"五生盆"或"生花盆"。于南方，还有"泡巧"之称，生出的豆芽被唤作"巧芽"，有人甚至弃针不用，直接将巧芽抛入水中以乞巧。他们也用蜡来制作各种人物，如牛郎和织女人物、秃鹜、鸳鸯，把其浮在水面上，叫"水上浮"。此外，妇女们还会买来蜡娃娃玩偶浮在水面上，祈求生养一个健康快乐的儿子，这种习俗被称为"化生"。

二、接露水

乞美是七夕节一种重要的风俗。浙江、广西等地素有七夕接露水的做法，在1936年《路桥志略》曾记载："'七夕'，妇女用各种鲜花盛水盆内借以承露，曰接牛郎织女的眼泪，洗眼濯发，谓能明目美鬓。"在嘉靖年间的《姑苏志》中，也描写了一幅动人的情景：七月七日夜，月亮和星星在天空中交相辉映，院子里有翠绿的竹子，上面戴着大大的荷叶，好似女孩子们的"承露盘"。第二天一大早，他们就喝露水盘里的露水。传说中，七夕节时的露珠被认为是牛郎织女一年一度相会时的泪水。这一民间说法富含浪漫主义色彩，象征着爱情与美好的愿望。据说，如果在这一天将露珠擦在眼睛和手上，能带来眼明手快的福气，甚至能使人变得更加美丽。在广西的一些地区，有"储水"的习俗。他们相信"双七水"洗浴可以消除灾难，消除疾病。体弱多病的孩子们经常在这一天将系上七个结的红头绳戴在脖子上，祈求健康和好运。

三、染指甲、洗头发

在中国西南地区，流行染指甲的七夕习俗，在四川、贵州和广东的许多县志中也有记载。例如，四川绵阳地区的《盐亭县志》："七月七日为乞巧节。童稚以染指甲。"孩子们用凤仙花染指甲。毫无疑问，染指甲也是女性的专利，纤细手指上的蔻丹，闪耀动人。这里说的是小孩子用凤仙花的汁液涂抹指甲，让人不觉好笑。许多地区的年轻女孩偏爱于节日里采撷树浆，兑入清水用以洗头。据传说这般既能葆有青春容颜，对于待字闺中的未婚女子而言，更有望觅得如意郎君。将鲜花汁液涂抹于指甲上，亦是妇女儿童休闲时的乐事，并且这一行为还与生育的传统信仰密切相关。在过去，城市居民的院子或后花园中总会种有一些草本花卉，其中以鸡冠花和凤仙花最为常见。这两种花通常不需要栽培，年复一年，"自生自灭"，因为它们结出许多种子颗粒，撒在地上，第二年就会再次生根。这两种花都有各自的特点。鸡冠花得名于它长得像鸡冠，凤仙花的名字是未知的，因为无论是白色花还是红色花，单瓣的还是多瓣的，都不像传说中的凤凰，但植物形状是美丽的，还拥有丰富多彩的颜色，容易生长，容易开花，不需要照顾，所以很受欢迎。

《吴郡岁华纪丽》引唐代郑奎妻《秋日》诗云："洞箫一曲是谁家，何汉西流月半斜。俗染纤纤红指甲，金盆夜捣凤仙花。"可以看出唐代就有用凤仙花染红指甲的习惯。

不只是女孩会染指甲，年长的妇女也会染指甲，男孩也会染。染指甲很简单，不像书中所说，染的时候要加明矾、要过夜那样复杂，只要用一些红色的凤仙花花瓣，放到瓦片或瓷碗上捣碎后，敷在指甲上，用湿布或湿纸包好，过不了多久，等包布和纸都干了就染好了，如果嫌染得淡了，多染几次就可以了，而且红指甲不用水洗干净，可以保持好几天。

不管是红的还是白的凤仙花，其实有些毒，虽然毒性不算厉害，但蛇虫蜈蚣都会避开它，这就是为什么很多人的院子墙根总是留下几株凤仙花，目的是赶走害虫。

七夕节的早晨，有爱美之心的少女们采集明矾、采摘"金蜜子花"（俗称"金蜜花"）的花瓣，把明矾碾碎，与花瓣一起粘在手脚的指甲上。一定时间下来，指甲颜色红润、明亮自然，据说还数月不褪色，又称"乞巧"花。七月七日已经进入秋天，下午的时候，姑娘们刚染过修长的指甲，打开窗户，凝望着天空，时而在纸上画天上的云，时而再绘出或剪出这些图案，用作绣花的"花样"。吃过晚饭后，姑娘们拿出绣针和五颜六色的丝线，把丝线拉长，穿针引线，按照当天"乞巧"到"花样"，开始创作刺绣。只有真诚和熟练，才能绣出美丽的图案，才是成功的"乞巧"。也正因为有"乞巧"的习俗，农历七月出生的当涂姑娘，不少有"巧云""彩云"等与"乞巧"有关的小名，以表达对女孩手巧的美好祝愿。"窥"鹊桥，这是一个荒谬的古老习俗，有一个神奇的传说，在绍兴等地，"瓜棚架下看鹊桥"的习俗既有相似之处，也有不同之处。大胆的青年可以在夜里躲在芝麻地里。在午夜，心诚之人会隐约听到"咣 —— 铛"一声震天响，南天门大开，先是一对怪兽迎面出来，接着出现两位张望逞威的凶神。此时，年轻人一定要屏住呼吸，集中注意力，不能被一点响声吓到。过了一会儿，"鹊桥"在天上出现了，一座连接南门，一座连接高山。织女在天兵天将的护送下，走出南门，走到鹊桥上，牛郎在仙牛的帮助下，从高山顶上走到鹊桥上。据说，如果有人看到牛郎织女的鹊桥，他们不仅能很快找到如意心上人，而且会有美满的婚姻和幸福的生活。

在湖南、江苏、浙江等地区，也有七夕时节妇女洗头的特殊习俗。据文献记载，湖南湘潭地区《攸县志》中说："七月七日，妇女采柏叶、桃枝，煎汤沐发。"而散文名家琦君（浙江籍）的《髻》一文中，也提到其母亲和叔婆等女眷在七夕洗发的习俗。传说，年轻的女孩七夕节日期间用树汁洗头，不仅能保持年轻美丽，也能帮助未婚女子尽快找到如意郎君。这一习俗约与七夕"圣水"信仰有关，人们认为，在七夕这天取泉水和河水就像取银河水一样，具有清洁神圣的力量。在一些地方，它直接被称为"天孙（即织女）圣水"。因此，女性在这一天洗头就有了特殊的意义，这意味着她们会用银河中的圣水洗头，受到织布女神的保护。在湖南、江苏、浙江等地区流行用洗脸盆接露水的习俗，传说中七夕节时的露珠是牛郎织女见面时的泪水，如擦在眼睛和手上，可使人眼明手快。[1]

综上所述，七夕节的染指甲、洗头发等习俗活动，更多地体现了女性对美的追求，美丽不仅是内在心灵手巧的修炼，还来源于外在的打扮和精神面貌的展现。利用生活中可取的资源（露珠、凤仙花等）来服务自己的美丽，这当然是一种积极、值得倡导的生活态度。

四、杀鸡禁鸣

在浙江金华地区，人们怀着祈愿牛郎织女每日尽享幸福的美好期许，每逢七月七日，家家户户都会宰杀一只鸡。当地流传着一种说法，公鸡打鸣会干扰牛郎织女相聚，宰鸡之举便能避免此种状况，其还具有象征意义，意味着牛郎织女在当晚顺利相会。此外，长江流域的湖北等地区也有类似的习俗，寄托着人们对于这对恋人的美好祝愿。[2]

五、供奉"磨喝乐"

"磨喝乐"是梵文音译，是佛祖释迦牟尼的儿子，佛教天龙八部之一。它传入中国后，蛇头人形的形象演变成可爱的儿童形象，并成为七夕节上祭祀牛郎和织女的泥塑人物。根据《东京梦华录》记载，在两宋时期，每年七夕节，上至达

---

[1]　染指甲.搜狗百科，https://baike.sogou.com/v73944569.htm?fromTitle=%E6%9F%93%E6%8C%87%E7%94%B2.

[2]　七夕节.百度百科，https://baike.baidu.com/item/%E4%B8%83%E5%A4%95%E8%8A%82/226647.

官显贵，下到平民百姓，都用磨喝乐来祭祀牛郎、织女，以此来实现乞巧和多子多福的愿望。

每年七月七日，在河南开封，"潘楼街东宋门外瓦子、州西梁门外瓦子、北门外、南朱雀门外街及马行街内，皆卖磨喝乐，乃小塑土偶耳"。自宋末起，磨喝乐不是那粗陋的小土偶模样，相反，越发地精致。磨喝乐在尺寸大小与姿态造型上各有千秋，个头最大的将近91厘米，如真实的小孩一般。部分磨喝乐采用象牙镂刻而成，还有些是以龙延佛手香细细雕琢所得。其装饰细节极为讲究，栏座是彩绘的精美木雕，罩子是红砂碧笼，就连手中所持玩具都镶嵌着金玉宝石，制作一对磨喝乐，耗费的成本高达千万钱之多。

图 5-1　磨喝乐娃娃

磨喝乐最初起源于佛教，传入中国后变成了儿童模样，充当起"七夕"佳节的祭祀用品。步入北宋时期，这一祭品进一步演化为民间备受欢迎的人偶。其题材广泛，涵盖宗教、传说以及社会生活等，展现出当时的世俗风貌。磨喝乐作为宋、元时期顺应习俗而生的民间工艺品，是以泥土、木头等材料做成小巧人形，再添加上衣物配饰，到后来还成了孩子们喜爱的玩具。追根溯源，这种民间工艺品大概率是由唐代的"化生"一路演变过来的。所谓"化生"，从本质上来讲，指的是一切事物在阴阳交互作用之下产生与变化的历程。《周易·咸》："天地感而万物化生"。周敦颐《太极图说》："二气交感，化生万物"。古人因此有七夕弄化生的习俗，其目的是盼望男孩的诞生。唐代的化生是用蜡做的，当然，唐朝后期化生发生演变，也可能使用了其他材料。

乞巧作为七夕节一项古老习俗，传承数千年之久。在发展进程中，与磨喝乐信仰文化相互交融。宋代世俗文化兴起，娱乐之风大行其道，促使乞巧这一习俗走向巅峰。受当时世俗文化的熏陶，在宋时的"七夕"，供奉并玩赏磨喝乐已然演变成"乞巧"时节极具节令特性的风俗。

不管是古代文献所记磨喝乐模样，还是现存或出土的与之相仿模型，呈现形象均为童子手捧莲蓬、未绽荷花又或是新嫩荷叶。王进东依据"七夕"相会内涵这般解读："七夕牛郎织女渡银河，河中盛开象征爱情、纯洁的莲花……荷莲乃纯洁爱情标志，故而磨喝乐常手持未开荷花，抑或并蒂莲蓬与新展荷叶，愈发彰显巧孩儿爱情美满、清新康健风貌。"或许存在诸多阐释，不过无论哪一种，最终指向总归生殖文化、情爱。宋金往后出现的捧莲、戏莲少年造型，想必和唐宋阶段磨喝乐造型渊源颇深。从民间文化视角审视，该造型依旧蕴含"阴阳"层面的爱情寓意。

在北京故宫博物院里，有一幅南宋著名画家陈清波所画的《瑶台步月图》。这是一幅清朝乾隆皇帝非常喜欢的南宋画，是北京故宫博物院保存的名画之一。图中有一位女士边饮边欣赏盘中物的图景。近年来有关专家考证，贵妇所欣赏的仕女盘上的一组人物玩偶是南宋时期广为流行的磨喝乐。从这一幅绘画中，能够真实反映出磨喝乐在当时正是古代上层社会娱乐赏玩之物，也为我们今天的研究提供了宝贵的图像资料。[1]

图 5-2　古人七夕购买磨喝乐

总之，七夕乞子等古代习俗演变成了娱乐游戏，以及原本的季节性游戏演变成了日常游戏的过程。磨喝乐风俗的演进轨

---

[1]　刘宗迪 . 七夕 [M]. 北京：生活 · 读书 · 新知三联书店，2013：98-103.

迹清晰表明，文化在传承与发展之际，同样也是传播与欣赏的历程。磨喝乐同当地民俗文化交融，彰显出中国文化的特质。宋代陶模艺术身为一种用于人际交流的符号体系，兼具大众性与独创性。它对中国传统民间文化艺术乃至现代民间文化艺术的影响，其文化内涵和艺术特色不容小觑。[1]

第二节　七夕节俗中的生育文化

一、数字七与七夕生育文化

"七日为人"之"七"，在中国传统文化中是一个模式数字、神秘数字（又称"巫术数目"）。它是指习惯上或仪式上一再重复，用来代表礼仪、歌谣，或舞蹈形式的数字。它也用来指兄弟姐妹，或动物类型传统上所具有的数字，或用来代表故事反复出现的行为的数字。民间俗信中，素有"三魂七窍（魄）"之说。庄子著述里，神人混沌被"日凿一窍，七日而浑沌死"。女娲神话中，女娲"一日七十化"；造人的过程也是七日或"七七四十九天"。在鸡、狗、猪、羊、牛、马及人中，为什么要到第"七"日才造出"人"呢？这实质上反映了我国古代（商代以来）的宇宙"六合"空间（东、南、西、北、上、下）的有序生成过程的思想观念；第"七"日所造之"七"，"作为顶天立地、统治四方的主宰，自然地占了六合之中的最佳方位"。因而，七日为人之"七"，因此，七日为人之"七"，在古代文化中具有宇宙数的地位，表现了基数的无限大，从而赋予了法术与禁忌的神秘意义。而且，七日为人的"七"字，不仅是一个简单的数字，它带有巫术

---

[1]　魏跃进.磨喝乐的演变与宋代陶模风俗 [J]. 开封教育学院学报，2008（1）：34-37.

的质数和道教的色彩，反映了古代先民对宇宙秩序和人类地位的深刻理解。

"七"这个数字又指西方，所以七七相遇，应该是死而复生。《周易·复卦》中曾说："反复其道，七日来复，天行也。"孔颖达疏也说："天之阳气绝灭之后，不过七日阳气复生，此乃天之自然之理，故曰天行。""来复"就是去而复来，也就是重生的意思，轮回循环，所以七七四十九天魂魄散尽，又七七四十九天魂魄丰满复生。[1]

在中国传统文化中，"七"确实被认为是一个与女性生命密切相关的数字。这种观念在《黄帝内经》等古代医学文献中有所体现。《黄帝内经·本质问题·古朴》中说："男不过尽八八，女不过尽七七，而天地之精气皆竭矣。"是说男人以八岁为一个周期，女人以七岁为一个周期。七岁女性肾气盛，开始长牙齿长长发。而"二七天癸至，任脉通。天癸是肾精，任督二脉，以中医说法，为一身阴阳之海，五气贞元"，也就是说，二七来月经，可以生孩子。三七时肾气平均，此时牙齿长齐，发育成熟。四七筋骨坚，头发茂盛，身体状态到一生中最健康强盛的顶点。五七开始，阳明脉衰，面容开始焦黄，头发开始掉，身体开始走向衰弱。六七时"三阳脉衰于上，面皆焦，发始白"，也就是说六七时女性开始头发花白，长皱纹，变得更加衰老。"七七任脉虚，太冲脉衰少，天癸竭，地道不通，故形坏而无子也"，到七七时，女性的生命更加衰竭，走向生命的终点，一个生命周期结束。《黄帝内经》从医学角度并结合阴阳学说，从中医理论和阴阳学说交叉的角度，提出女性生理变化与数字"七"的关系，值得探讨和思考。以上提到奇数为阳，偶数为阴，女人属于阴，为什么把数字"七"作为女人生命的数字？《大戴礼记》有云："阴穷反阳，阳穷反阴，辰故阴以阳化，阳以阴变。"物极必反，阴与阳之间相互转化，这就是阴阳调和之道。女性的每个成长阶段都与"七"有着密切的关系，人生可以概括为"七"。那么将七月七日定为"女儿节"也是自然而然的事情。[2]

---

[1] 吕亚虎. 秦汉简帛文献中的"七"及其巫术性蠡测 [J]. 西安财经学院学报，2012（1）：91-98.

[2] 邹玮玲. 从民间信仰到民间娱乐 [D]. 上海：华东师范大学，2011：5-10.

关于七夕与乞子的关系，《风土记》云："七月七日，其夜洒扫于庭，露施几筵，设酒脯时果，散香粉于筵上，以祀河鼓、织女，言此二星神当会。守夜者咸怀私愿，或云见天汉中有奕奕正白气，有耀五色，以此为征应。见者便拜，而愿乞富乞寿，无子乞子。唯得乞一，不得兼求。三年乃得言之，颇有受其祚者。"

由此可见，七夕节有乞福、乞美、乞子等习俗。有关乞富、乞寿之说记录很少，可能是因为，但凡有祈愿，必有人会祈求多福多寿的缘故，所以并不奇怪。倒是乞子这项，发展出了独特的乞求模式。《西京杂记》曾记载：戚夫人的侍女贾佩兰，在宫见时见戚夫人侍高祖七月七日到百子池。虽然文中没有直接提到乞子的文字，但是"百子池"三字已明白地展露了他们求子的意图。从唐代开始，七夕乞子仪式有了自己独特的风格。《唐岁时纪事》中说："七夕俗以蜡做婴儿形，浮水中以为戏，为妇人生子之祥，谓之化生。"

七夕节乞子与上巳节求子二者，既有联系，又有差异。就联系而言，二者皆与水紧密相连，上巳节通过在水中沐浴来祈愿得子，七夕节则是把寓意孩子的蜡玩偶放在水中以求子。至于不同点，七夕节相较上巳节的乞子活动更具进阶性，因其拥有具象化的实物偶像。在唐代，实物偶像名为"化生"，步入宋代后称作"摩睺罗"（亦被称为"磨喝乐"）。也有学者认为乞食活动中也含有乞子的含义，如前文提到的乞巧为了乞子，乞子是"喜得贵子"的意思。陈瓜果求巧，也因瓜果有"多籽（种子）"之意。[1]

二、七夕传说与感生文化

《后汉书·方术·樊英传》李贤注："七纬者，易纬，书纬，诗纬，礼纬，乐纬，孝经纬，春秋纬。"东汉时期董永的故事也是在这个时期形成的。其故事原型恰是西汉向东汉过渡阶段，孝道文化对其产生了深远影响。高昌董永侯爷这一原型，在历史记载里展现的是恪守孝道的一面，并未如传说邂逅仙人成就美满姻缘。这

---

[1]　赵伟含. 中国传统女儿节探析 [D]. 上海：上海师范大学，2010：46-51.

一因行孝道而得遇仙人的传说，无疑是东汉时期民间思想的再创作。董永故事讲述了董永与神仙的传说，后世所有帝王的传记中都少不了这种感生的一笔。普通人也有追赶时尚的，如李白、归有光等。这些始于纬书的感生神话，一直被神话学家和人类学家视为古代神话的残余。为了探究古人的社会习俗和古代图腾的内涵，他们实际上为书中的神秘所误导。

这类感生神话存在显著共性，即圣人生母为凡人，圣人所察，圣人所感受到的各种异样的物体和奇怪的痕迹，都是神的暗示。能令凡人怀胎，那些奇物必有雄性特质，属男神具象，像"圣人无生父，感天孕育"，还有"感五帝座星者称帝"之况。回顾董仲舒天人感应论，便能理解这本神话书的政治目的。汉代时，"神人交"模式专用于阐释圣人和帝王源起，"凡女逢男神"模式却陷入伦理窘境。凡涉女子，不论婚否，受孕过程极为隐秘，与男性神祇之间保持着隔绝状态，神明仅仅借助一些媒介，诸如卵、踪迹、彩虹、仙草等来触动女子，进而将实质性的交配过程巧妙地隐匿起来。如此这般操作之后，从一方面来看，凭借神性物种的介入，女性具备了受孕的可能性；但从另一方面而言，这剥夺了所有女性在性方面的满足感。这仿佛是众神精心策划的一场计谋，"天子"应运而生。每个女性的性愉悦被剥夺，而每个男性的父权也被无情剥夺，刘邦的父亲便是一个代表性的实例。当他看到一条龙贴在他妻子的身上时，他实际上看到了一个神在强奸一个人（他自己的妻子）。因此，政治在这个主题的巨大牺牲下，创造了圣人的神秘起源。但是，这种政治神话只能让人害怕，不能模仿，也不能违背，所以，谁会关心男性被忽视的价值观呢？

"神人交"的原型可以追溯到远古时代。这种传说的出现有两个原因：一是在古代，人们不知道自己从哪里来，所以把自己的起源寄托在神身上；二是进入文明政治社会后，统治者尊神为至尊，统治庶民，对人世傲慢相见。这种原型故事是口传下来的，但周朝以后逐渐失去了细节。尽管记录中偶尔有一些片段，但很难对其进行探索。

在汉代，受"神人交"影响且性别对立的"仙人配"模式逐步兴起。董永遇仙便契合"仙人配"的模式。神仙概念是阴阳家与道教思想相互交融的产物,其蕴含着古代民众对生命的眷恋。庄子的思想对神仙观念的塑成起到至关重要的作用。庄子提及的真人、至人、神人,无一不展现出神仙所特有的超凡品格。战国时期,齐在沿海地区,燕地的炼金术士率先虚构长生不老药以及仙界的观念,引得齐威王、齐宣王、燕昭王纷纷派人出海探寻。此后,对神仙之事抱有极大热忱的帝王当属秦始皇与汉武帝。一直延续到西汉末年,神仙群体才总算拥有了专门的传记资料,据说《列仙传》便是由刘向编撰订成册,这部著作详尽记载了从上古三代起,直至汉成帝时期70多位神仙的生平轶事。这些神仙跨越漫长时空,来自五湖四海,身份形形色色,不过其中大多数出身于社会底层。诸如养鸡人祝鸡翁、道士黄元丘、酿酒匠酒客、铸冶师陶安公、卖药翁安期先生、卜师呼子先贩珠者朱仲、宫人毛女、卖草履者文宾、乞儿阴生、渔者陵阳子明、沽酒妇女几等等。闻一多在《姜嫄履大人迹考》阐述,必宫是葆宫——即高谋神的神庙,各族所祭祀的高谋神是该氏族的"先妣",即高母。因此有学者认为"履帝武敏"一词中的"武"就"母",认为姜嫄不是履男神的大脚印,在求"帝母"所赐而得子中可见,远古神话中遗留的"神人交"并不局限于"男神与凡女"这一元感生类型,也有"母神感凡女型"。这是这本书的重要主旨和重要贡献。如果你把书中圣人的传说和历史列举出来,你会发现小说的痕迹是多么的明显。[1]

还有这一传说,武则天的母亲在游览四川广元的一条河流时,怀了一条黑龙。武则天生于农历正月二十三日,古人便把这一天定为武则天生辰会期。在这一天,人们涌向黄泽寺、泽天大坝和嘉陵江两岸。妇女们盛装打扮,并彼此相邀沿河湾畅游,以求好运。新中国成立后,这一活动一度中断。1988年,广元市政府决定恢复这个民间节日,并将其命名为"女儿节"。[2]

无论是"仙人配"式的董永传说中的感生文化还是女儿节中遇黑龙感孕而生

---

[1] 闻一多.神话与诗[M].上海:华东师范大学出版社,1997:75.
[2] 陈善珍.广元女儿节与传统女儿节异同研究[J].四川民族学院学报,2012(4):46-49.

武则天的文化，无不与农业社会中女性婚恋生殖文化密切相关。[1]

三、七夕乞巧习俗中的乞子、乞福文化内涵

在中国传统习俗里，七夕节、上巳节以及三月三均存在乞子风俗。其中，上巳节是于水中沐浴；七夕节则是以水中漂浮蜡像作为乞子的方式。在封建时期，生养子女、延续血脉是妇女最重要的职责。中国向来极为看重孝道与生育繁衍，没有子嗣甚至被视作最大的不孝之举。

先秦时期，织女星被当作主瓜果、星神，足见其蕴含丰收的神性。之后民间妇女于七夕敬拜织女时，常以瓜果为主要祭品，因在中国民俗文化中，瓜果带有繁殖寓意。正如《诗经·大雅·绵》所云："绵绵瓜瓞，民之初生，自土沮漆。"此句中"绵绵瓜瓞"，本意为藤蔓之上接连结出瓜，用以象征子孙昌盛，后来"瓜瓞绵绵"还成了中国经典吉祥图案。妇女向织女呈献瓜果，意在祈愿丰收富足、多子多福，而这两种期盼恰代表人类为求生存与发展所必须同步推进的两大生产活动，即物质资料生产和种族繁衍。在乞巧所用物品里，有一种叫"磨喝乐"的男孩玩偶，多由瓷器或黏土制成，《东京梦华录》与《醉翁谈录》均有相关记录。"磨喝乐"之名，折射出佛教文化对彼时中原文化的浸染。七夕时节，集市上随处可见售卖"磨喝乐"的摊位，部分制品工艺精湛。以"磨喝乐"作为祭品的乞子方式，承载着女性求子的心愿。

在宋代，泥塑"磨喝乐"呈现为持荷童子的立姿造型。与此同时，民俗中的"月下穿针"这一乞巧活动，蕴含着联姻的意味，并且从象征意义来讲，穿针动作类比男女性交行为，一旦穿针顺利完成，则意味着交合成功。封建时期，男权观念根深蒂固，妇女需遵循"三从四德"，其中首要准则便是"顺从"，也就是所谓的"夫主妇从""夫为妻纲"。在古代，婚姻属于两个家族的要事，青年男女几

---

[1]　纪永贵. 中国口头文化遗产——董永遇仙传说研究 [D]. 南京：南京师范大学，2004：21-25.

乎没有选择权，讲究门当户对，婚姻全然依靠"父母之命，媒妁之言"。在婚姻关系里，女性长期处在被动境地。对于那时的女子而言，觅得一位如意郎君是其一生最大的事。女孩接受教育、学习技能，皆是为日后能够"嫁得如意"未雨绸缪。杜甫在《牵牛织女》诗中说："嗟汝未嫁女，秉心郁忡忡。防身动如律，竭力机杼中。虽无姑舅事，敢昧织作功。明明君臣契，咫尺或未容。义无弃礼法，恩始夫妇恭。小大有佳期，戒之在至公。方圆苟齟齬，丈夫多英雄。"这首诗生动地写道，女人结婚前应该努力学习，不是因为她等待结婚在她父母的家里没有松懈，将来嫁给她丈夫的家里更加谨言慎行，致力于服务家庭，否则就不会有好的生活。

由此可见，在古代，婚姻的核心在于氏族的绵延与传承。女子成婚之后，头等大事便是为夫家开枝散叶。就拿刘兰芝与焦仲卿这对恩爱的夫妻来说，他们的爱情最终因未能育有子嗣，无奈走向分离，以双双殉情的悲剧落下帷幕。尽管封建礼教桎梏着妇女，使其无法自由抉择婚配对象，然而，追求真爱、向往自由本就是人性的本能，这类美好的憧憬在诸多民间故事、戏曲以及小说里均有迹可循。每年一度的中国七夕节，女性尊崇织女，将其视作女性形象的典范，借此勾勒自身形象，这其中主要有"拜仙"以及"仙人配"两种表现形式。通过斗巧、卜巧这类竞赛、占卜活动，更加凸显了女性心灵手巧的关键意义，也进一步明确了女性在生活中应尽的责任与担当。在年复一年的七夕乞巧活动中，妇女的身份特性与作用效能被强化与明晰。于投身乞巧活动的女性而言，这是一场获取文化认同、找寻群体归属的深刻体验。女性情感天生细腻敏感、易于袒露，这种特质都让她们极易对他人产生共情，因而每一回参与乞巧，实则也是她们体悟情感的时机。在牛郎织女的传说故事里，她们深切感知着离别的哀愁与团圆的喜悦。步入工业时代，传统男耕女织的经济格局被打破，妇女的社会站位与肩头责任发生显著变迁，乞巧参与者的身份意义也随之弱化。当下，现代化浪潮汹涌澎湃，妇女的社会角色处于动态转变之中，她们已无须凭借乞巧来界定自身身份、明确自身职责，这成为乞巧习俗渐趋式微的关键成因。当今时代，电影、电视、广播、网络等构成了娱乐休闲的主要形式，它们取代了打牌、下棋、乞巧以及诸多传统互动游戏，成为人们消磨闲暇时光的主流选择。公共娱乐发展到今天，传统的乞巧活动早已不能适应当代年轻人的生活方式，所以将这些习俗重新融入乞巧节是不现实的。[1]

四、七夕女儿节与婚恋生育文化

我国各民族的女儿节与我国的七夕节有许多相似的地方，共同作为女性独特的文化。首先，乞巧。《女诫》一书中强调，女人在家里被要求做两件事，即持家（最重要的是做针线活）和生孩子。在古代社会，评判一位女性是否优秀，并非聚焦于她有无学识与容颜。关键要看她能否心无旁骛、全神贯注地投身纺织劳作，其女红手艺是否精湛，而这恰恰是古人挑选配偶时的关键。因此女性自然萌生出追求心灵手巧的愿望。于是，女子于七夕节进行乞巧，逐渐演变成这一节日重要的习俗，她们借此向神灵祷告，期盼自己变得美丽动人、手巧心灵。男性占据社会主导地位，女性唯有貌美、心灵手巧且能肩负传宗接代重任这些特质，方能赢得男性的认可。以男性为核心构建起来的社会文化，塑造并固化了女性的价值观与人格特质，庙堂之上的官方文化与市井民间的民俗传统相互呼应，共同将女性性别意识中的种种规范予以呈现。令人悲哀的是，女性不仅认同了这种性别文化，还积极主动地朝着男性期望的模式去塑造自我，力求贴合男性理想中的模样。

女儿节这一传统节日，将男性主导社会下女性对自身社会性别角色的认同状态及其具体的认同路径展露无遗，它折射出中国传统的庙堂文化给女性的生活、经济以及精神层面的禁锢，使得女性长久深陷于传统伦理的困境泥沼之中。

民间社会不是靠礼书，而是靠礼俗来规范、强化人们的行为、观念和思想。"在人的一生中，民俗的规约如影随形。人们在约定俗成中共同遵守习俗惯制，在反复、经常的耳濡目染中潜移默化。在特定的民俗氛围里，不同的性别有不同的规范与约束，表现出各自强烈的性别认同感。"乞巧是一个让女性有性别认同感的领域。

从仪式的表面来看，参加仪式的主体是女性，祭拜的神灵是女性，也许这就

[1]　刘宗迪. 七夕 [M]. 北京：生活·读书·新知三联书店，2013：98-103.

是这个节日被称为"女儿节"的原因。那么，在这个节日里，就真的是女性在主宰吗？实际上，在女性主体的身后，有一个强大的、内隐的男权世界，七夕乞巧有男性的隐性参与。比如：时间上的支持。农历六月至七月，正值农忙，麦子上场需要晾晒，但男性允许女性参与这些活动，可以说是一种默认、一种支持，认同这种性别期待的合理性，并努力维持。传统的"男主外女主内"使男性掌控家庭经济的支配权，仪式活动中需要的经费要征得男性的同意。但是，一般情况下，女性用于求神、拜佛之类的花费，很少遭到男性的直接反对。用学者的话解释就是当男性忙于生产和养家糊口的同时，女性则要为家庭的平安顺遂求神祈子。"传袋"，传宗接代的意思。"撒帐"，两宋时婚床上撒钱币、果子，寓意结果，即生子。婚礼后，民间多将早生贵子的愿望，寄托在法力无边的神仙身上。

举例来说，民间百姓笃信观音菩萨慈悲为怀，具有为人间送子的神性，由此衍生出"观音送子"的习俗，以至于各地建起观音庙宇。就拿南宋都城临安来说，在荐桥门外有一座"观音寺"。《稽古略》记载，元末……还有向妈祖求子的风俗……也有于七月七日供"磨喝乐"以乞子的习俗。……也有于别人家洗儿会的时候争相吃枣子来祈子的习俗……

在整个封建社会，妇女地位最低的时期，也是"女儿节"这个名称正式出现的时期。元《析津志》中记载："宫廷宰辅之士庶之家咸作大棚，张挂七夕牵牛织女图，盛陈瓜果酒饼，邀女流作巧节会，称曰女孩儿节。"嫁女钱回娘家，也称"女儿节"。明《帝京景物略》中说："五月一日至五日，家家妍饰小闺女，簪以榴花，曰女儿节。"又有："（九月九日）面饼种枣栗其面，星星然，曰花糕。糕肆标彩旗，曰花糕旗。父母家必迎女来食花糕，或不得迎，母则诟，女则怨诧，小妹则泣，望其姊姨，亦曰女儿节。"

通过对上述文献的梳理能够发现，这些节日之所以被称为"女儿节"，是因为它们与女性有着直接的关联。此类节日可划分为两种类型。其一，是那些一直都与妇女紧密相连的节日，七夕节便是典型代表。七夕节全程都由女性担当主角，她们作为主要的参与者活跃于节日之中，将其称作"女儿节"当之无愧。其二，是在节日演进的后期阶段，衍生出与妇女相关的特定活动的节日，端午节与重阳节就属于此类。在明清时期，已婚妇女于这两个节日都有回娘家的习俗。恰恰是由于这一习俗，使得端午节和重阳节在明清时期也被赋予了"女儿节"的别称。

这一现象似乎存在矛盾，女性在当时深受社会压迫，为何还会出现诸多"女儿节"呢？进一步深入探究发现这是顺应正常社会需求之举，它不仅契合女性自身的诉求，更是满足全体民众在长期劳作后渴望休憩的需要。明清以前，尽管男女存在社会分工差异，但在节日权益方面基本对等，每逢佳节，男性能够出游、欢聚，女性同样拥有出游、欢聚的权利，因而无须特意点明上巳节中除"被除衅浴"之外的另一重要习俗——乞子，毕竟如前文所述，上巳节的主要参与形式就是沐浴。而到了明清时期，"女儿节"纷纷出现，其根源在于女性地位的急剧下滑。社会需要为女性安排特定的闲暇时间，以保障社会稳定，这便是诸多"女儿节"诞生的深层缘由。其实洗浴不仅是为了驱除不祥，它还包含着乞子的内容。上巳节洗浴要在东方流水中进行："是月上巳，官民皆洁于东流水，曰洗濯被除去宿垢疢为大洁。至此月此日，不敢止家，皆于东流水上为祈禳，自洁濯，谓之禊祠。"

在五行中，东方是木，而木有生长、生发的特点。被除于东流水，就是取其生长、生发的寓意，由此可见沐浴的乞子意图。对于男人来说，它主要是为了避邪，但也有少数男人，它是为了生孩子："武帝初即位，数岁无子。平阳主求诸良家子女十余人，饰置家。武帝被霸上还，因过平阳主。主见所侍美人。上弗说。既饮，讴者进，上望见，独说卫子夫。是日，武帝起更衣，子夫侍尚衣轩中，得幸。……遂有身，尊宠日隆。"[1]

在古代，无论是七夕节还是三月结婚，都有祈求婚姻幸福的民间活动。在古代，"父母之命，媒妁之言"的束缚，使妇女在婚姻中没有任何自由。女人婚前受父母家的束缚，婚后又受另一个家庭的束缚，永远也出不了牢笼。牛郎和织女的爱情故事已经流传了几千年。他们勇敢追求婚姻自由，却无法独立结婚，也无

---

[1]　赵伟含 . 中国传统女儿节探析 [D]. 上海：上海师范大学，2010：34-51.

法摆脱彼此分离的悲惨结局。

第三节　七夕佳节中婚恋民俗活动的复兴

随着社会的发展，现代生活的快节奏，以及西方节日活动的影响，一些人把中国的七夕节称为中国的"情人节"。"情人节"在西方又称"圣瓦伦丁节"或"圣华伦泰节"（Valentine's Day），即每年的 2 月 14 日，是西方的传统节日之一。这是一个充满爱和浪漫的节日，也是鲜花、巧克力和贺卡的节日。男人和女人互赠礼物来表达爱或友谊。情人节晚餐约会，通常代表了发展一段恋情的关键，已经成为各国年轻人的流行节日。在现代的中国社会，七夕节是传统节日之一，也是女孩们非常重视的节日，所以被民间称为中国的"情人节"。

就中国"情人节"的界定，目前大致有三种：一为元宵节，即农历正月十五。古时，寻常女子，尤其是名门闺秀与小家碧玉，大多遵循"三步不出闺房"的规矩，唯有在元宵节以及上巳节这两个时段，方能迈出家门，与心仪之人约会。二是农历三月初三，比较准确。三则是七夕节，起初名为乞巧节，定于七月初七。七夕节更偏向于女性专属节日，其蕴含的意义不单局限于乞巧技艺，更涵盖了乞子、乞福等祈愿。故而，不能仅仅因牛郎织女于七夕相聚，便草率将七夕节归为"情人节"一类。确切而言，元宵节的"情人节"功能要比七夕节强。

在汉代，牛郎织女神话广泛流传绝非巧合，其背后有着深厚的社会文化土壤。西周春秋时期，婚恋聚焦于当事人的意愿，到了汉代，婚恋不再仅仅关乎个体诉求，而是立足社会与家庭的基础上建立和实现的。爱情与婚姻被融入家庭、社会诸多因素之中。受这些因素的束缚，踏入恋爱、婚姻的人像困于渔网的鱼，丧失了情感和行动的自由。在汉代神话中，织女星的故事和情感内涵体现了民间世俗生活的演变。汉代社会世俗化促使牛郎织女神话持续演进，让这一古老传说更贴近普通民众的生活情境。织女星已然成为民众寄托情思的重要对象。回溯中国历史长河，从汉族传承已久的七夕节习俗，诸如明清之际的"碧玉妆成"，再到后来演变成中国传统情人节所蕴含的爱情寓意，都镌刻着时代的精神烙印。

当历史的车轮进入现代，政治、经济和文化情况的急剧变化使得七夕节的传统爱情隐函数（例如乞讨技能和其他习俗）逐渐退出历史舞台。取而代之的是七夕节的传统文化爱情显函数（如所谓的浪漫因素）。中国传统民间爱情真正出现时，其本质的精神应该在于其隐函数，从而突出七夕节的爱情自然本质。然而，在继承中国情人节习俗的过程中，尤其是所谓的身份象征，往往忽略了爱情的内涵。专家和学者在一边呼吁重视，而另一边是人们可能忽略了对这一传统的感激和尊重。这不能不引起我们深思[1]。那么在现代，长江流域又有哪些以女性情爱、婚姻为中心的节假民俗活动呢？下面逐一道来。

一、湖北恩施土家"女儿会"与中国"情人节"

恩施女儿会也叫"土家女儿会"，被誉为东方情人节或土家情人节。一般来说，每年农历七月初七至十二日的这几天会举行女儿会。女儿会原来流行于恩施石灰窑、大山顶地区，现在已发展成全州的民族节日。女儿会是恩施州土家族具有代表性的区域性传统节日之一，是一种独特新颖的节日习俗文化。

被称为东方"情人节"的土家族"女儿节"，这一节日延续着古老原始的婚俗，它象征着土家儿女对封建包办婚姻的毅然抗争，是当地青年追求自由恋爱、结婚的足迹。女儿会主要特点是以歌声为媒介，自由择偶。当时，主要是年轻女孩参加，也有已婚妇女参加；通过二重唱的形式找心上人或与老情人约会，畅诉衷情。参加女儿会的男女都擅长唱歌，到了那天，一场音乐盛宴同时也展开了。那一天你可以听到嘹亮的恩施土家本地歌曲，如龙船调等。女儿会时，女子纷纷身着艳

---

[1] 韩雷 . 七夕：浪漫复制与婚姻短路 [J]. 兰州学刊，2011（8）：100-106.

丽的节日华服，按当地习俗，着装时将长款衣物套于内层，短款置于外层，一件比一件短，层层叠叠皆清晰可见，这被称作"亮折子"，俗称为"三滴水"，并戴上金银饰品精心装扮。

当女儿会来临之时，姑娘们会将土特产、山货安置在街道两侧的篮子中，随后，她们落座于倒挂的背篓上，期盼着心上人来买东西。小伙子们会在肩头斜挎一个背篓，踱步至姑娘们近前搭讪。倘若双方相谈甚欢，便会一同去往街外的丛林中赶赴"女儿会"。通过女问男答的对歌形式，互道心意，私订终身。

女儿会有对歌相亲、考验定亲、拔河争亲、拜堂成亲四个环节。土家族的年轻人会对心爱的女人唱歌，表达对她们的爱。如果一个女孩喜欢一个男人，她会把一个香包扔给她的心上人。此外，土家族年轻人还用拔河比赛来竞选女婿。即"准姑爷客过吃土家盖碗肉、抵竹竿关，男女双双'边边会'"。另外，哭嫁、撞铁门槛拦车马等习俗也很有情趣。青年男子看中某位女子，便请媒人到女方家里去说亲。如果女方的父母同意，女方约好日子，在哥哥、嫂子陪同下去男方家考察，这就叫作"看廊场"。同意婚约就订婚，双方家庭请人"合八字"，并将男女双方的八字写在一张纸上，每人拿着一半作为订婚凭证，称为"换庚帖"。换庚帖后，男方根据女方的长辈，准备相应的信（肉）、茶（酒、面、饼干等），由哥哥或嫂子陪同向女方认亲、行礼。从那以后，男人就会到女方家里礼拜。在婚事被确认之后，彩礼由男方准备，嫁妆由女方安排。由媒人去女方家商量婚姻，叫"求喜"。在婚期的头天，男方将彩礼送到女家叫"过礼"。晚上，新郎宴请亲戚和未婚子女九人，一起唱歌、饮酒，叫"陪十兄弟"。土家姑娘出嫁的前一夜，把头上的头发拔下来侯梳成圆形的两鬓，并插上玉簪，叫"上头"（也称"扯脸"），然后设宴请九名未婚女子陪席，叫"陪十姊妹"。"陪十姊妹"通常是新娘最亲密的朋友，和要出嫁的姑娘相聚在用几张大桌子拼成的台子旁，即兴歌舞，表达姑娘们对要结婚离家伙伴的祝福与依依不舍之情。[1]

---

[1] 尹杰.恩施土家族"女儿会"传承研究[D].武汉：中南民族大学，2013：22-30.

现代社会，湖北恩施政府竭力打造恩施七夕"东方情人节"，七夕相亲之乡的文化品牌。除了恩施土家女儿会，每年长江流域各地七夕文化节中都少不了"相亲"、情歌对唱等婚恋文化活动。

二、七夕佳节与中国婚恋民俗活动的复兴

仅因七夕与牛郎织女传说有所关联，便将其命名为"中国情人节"，实则略显牵强。这绝非仅仅是牛郎织女故事中的困扰，对现实情侣而言，一年仅能相会一次太过残酷。牛郎手把锄头、织女脚踏织布机，这般场景更多关乎对农耕生活的情思，离营造浪漫氛围尚有差距。七夕节，另有"乞巧节"之称，由于与未婚女子联系紧密，故而还被叫作"女儿节"。这意味着，七夕节本质上是单身女性的专属节日，有别于中秋节。七夕节最核心的便是作为"女儿节"而存在，未婚女性乞巧的内在渴望、蕴含其中的生殖崇拜意蕴，以及类似原始宗教的生死观念。通常来讲，民间节日总和民间传说、神话存在联系，二者的先后顺序无外乎两种情形：要么是节日率先诞生，之后衍生出与之匹配的传说或神话；要么是神话、传说早已流传，而后催生出相应的节日。神话传说宛如绚丽的油彩，为节日涂抹上浪漫且神秘的色调，而节日又仿若坚实的舞台，让神话传说得以长久演绎。再者，在精英作家的文学创作以及官方意识形态的助力下，节日的综合地位得以拔高，其存在变得名正言顺，"不再犹抱琵琶半遮面"。一个民间节日想继续生存在当前背景下，必须有一些新鲜的文化资本和资源，它可以提供持续的公共消费或满足我们浪漫的怀旧情怀，也就是说，怀旧发生在我们的社会。香港作家董桥说过："不会怀旧的社会注定沉闷、堕落。没有文化乡愁的心井注定是一口枯井。"怀旧是为了更好的生活，而不仅仅是一种消极的逃避。我们应该以新的为荣，永不厌倦旧的。

因为中国的七夕习俗如乞巧等已经过时，七夕节的身体性或身体记忆也行将消逝。进入新世纪，随着娱乐至上的消费主义浪潮汹涌而起，曾广为流传的"劳动光荣"口号被"恭喜发财"所替代。全国各地掀起了有关"消费社会"的探讨，

而在商品经济发展的背景下，围绕"消费文化"的诸多见解也不断涌现。不可否认，今天"我们处在'消费'控制着整个生活的境地"。其特征是自发的民间节日难觅踪迹，由权力主导的群众动员狂欢化占据上风。尽管集体记忆的淡化尚不显著，缺失了身体的实践，但任何节日都会被边缘化。以七夕来说，一旦失去了身体上的体验，便仅剩纸上的欢愉。在此环境下，中国传统民间节日七夕走向衰落也是自然的。

不过，七夕所承载的婚恋传统，为社会的稳定、和谐发展发挥了力量。它倡导"婚姻稳固且长久"，与中国传统价值观念一致。七夕民间传说里蕴含的求子、求巧、求寿、求福等民众心理诉求，同样贴合中国人追求"长命百岁"的世俗期盼。这些民俗文化内涵对于七夕节在当代的复兴而言，具备切实的现实意义，毕竟七夕节处于生活迈向婚姻的过渡阶段。只有成为现代生活不可或缺的一部分，才能从根本上得到有效保护。但是今天，七夕节处于一个尴尬的位置，因为它已经成为西方情人节的翻版。[1]过度的发展将七夕变成"打造"，而不是复兴，这种矫枉过正，使七夕偏离了几千年的传统，同样节日传承得不好。面对七夕节的复兴，如何赋予它新的内涵？

三、七夕佳节复兴的意义和建议

（一）在中国节日体系中增加爱情节的设置，能丰富社会成员的生活内容

"中国人有爱情，但中国神话中没有爱神。中国有情人，但中国节日中没有情人节。"七夕节历经文化重构填补了这一空白。它凸显出爱情所蕴含的意义与价值，为民众创造了袒露爱意、追寻浪漫的契机。围绕着爱的核心主题，一方面借鉴过往传统，另一方面推陈出新，这些节日活动也充实了当代人的生活。从一

---

[1]　韩雷.七夕：浪漫复制与婚姻短路 [J].兰州学刊，2011（8）：100-106.

些新闻报道中，我们可以感受到 2019 年 8 月 13 日的七夕节生活内容的丰富。例如，七夕"浪漫经济"提前玫瑰预订极为火爆 —— 报道中提到："虽然离七夕还有一段时间，但所有商家都提前做好了七夕商机……除了传统花店、蛋糕店和电影院，购物中心和超市也在享受节日，创造了一种'浪漫经济'。"除了巧克力、毛绒玩具这些常见的传统礼物，玫瑰香皂花、竹子情书、萤火虫等特色礼物也广受喜爱。以北京市通州区为例，在 2013 年 8 月 9 日至 13 日，该地成功举办了首届北京七夕节。举办了"七夕歌会"、聚焦婚庆文化的"相爱运河"展以及"大美运河"等 17 项之多的活动。七夕节当晚 7 点 07 分这一时刻，首都体育馆内开启了一场"七夕中国 2013 情歌演唱会"。活动主办方特意邀请了 77 对情侣参与其中，共同见证了情侣们饱含深情的爱的告白。

（二）多种社会力量共同参与七夕节的文化重构，客观上起到了推动全社会进行文化反思的作用

普通中国人对于怎样看待传统文化与现代文化、本土文化与外来文化，有着各自的认知，而这些七夕节该不该更向情人节靠拢的评论，将这种认知与理解展现了出来。这一过程，既是公众重塑中国情人节文化的实践，也是参与文化反思和批判的见证。当下时代多元价值取向尽显，既包容吸纳异质文化，又坚守民族文化本位，二者和谐共生。并且，正是这种思想碰撞，有力地驱动着持有不同观点的人们，更为深入地去探究多元文化主义及其内在关联。显然，此类思想无论是对七夕节后续的发展，还是对整个传统节日的延续均发挥了颇为显著的作用。七夕节经历的这场文化重构，在客观事实上促使全社会开启了一场文化反思之旅，其波及范围之广、产生影响之深，早已逾越了七夕节本身。

综上所述，必须加大七夕传统节日文化的保护力度，寻求更好的路径保护及传承中国七夕传统节日文化。

1. 尽快为七夕节正名，确定节日基调

目前，七夕节在中国面临困境的最根本原因在于政府没有对七夕节的性质进

行界定。笔者的建议是，不应该添加后缀，如"七夕情人节"等名称。因为这种做法会使节日的内涵单一，使参加者被限制在某一特定的人群中。中国的情人节应该是属于一个全国性的节日，这个节日的业务活动，我们可以使用如"中国情人节特别爱好者的系列活动"，"中国文化周特别手册"这样的名字，改名"七夕节"，参与者可以充分体验多样化的七夕节内涵。

2. 官方与民间合作，合理提取商业价值

传统节日商业化是适应现代生活的必由之路。但是，如果没有政府或非政府组织的合理监督，传统节日就会成为商业推广的工具。在七夕这天，工具和仪式展示、相亲聚会、手工制品，甚至应节食品巧果。

到了 20 世纪末，除了少数几个地方，这个一度流行的传统节日已经名存实灭，因为很少有人庆祝它。但在十多年后的今天，从花商销售花卉的巨大数据中，我们可以看到七夕节的勃勃生机，在七夕节到来之前，七夕节就已经很热闹了。七夕节呈现出复兴态势，诚然，经历复兴的传统节日并非只有七夕节，其背后驱动的因素也很多。但必须承认的是，七夕节通过文化重塑，实现了自身命运的重大转折。在这一重塑过程中，爱情被确立为七夕节的核心主题，而这一主题恰恰精准迎合了当代民众的价值取向与社会发展需求。因此，七夕节很快吸引了众多企业以及都市男女的目光，获得了广泛关注。不仅如此，重构使得中国的情人节回到公众的视野，勾起老年人在很多中国情人节上的早期记忆让它首先在记忆中复活，并使如甘肃西和、温州石塘、广州珠河等地仍然活跃的中国传统七夕节习俗得到更多的关注，也促进当代中国情人节的复兴。[1]

传统节日的命运更为复杂，既可以诞生，也可以起死回生。在特定情形下，即便遭遇传承的断层，它依然能够以全新的姿态融入社会成员的日常生活中。七夕节的变化表明，在多元文化的环境中，外来文化绝非仅仅扮演着引发冲突、构

---

[1] 张勃. 从乞巧节到中国情人节——七夕节的当代重构及意义 [J]. 文化遗产，2014（1）：34-40.

成威胁的角色，相反，它更是本土传统文化得以延续的关键，已然是传统节日复兴中可利用的资源。由此可见，文化重建具有起死回生、化腐朽为神奇的强大力量。

　　总之，人们有权利以自己喜欢的方式度过自己的节日假期，也有权利选择自己喜欢的方式。当下，中国的生活模式与爱情理念已然发生诸多转变，中国所过的情人节，理当独具自身魅力，值得人们尽情展现、给予充分尊崇。七夕节向情人节的转型，本质上是顺应时代潮流的一次蜕变。它源于人们拥有了一定程度的文化认知，以及面对多元文化时所展现出的宽容、接纳的胸怀。这一转变不但无可非议，反而颇具价值。但在笔者看来，这绝不是七夕文化重塑的最终目标，仅仅代表着一个阶段性的成就。尽管从乞巧节过渡为中国情人节，此过程中的七夕节文化重构意义重大，可是就七夕文化传承的视角而言，其在形象构建与呈现形式方面依旧存在短板，在一定范围内对传统七夕节的活动形成了遮挡，使得部分传统内涵有所隐匿。

第六章　渐行渐远云间歌　七夕非遗焕新彩

—— 长江流域七夕节假习俗的现代遗存与演变

中国的情人节在 2006 年被列入国家级非物质文化遗产第一批目录，各地此起彼伏的"相亲会""情人会"令人眼花缭乱，十多个地方已经宣布当地是牛郎织女传说的发源地。为什么这个被冷落了很长时间的节日变得如此受欢迎？

在牛郎织女传说的发源地之争中，河北省邢台市迈出了第一步。2006 年 7 月 30 日，邢台被中国民间文艺家协会命名为"中国爱情文化之乡"。消息一公布，公众和媒体就纷纷质询。8 月 27 日，山东大学以"历史记载与田野调查相结合"，宣布"山东省沂源县是牛郎织女文化的发祥地"。8 月 28 日，山西省和顺市在太原举行了《牛郎织女》中国爱情故事起源研讨会暨新闻发布会，宣布牛郎织女故事起源于和顺县南仙池和牛郎峪村。8 月 30 日，陕西省兴平市举行新闻发布会，宣布兴平市是《牛郎织女》故事的核心区。西安，也不愿意落在后面。"牛郎织女的传说起源于西安，牛郎织女雕像就坐落在长安区斗门街道办事处辖区内，已有两千多年的历史。"与此同时，河南南阳提出牛郎织女传说起源于南阳。他们的依据是：如果在网上搜索"七夕"和"牛郎织女"等关键词，就会出现四万多个相关页面，清楚地说明这个故事是"南阳市西牛家庄"。

同一个故事，只是提到了不同的起源，一时间，"牛郎"逐鹿，"织女"纷纭，令人费解。

在中国传统节日中，七夕节被人们公认为最浪漫的节日，表达了中华民族对爱情的理想诉求。但是，也正因为这一特点，七夕节也成为了具有商业用途的节日。"七夕节"为什么会突然升温？专家们指出，孟姜女哭长城、梁山伯与祝英台以及白蛇传的起源地等都已被列入首批国家级非物质文化遗产名录中，"七夕节"的牛郎织女传说尚未被列入，因而成为各地争相抢夺的对象。

中国民间文学协会的白庚胜说，牛郎织女的故事只是在民间广为流传的神话。追寻他们的故乡是荒谬的。我们应该共同承担起民族文化的责任，而不是陷入争夺文化资源的混战。协会对邢台命名只是保护权，而不是所有权。[1]

下面笔者来探讨现代社会，在非遗保护环境下长江流域各地七夕节俗的遗存和复兴情况。下文将主要探讨湖北郧西七夕文化节、恩施七夕土家女儿会、江苏太仓七夕文化节、浙江温岭石塘七夕习俗、浙江嘉兴的七夕香桥会、浙江杭州的祭星乞巧、广西的双七节、广州福建地区的"七娘妈诞"、甘肃西和七天八夜的七夕乞巧、陕西的七巧节、河南南阳七夕文化节等等。

---

[1]　李舫. 天涯何处共七夕？[N]. 人民日报，2006-09-06.

第一节　非遗视角下长江流域现代七夕节假文化的传承

一、荆湘文化区 —— 湖北郧西七夕文化节

2011 年，郧西县七夕节习俗（Ⅹ-4 七夕节，郧西七夕，湖北省郧西县）被列为湖北省第三批非物质文化遗产，在此之前，"天河的传说"也被列为湖北省非

图 6-1　湖北郧西七夕文化节

物质文化遗产。2014 年 12 月，"郧西七夕"被列为第四批国家级非物质文化遗产代表性项目。七夕文化以牛郎和织女的神话和传说为中心，已经成为中国一个流行的传统。优秀传统节日的回归，激活了七夕文化。2010年，郧西县实施"旅游建县"战略，大力发展文化旅游，把自己打造成中国"七夕文化

之乡"。"七夕节"等重大活动极大地提升了郧西、十堰旅游业的知名度和美誉度，促进了郧西旅游业的快速发展。湖北省郧西县地处汉江中游，不仅具有地理、民俗、文化等方面的优势，而且可以打造成为鄂西生态旅游文化圈中的民族文化品牌，从而形成一条美丽的旅游文化风景线。

千百年来，牛郎织女的神话在汉水流域涌现、流传、创新和发展，形成了"七夕文化"的优良传统。节庆活动的主题包括：七夕歌曲广场舞大赛，七夕书画摄影展，首届世界华语爱情诗歌大奖赛，七夕绣娘大赛，天河祈福灯展，旅游招商推介会，百家网媒看郧西，十万网友会，七夕节专场文艺演出，七夕民俗活动扎

图 6-2　郧西七夕夜景

图 6-3　郧西七夕文化广场

彩灯、做巧食、乞巧验巧、放河灯和美食节等活动。[1]

　　总之，郧西七夕形成了以牛郎织女传说为中心的现代人文景观生态旅游，打造了以情爱为主题的七夕文化节，自 2010 以来形成了自己的文化品牌。

二、吴越文化区

　　江浙历来是纺织技艺发达的地区，因此作为女红技艺发展较好的代表性区域，乞巧习俗在现代浙江也多有遗留。例如，在过去，杭州、宁波、温州等地，七夕这一天用面粉做成各种小东西油炸，叫"巧果"，晚上在院子里展示巧果、荷花、白藕、红菱。姑娘们对月穿针，以祈求织女能赐以巧技。如果穿得好，就叫"得巧"。或者捉一只蜘蛛，放在盒子里，第二天打开盒子如已结网称为"得巧"（有的说法为中午捕蜘蛛）。

　　绍兴农村，这一夜女孩会偷偷躲在生长得郁郁葱葱的南瓜小屋里，在夜深人静的时候如果能听到牛郎和织女的呢喃耳语，在未来就可以得到千年不渝的爱情。

　　为了表达人们希望牛郎和织女过上幸福的家庭生活，浙江省金华的每个家庭在七月七日杀一只鸡，表明牛郎和织女见面了，如果没有公鸡报晓，他们会永远在一起。

　　在现代社会，浙江各地的七夕民俗已被列为地方、省级和国家级非物质文化

---

[1]　杨洪林. 创建打造"天河七夕文化"品牌 [N]. 湖北日报，2010-05-20.

遗产。如浙江嘉兴七夕香桥会、浙江杭州坎山祭星乞巧、浙江洞头七夕成人节、浙江张山寨七七会（庙会）、石塘七夕习俗（即俗称为"小人节"的习俗）、浙江高姥山七夕节七夕习俗、浙江东阳东白山七月七等等。下面将就浙江嘉兴七夕香桥会以及其他地区七夕习俗做详细介绍：

（一）浙江嘉兴七夕香桥会

嘉兴市秀洲区七月七香桥会被列入浙江省省级非物质文化遗产名录。

浙江嘉兴塘汇乡古窦泾村，有七夕香桥会。每年农历七月初七，是中国汉族的传统节日。因为这一天活动的主要参与者是女孩，而节日活动的内容是以乞巧为基础的，所以人们称这一天为"乞巧节"或"女孩节""女儿节"。每年七夕节，人们都来参加建造香桥。

七夕那天，来自附近村庄的香客非常忙碌，有人用红纸和绿纸包裹檀香，有人将约33厘米长的10根香捆起来，叫"裹头香"，有人准备粗官香和一些其他物品，大家聚在一起。

然后，几个有经验的男女香客用香搭起一座长四五米、宽50厘米的香桥。接着，他们用两根粗官香装成桥栏杆，栏杆上还装饰着各种颜色的毛线。在桥的中央，放置着来自各家的檀香包。那些灵巧的手用红绿纸袋建造成一个精致的香亭。

香亭东西两侧还各有对联一副：左边是"一年一度七夕会，依依难舍话别离"；右边则是"云影当空两水平，箫笙何处玉人来"。虽然这两副对联的文字不够整齐，甚至个别用词也含混不清，但是指出了这次活动的主题，这就是牛郎织女在追求自由和幸福时的声援与支持。

桥建好后，家家户户都送来一捆捆用纸叠好的金锭并堆在桥上。于是，在烛光中，一座香桥耸立着，高大美丽。多年来，许多人的祝福和希望都堆积在这座桥上。香桥早上建好后，许多孩子就一直在这玩游戏。下午过后，村里的香客都聚集在一起，既许愿，又娱乐。晚上，人们祭祀这两颗星，祈求好运。最后点燃香桥，象征着两颗星已经通过香桥幸福地相会，[1] 这座香桥来源于鹊桥的传说。

（二）浙江杭州坎山祭星乞巧

浙江杭州坎山七夕祭星乞巧早在 2009 年被列为浙江省非遗项目，坎山镇也被列为该习俗的传统节日保护基地。

自 2008 年开始，浙江杭州坎山祭星乞巧活动在坎山镇文化中心广场举行。其主要民俗活动有祭星、乞巧、赛巧，中华民间绝技绝活表演。当地传统习俗还有，小女初长成时，她的母亲和外婆，就会在"七夕节"向"织女"乞巧。七夕早上，当地女子外出采回木槿叶，揉出青汁，搀到水中，用来洗发，当地俗称"槿杞柳洗头"。据说七夕用木槿洗头发，不仅可以使头发常年洁净，而且可以使乞巧灵验。

每年七夕在地藏寺举行的祭星、乞巧、赛巧活动，香案旁会放着各式时令水果、花边等，一群年轻姑娘聚在香案前，祭拜牛郎织女，乞巧织女能赐予自己像她那样的巧手，祈祷自己有美满婚姻。七夕活动的传统花边手艺展示也会引得赞声连连。为进一步保护和传承好七夕节"祭星乞巧"民俗文化，2016 年 8 月 9 日下午，坎山镇镇政府举行"祭星乞巧"仪式培训班，来自全镇的 17 个"祭星乞巧"传承点的相关传承人等参加培训，传承人葛寒贞为大家专题授课，并带领"小仙女"们现场模拟演示了"祭星乞巧"仪式整个过程，仪式共有八个步骤：第一是放物品，第二是上贡品，第三是点蜡烛、香，第四是祭拜，第五是敬酒，第六是赛巧，第七是吃饺子，最后在郎朗的七夕歌谣声中结束仪式。通过培训，2016 年七夕节"祭星乞巧"仪式将于七月初七晚上的各传承点和百姓家中举行，乞巧智慧、美好、幸福的生活。[2]

---

[1]　七月初七香桥会 . 百度百科，https://baike.baidu.com/item/%E4%B8%83%E6%9C%88%E4%B8%83%E9%A6%99%E6%A1%A5%E4%BC%9A/22842839?fromModule=search-result_lemma.

[2]　孙明明 . 坎山"祭星乞巧"的历史渊源与民俗传统 [A]. 萧山记忆（第二辑）[C].2009-06-01:127-130.

（三）浙江洞头七夕成人节

2010 年，浙江洞头七夕成人节被列入浙江省省级非物质文化遗产名录。在 2014 年，洞头被授予"中国七夕文化之乡"。

农历七月初七，是中国传统七夕节，在浙江洞头这个百岛之县，它颇具特色，还是当地传承了 300 多年从未间断的成人节，专为 16 岁以上人群庆祝。这一天，可不只是情人节，还是传统的儿童节。洞头的习俗丰富，要行成人礼、吃"巧人儿"馃、放水灯。有孩子的海岛家庭，七夕当晚就会用七星亭、"巧人儿"馃、红丝线挂件及荤素菜肴祭拜七星夫人；家中若有 16 虚岁孩子，还得额外准备熟公鸡、寿龟、红圆等供品。祭拜时，人们念着祈福歌谣，与孩子一同祷告，最后焚烧七星亭，告知孩子已然"成丁"。自 2008 年，浙江洞头东屏街道连年举办七夕民俗节，以祈福、感恩、欢乐为主题。当地旅行社和旅游周刊推出相关旅游项目，活动包括童年回忆、渔港漫步、音乐表演、品尝渔家小吃、幸福慢递、七夕祈愿、感恩宴席、民俗表演及海岸运动等。

以 2015 年的洞头七夕活动为例，一般开展以下活动：

（1）七夕文化村体验游：游东岙、洞头、中仑、东岙顶、惠民、垄头等村，主要内容是渔家民俗参观、渔家劳作体验、渔家小吃品尝、传说人物互动、七夕习俗体验。

（2）渔村文化礼堂成人礼：时间是 8 月 20 日 17：00—18：00。在洞头东屏的中仑、东岙顶、惠民、垄头等村文化礼堂，举行本村成人礼仪式，并对外地游客开放。

（3）七夕成人祭拜仪式：在东岙七夕广场，由当地 16 虚岁的 16 名以上少年，16 岁以下的 16 名以上儿童等参加，主要内容是，以合唱七夕谣开场，准备八仙桌、七星亭、红丝线，由德高望重者主持祭拜祈祷。

（4）16 岁少年祈福巡游：8 月 20 日 18：00—19：00，在东岙七夕广场至国际放生台，参与成人仪式祈福的 16 虚岁少年及 16 岁以下儿童，列队后，由龙队引领按设定路线巡游，到达指定处焚烧七星亭。

（5）七夕祈福感恩宴：8 月 20 日 19：00—20：30，在国际放生台和各活动村中心广场，以七夕节当日特定的洞头传统美食为主，烹制特色菜肴，邀请亲朋好友，感恩成长，祈福健康平安。

（6）渔村民俗大串场：8 月 20 日
19：00—20：30，在国际放生台展示七仙女祈福、舞龙、孩子赛唱七夕谣、鱼灯舞、闽南歌对唱、抬花轿等传统渔村民俗节目。

图 6-4　请七星亭

（7）东岙海岸音乐会：8 月 20 日
21：00—23：00，在东岙七夕广场，以唱响洞头好声音为主题，邀请参赛歌手，呈现一场本土草根的音乐盛宴。

（8）海上鹊桥会：8 月 21 日 9：00—
12：00，在仙叠岩景区东海第一栈道，设置海上鹊桥场景，提供古装道具，向景区 16 岁游客、情侣游客发放纪念品，免费提供留影照片，借此宣传新开放的栈道景点。

图 6-5　浙江洞头七夕火烧七星亭

（9）遇见七仙女：8 月 21 日 15：00—
18：00，在大沙岙、仙叠岩、望海楼、连港蓝色海岸带等景区，七仙女、牛郎等扮演者，在景区进行人物互动，向游客发放七夕纪念，送祝福，邀请参加下届七夕节等。

（10）散文名家写洞头：全程参与，体验七夕习俗，感受海岛风光，留下美文，以此宣传洞头七夕，提高洞头旅游影响力。另在国际放生台还与户外团队合作，安排 300 个帐篷位，看露天电影，吹海风，数星星，为露营基地建设预热，还有七夕泡泡跑等活动。

总之，浙江洞头的七夕成人节主要有焚烧七星亭，祭拜七星夫人，拜床母，

6-6 洞头七夕成人礼

16 岁成人礼，姑娘乞巧，做巧人儿饼、红圆、红龟（一种糯米、花生等制作的食品）等习俗，七夕的祭拜也有特定的含义和固定的程式。把七夕文化习俗与当地地理文化开发的旅游项目结合起来，形成浙江洞头的七夕旅游文化品牌，但七夕节假总有一定的时限，如何开发更多的七夕精品项目和当地民俗节目展演，是当地政府和企业要思考的。[1]

（四）浙江张山寨七七会（庙会）

浙江张山寨七七会已被列入浙江省非物质文化遗产名录。

浙江省缙云县胡源乡招序村的张山寨，每年农历七夕有举办张山寨七七会的民间信俗活动。张山寨七七会开始于明万历初年。如今，张山寨的献山庙还供奉着地方神陈十四娘娘，浙南、福建地区民间信奉陈十四娘娘。每年农历七月初七，陈十四娘娘的生日之际，张山寨的献山庙会举行盛大的"会案"（迎神表演）活动，俗称"张山寨七七会"。人们祭祀陈十四娘娘并向她祈求婚姻美满、风调雨顺、五谷丰登……

张山寨七七会是明代万历初期形成的一种习俗。活动的形式和程序分为：设"案坛"、上寨迎轿、巡游祈福、献戏、山寨守夜、会案表演、祭拜归位等内容。节日期间，各种风格独特的古代民间表演在这里竞相献艺，活动时人山人海、香

---

[1] 走入全国视界的洞头七夕节成人仪式.浙江文明网，2014-08-04.

烟缭绕、爆竹阵阵、鼓乐喧天、龙狮翻腾、歌舞弥漫……该活动覆盖了浙江南部、福建北部，许多邻近省份和地区以及台湾部分地区，每年有超过 3 万人参加。张山寨七七会因人们对陈十四娘娘信仰而兴盛不衰。活动组织遵循明代建立的主事村点轮流首事的管理制度，即村长轮流领导张山寨七七会的各项活动。

张山寨七七会涵盖了信仰、民俗、文化、艺术等领域，不仅丰富和传承了优秀的传统民俗文化，而且对弘扬民族精神、增强社会凝聚力、促进祖国统一起到了重要作用。该遗产对研究传统节日文化具有重要的民俗价值。[1]

（五）浙江"石塘七夕习俗"

石塘七夕习俗俗称"小人节"，是温岭市国家级非物质文化代表性项目。

每当农历七月初七来临，石塘镇箬山一带信佛（泛神的民间信仰）人家都要给 16 岁以下的少年儿童过节。节日盛行的地域为里箬、东兴、东湖、桂岙、水仙岙等 20 多个村子。箬山渔民大都是 300 多年前从福建惠安、泉州迁入的闽南人，

他们至今还会说纯正的闽南话。因此，石塘小人节具有明显的闽南文化特征，与台南、高雄等地供奉的七娘妈十分相似。每年 8 月 23 日是农历七月七，又是一年一度的七夕节，石塘镇箬山等地的未满 16 周岁的闽南移民后裔，除信仰基督教的家

图 6-7　石塘七夕小人节活动

庭外，照例要过一年一度的小人节。石塘七夕习俗（俗称"小人节"的习俗），作为七夕节的一个分项目，已被国务院列为国家级非物质文化遗产。

---

[1] 刘秀峰，杜新南，蔡银生，编著. 张山寨七七会 [M]. 杭州：浙江摄影出版社，2016：48-67.

一般按传统的风俗，小人节祭拜时，大人们将供桌摆放在自家门前，在中间放上彩亭或彩轿（有的更简单一点的，则是陈列七娘妈座），在彩亭或者彩轿前，点好香烛，放上一壶老酒、七只酒杯，还在托盘上摆上香蕉、梨、葡萄、桃子、西瓜、青桔、桂圆、红枣、木耳、荔枝、香菇等各色时鲜瓜果蔬菜，以及糖龟、猪肉、鸡蛋、索面、黄鱼鲞、墨鱼鲞、粽子、李子果脯、汤圆等祭品，供品多少视家庭情况而定。在上了三炷香后，大人们叫小孩或代小孩许愿后，然后将彩亭或彩轿等放在铁镬中烧掉，接着燃放爆竹、放上几挂鞭炮庆祝，仪式才告结束。在焚烧前，孩子们经常争先恐后扯下纸亭中的戏剧人物把玩。

在七夕祭祀仪式中，36张桌子整整齐齐排列开来，桌子上摆放着当地渔村特有的糕点糖龟，还有三牲、四福食、五果、六菜、七种鲜花等供祭品。最引人注目还是五颜六色的彩亭和彩轿。

其中，彩亭是为男孩子准备的，彩轿则是为女孩子准备的。彩亭每层的装饰都非常讲究，插满了《封神榜》《西游记》《白蛇传》《童子拜观音》等戏曲小泥偶、纸人和绢人。按照传统礼仪，家长在供桌前上香，为孩子默默祈愿。

江阿婆："（祈愿）小人平安、顺当、长命百岁、头脑聪明读书好。"用于祭祀的神器"纸亭"也称"风月亭"或"虫二亭"。人们将"风月亭"改为"虫二亭"，用的是一语双关："风月无边"，也就是去掉"风月"两字的边框，成了"虫二"两字。这两个字的隐含意思是，男女风月过后，子息繁衍。因此，将"风月"移情于"虫二"，也就顺理成章。无名氏在元杂剧中有一折著名的"风月亭"，何为"风月亭"，后人已无法准确理解其意蕴。浙江温岭市石塘箬山的七夕小人节祭祀活动，却为我们提供了解读这折元杂剧的钥匙。

过去人们过小人节，在一岁和16岁这一年要相对隆重一些，还要请亲友来家里喝酒，特别是16岁用满金亭这一年的七月七，还要多做一些糯米水圆。招待客人的酒宴也特别丰盛，如猪肉、鲳鱼、墨水、猪肚、鳗鲞、蛏子、山东面（绿豆面）、鸡等，一盆一盆菜烧起来，最多的有32盆之多。请亲友吃过酒席后，还要送他们每人一个二号罇头装的糯米水圆带回家去。而一般嫁女儿的人家头一年，也要给女婿家送糯米水圆，不过是一大罐头的糯米水圆，量更多。[1]

　　民间传说农历七月初七是七娘妈的生日，所以七夕又称为"七娘妈生"。闽南民间称织女为"七娘妈"，视其为小孩的保护神，每年七夕，闽南家家祭拜七娘妈，为家中小孩祈福，希望七娘妈保佑孩子健康平安成长。温岭石塘镇的闽南移民保留了这一习俗，温岭邻县玉环县闽南移民也有这样的风俗，但 20 世纪 50 年代后这一风俗渐渐被废，目前只有温岭石塘还保留着这一独特的风俗，它的学术价值得到了专家的肯定。2006 年，石塘小人节被列入第一批台州市非物质文化遗产项目名录，之后又进入浙江省省级非物质文化遗产项目名录。如今，石塘七夕习俗已是国家级非物质文化遗产。[2]

　　陈勤建教授在《当代七月七"小人节"的祭拜特色和源流 —— 浙江温岭石塘箬山与台南、高雄七夕祭的比较》一文中指出，石塘七月七小人节祭拜和台湾省台南、高雄七星娘娘神诞祭祀，颇有源渊，它们都源自北宋期间京城开封盛行的七夕风俗，"这一习俗是我国古代七夕祭拜七星娘娘遗风在该地特有生态环境中的滥觞和变异，其间传承了宋代京城特有的自元以后几乎匿迹、渗有印度异域文化因子的七夕习俗"。这篇论文引用了连横《台湾通史·卷二十三》《台南县志》《高雄县志稿》等有关文献，证明七夕在台湾台南、高雄地区，除流行乞巧等常见的节日习俗外，还有纸糊供奉织女"七娘妈亭"彩亭的特殊习俗。陈勤建教授在文末总结说："深入研究，对我们认识七夕文化生命的演变，传统节日的传承途径和方法，以及今天的文化传播和建设具有很大的意义。"他认为，小人节作为民间乞巧文化"活化石"，对研究汉族传统节日文化、闽南文化等方面有重要的学术价值。[3]

---

[1]　张远满.浙江地区传统岁时节日研究综述 [J].节日研究，2015（1）：81-109.

[2]　田一川.浙江温岭石塘里箬村传统山海石屋研究 [D].杭州：浙江大学，2019：31.

[3]　陈勤建.当代七月七"小人节"的祭拜特色和源流 —— 浙江温岭石塘箬山与台南、高雄七夕祭的比较 [J].广西师范学院学报，2005（4）：5-9.

（六）高姥山七夕节

高姥山七夕节是浙江省级非物质文化代表性项目。

高姥山娘娘庙位于磐安县高二乡境内，每年农历七月初六至七月初七，方圆数百里的香客前来朝拜娘娘庙中的陈十四夫人，许愿还愿，祈求子女生育、婚姻美满。七月初六晚上众香客靠山诵经，合唱民间歌谣，第二天举行具有磐安特色的民间文艺表演。高姥山七夕节自明代以来一直在磐安传承，具有深厚的群众基础，是传统婚姻伦理教育与磐安民间艺术的集中展现。

高姥山娘娘庙供奉七位娘娘，以福建、浙江一带广为信仰的陈十四夫人为主。在民间，陈十四夫人被称为"陈十四娘娘"。南宋时期，福建古田县的临水宫是祭祀陈十四娘娘的主宫。在明代，祭祀陈十四娘娘的分宫遍布福建、浙江、台湾等地，其中磐安高姥山娘娘庙被称为"聚贞宫"。

每年农历七月初六，磐安、仙居、天台、东阳、永康一带的善男信女早晨登临高姥山，朝拜陈十四娘娘，晚上人们彻夜不眠地念唱"靠山"，吟诵《上香经》《点烛经》《十献茶》《娘娘经》等经文，或吟唱《花名宝卷》等歌谣。演唱经文和歌谣的过程，也是老年香客们对围观的年轻人进行传统婚姻伦理道德进行社会教育的过程。高姥山七夕节唱词优美柔和，富有民间音乐风格，在艺术情境中对年轻人起到了良好的人生教育意义。

七月初七，高姥山娘娘庙附近会举行盛大的磐安民间文艺表演活动，如迎长旗、铜钿鞭、四轿八车、三十六行、莲花落等。文艺表演期间，还要将庙里供奉的七位娘娘请出娘娘庙，请进花轿，抬着她们在庙的四周和附近的村落巡游。近年来，这一抬轿活动逐渐演变为只抬两位娘娘巡游。高姥山娘娘所坐的花轿，雕花工艺精湛，是磐安民间传统木工艺的杰出代表。[1]

高姥山七夕节吸收了儒家、佛教与民间文艺等文化元素，通过手工技艺、民间歌谣、祭祀仪式等，体现了地方传统七夕节日特色，具有独特的地域文化价值

---

[1] 浙江非物质文化遗产网，https://www.zjich.cn/index.html.

和传统婚姻伦理教育价值。

（七）浙江东阳东白山七月七习俗

浙江东阳东白山七月七习俗是浙江省级非物质文化代表性项目。

东白山地处浙江东阳，东晋葛洪《抱朴子内篇》卷四中将其列为全国名山之一。东白山太白峰有一座重建于清嘉庆年间（1796—1820 年）的仙姑殿，是东白山七月七节日的主要传承地，庙内塑有七尊由东阳木雕雕刻而成的七仙女像。

东白山七夕节是浙江东阳一个具有浓厚地方气息的传统节日，主要的仪式活动是崇拜七仙女。传说每年农历七月初七，七位仙女都会来到东白山沐浴，与牛郎相会。这个传说在东阳周边县市广为流传，形成了当地著名的东白山七七节传统庙会。七月七是东阳一个富有特色的传统节日，具有丰富的文化内涵和深厚的文化传承。多年来，这个节日已经成为当地人生活的一部分，尤其是妇女。每年的七月初六，许多中老年妇女都会上山拜神。对仙女的信仰体现了大众，尤其是女性的美好愿望。

每年农历七月初七这一天，七仙子还没有被祭祀，东阳乡村的人们就会制作出五颜六色的啤酒花（形状类似于啤酒花，但实际上是一种寓意吉祥、色彩丰富的手工艺品），送给七仙子。东阳人制作的彩桶[1]一般是二层到九层，上面画有历史人物、各种神和动植物，代表好运。

东白山七夕彩斗[2]主要用于祈求长寿。在庙会的早晨或农历七月初六焚烧，文学上也称"悔悟斗"。在烧彩桶之前，中老年女朝圣者逆时针绕着放在地上的彩桶走一圈，边走边唱经文，这一过程叫作"拜窦"。同时接受佛经，接着唱《北斗经》《南斗经》《玉皇经》。一般来说，唱《北斗经》的时候，他们就开始烧

---

[1]　彩桶：是指当地居民在七夕节期间制作的一种装饰性的桶状容器，通常用竹子、彩纸、布料等材料编制或装饰而成。这些彩桶色彩斑斓，装饰精美，常常绘有吉祥图案，如龙、凤、莲花等，寓意着幸福、美满和吉祥。

[2]　东白山七夕彩斗：是指在当地七夕节期间，人们用各种颜色的纸张、布料等材料制作成五彩缤纷的斗状装饰品，用以装饰庙宇或家庭，以祈求幸福和好运。

有色豆。中老年妇女一边祭拜有色豆,一边继续吟诵经文。等彩桶烧着,开始准备在东白山祭拜七仙女。由此可见,崇拜彩斗的主要是南斗人(信仰南斗星君的人群),大斗人(通过祭拜彩斗来祈求长寿和福气的人群)祈求长寿福气。

东白山有七夕祭祀七仙女的习俗,每年农历七月初六,东阳附近的信众都爬上东白山仙姑庙。朝圣者登上神殿后,把祭品放在神殿的祭坛上,祭品是水果或素食。当朝圣者上供时,他们会唱《待斋经》。在进行上供仪式之后,若朝拜的中老年女性人数超过七位,她们便会开始进行吟诵佛经的仪式,以迎接七位仙女降临人间。仪式伊始,她们首先吟唱敬奉天地的佛经。其中一位女性负责击打木鱼以确定节奏,其他女性随之加入,她们双手合十,显得庄重而平静。随后,她们继续唱诵《香经》,紧接着是《七仙女织锦》,直至七位仙女下凡的环节结束。当地人心目中的七位仙女是织女。织女具有满足人们私欲的神性,这也是古代几乎所有善神的神性。七月六日晚,青年男女在山顶宿营,彻夜不眠,称为"靠山",朝圣者住在寺庙里,称为"上庙"。

东白山七月七日的活动主要是中老年妇女制作多彩的水桶和祭拜、唱歌。朝圣者主要崇拜七仙女、大北斗和大南斗。在朝拜的过程中,他们还吟诵佛经,如《拜天地》《十歌茶》《香经》《八戒歌》《孙经》《北斗经》《南斗经》《长寿经》等,称为"佛剧"。在半夜唱完佛经后,许多朝圣者换唱东阳民歌,如《七仙女织锦》《花卷名》《十劝歌》《十劝郎》《七仙女游东阳》等的互相比唱。民歌演唱的对象是旁观的年轻男女。它推崇传统的孝子观念、君子观念和婚恋观念,这也是儒家伦理的社会教育。七月初二早上人们下山,东白山七夕节结束。

图6-8　浙江东阳东白山七月七庙会

东白山七月七节庆活动不仅保留了七星古老的文化传统,也继承了牛郎织女传说。这一节庆融合了儒家伦理观念,如孝顺的儿子与君子的品质,同时吸收了佛教的善良理念、祈求好运的习俗以及丰富多彩的民间艺术。并结合民歌，宗教仪式，集中表达了东阳民间文化具有综合文化价值观和伦理教育价值。近年来，由于交通不便，朝圣者的数量有所下降。

中老年妇女在东白山寺拜七仙并不容易，这需要政府的强力保护。[1] 东阳市政府十分重视对东白山七七节的传承和保护，重点保护擅长唱七七节歌词、制作五彩木桶的中老年妇女。

（八）江苏太仓七夕习俗

江苏太仓七夕习俗（JS X -8，七夕节，太仓七夕习俗，太仓市）是江苏省级非物质文化代表性项目。

历史记载，牛郎织女曾降于太仓，太仓南郊黄姑村（今胜昔村 4 组），有黄姑塘、黄姑塘桥，旧时还建有织女庙、牛郎庙，至 1958 年才拆毁，原织女庙前的银杏树至今尚在。据宋龚明之《中吴记闻》和范成大《吴郡志》以及苏州、太仓、昆山、嘉定等地方志记载，牛郎织女的故事首先讲在太仓，后来"诞生"在太仓。太仓地区有关牛郎织女的民间活动已有近千年的历史，是一份宝贵的文化遗产。

据地方志的记载和调查，太仓的民间七夕文化活动相当丰富和热闹，主要活动有：首先，是每年的七夕乞巧会，群众称为"香讯"，七夕乞巧会上各信众齐聚织女庙、牛郎庙，虔诚地举行祭祀仪式，请牛郎、织女神光临斋席，并向他们问吉求巧。其次，江苏太仓七夕还每三年在牛郎、织女庙有一次"开光"活动。"开光"仪式非常隆重，有"净面""接灵""开光""开道""接光""朝皇""拜堂拜印""上菜"等祭祀仪式程序。最后，就是乞巧活动。主要有笃巧、余巧果兰花豆、承露盘、染红指甲、看巧云、净头槿、观星斗和曲艺、戏曲表演等活动，节日风俗是展现一个民族文化的窗口。[2]

中华民族的文化精髓不仅存在于"缥缃卷轴"之间，还深深根植于"乡风土俗"

[1]　赵世琴 . 东白山七夕节习俗女性群体的传承困境 [J]. 非物质文化遗产研究集刊，2013（1）：2.

[2]　张远满 . 浙江地区传统岁时节日研究综述 [J]. 节日研究，2015（1）：81-109.

之中，更加丰富和富有魅力。七夕节包含了丰富的民间文化内容，如妇女乞巧、

夫妻相爱、宗教仪式，还涉及天文、占星、农业、纺织，以及文学、戏剧、绘画和书法。历代留下的诗词数量庞大。保护七夕文化，可以满足群众的意愿，增强人们对民俗文化的重视，促进民族文化的发展。

三、长江流域其他文化区七夕节假的现代传承

（一）甘肃西和乞巧习俗

2007 年，中国民间文学艺术协会将西和命名为"中国乞巧文化之乡"。2008年6月，西和乞巧节（Ⅹ -4 七夕节，乞巧节，甘肃省西和县）被国务院宣布列入第一批国家级非物质文化遗产保护名录。

西和县位于甘肃省东南部，长江流域西汉水上游。西和乞巧节是汉族的传统节日，具有丰富的文化内涵和显著的地域特色。中华人民共和国成立后，这一习俗曾被中断过一段时间，直到 20 世纪 80 年代才恢复。西和乞巧风俗，以西汉水为源头的漾水河、盐关河流域为中心。乞巧起源于先秦，形成于汉代，是一套以信仰、音乐、歌舞为一体的汉族民间文化活动。西和乞巧节有着悠久的传承、复杂的礼仪，这一习俗与秦朝祖先的祭祀活动有关，相沿成习，形成了固定完整的仪式。2007 年，中国民间文学艺术协会将西和命名为"中国乞巧文化之乡"。

西和乞巧活动起源于牛郎织女的传说，据文献记载，乞巧形成于汉代，经过唐宋的发展，明清时期达到鼎盛。甘肃省陇南市西和县是乞巧文化的主要发祥地之一。西和乞巧活动在甘肃省陇南市西和县流传了 1800 多年，被称为中国古代习俗活化石。

西和乞巧女儿节活动从每年农历六月三十日晚（小月二十九日）持续至七月初七晚。六月三十日晚上，未婚的女孩会参加一场盛大的汉族民俗祭祀歌舞活动，祈求"巧娘娘"保佑自己聪慧灵巧、姻缘美满、生活幸福。"乞巧"本质上是向神是祈求智慧。

乞巧是一种流行汉族的历史悠久的民间习俗。乞巧活动分为坐巧、迎巧、祭巧、拜巧、娱巧、卜巧、送巧七个环节，每个环节都有歌舞相伴。乞巧活动反映了汉族劳动人民淳朴的审美情趣和对幸福生活的向往。20 世纪 50 年代以来，受极"左"思潮和现代文明的双重影响，"乞巧"这种古老的汉族民间文化在全国基本消失，不过，一些富有特点的仪式、大量的唱词、曲谱、舞蹈形式，以及与农耕文明相关的崇拜仪式传承了下来，与生活相关的女红、服饰、道具、供果制作等也得到传承。

甘肃西和乞巧节的唱词包括五个方面的内容：一是神灵崇拜，包括天象崇拜、偶像崇拜、五谷植物崇拜、动物崇拜、水神崇拜等；二是追求心灵手巧和美好仪态；三是追求真诚的爱情、自由的婚姻和幸福的生活；四是赞美历史人物、故事传说中的英雄；五是劝人向善，人与人和睦相处等。

乞巧歌的曲调有三种，分别为：祈神祭词、生活劳动词、历史时政词等。

乞巧中所跳的舞蹈有：迎巧词、泼又泼调，跳麻姐姐、乞巧歌舞、"打十"舞等。

乞巧仪式的道具有：巧娘娘像、拂尘、乐器、五谷供果、头饰、云肩、巧芽、手襻（当地俗称"绑手襻"，即把各种花线或者红头绳搓成彩绳系在腕上，祈求好运与平安）等，以及剪纸、刺绣、泥塑等手工艺品。

每年端午节时，西和地区的小孩子也有系手襻的习俗，一直佩带到七月七日再摘掉。女孩们戴的手襻，在乞巧节专门用作乞巧娘娘过天河桥。为了让巧娘娘能够顺利渡过天河，下到人间，乞巧节有一个手襻绕道的仪式。在六月三十日下午的仪式开始前，女孩们取下自己的手襻，一个接一个地结成一根长头绳。仪式中，一个姑娘端着摆放有香、烛、黄表纸等祭品和头绳的香盘走在前面，其他的人跟着一起来到村外的河边。两个女孩拿着头绳站在河两岸，将头绳拉在河上搭桥。接着，她们点蜡烛、燃香、焚黄表纸、祭祀跪拜。然后，她们排好队，手拉着手，舞动手臂，齐声唱起《搭桥歌》。唱完歌后，拿着头绳的女孩同时松手，让绳子掉到河里被水冲走。乞巧的第一个仪式 —— 坐巧就完成了。

从六月三十日晚上 9 点开始举行乞巧的第二个仪式 —— 迎巧。

根据乞巧的习俗，乞巧的地点一般是固定的。在城镇，乞巧地点多设置在离坐巧处较近的某个十字街口；在农村，则多设在村外大路口或河边。迎巧时，姑娘们打扮一新，每排四至五人列队，每人手合胸前，手拿一支点燃的香。手捧香盘的姑娘走在队伍前面，其他人缓步跟随。到达迎巧地点后，开始跪拜祭祀；然后，手挽着手，挥舞着手臂，齐唱《迎巧歌》。唱完《迎巧歌》，第二个乞巧仪式就结束了。巧娘娘被虔诚而隆重地迎接到坐巧的人家。

祭巧活动一般分集体祭巧和个人祭巧两种。仪式从迎巧开始持续到送巧结束。整个过程由专人负责，上午、中午、晚上三次，均需要点蜡、炷香、焚表、跪拜。如果香、蜡、黄表购买费用来自集体筹资，就是集体祭巧。西和县长路、黎县盐关等地举行乞巧活动时，会举行盛大的集体供馔祭巧仪式，俗称"转饭"。

在七天八夜的乞巧活动中，最主要的活动是"唱巧"——姑娘们齐聚于坐巧地点，从白天到深夜，在巧娘娘像前按相关的程式唱不同的歌曲，载歌载舞，以表达心愿、抒发情感和展示才艺。

"乞巧歌"主要目的是"娱神"——取悦娘娘神。歌词一般包括传统的和新编的两种类型；曲调分正歌和副歌两种形式。"乞巧歌"只在节前排练、"乞巧节"期间演唱，其余时间不能演唱。"乞巧歌"属于民歌，但它不是"山野之曲"，而是"里巷之曲"，是一代又一代汉族姑娘们集体创作的结晶。它的歌词和曲调极其丰富，为丰富多彩的乞巧节注入了新的生命力。

在乞巧活动中，除了"针线卜巧"外，还要在七月七日晚 9 时左右，举行集体的"照瓣卜巧"，也就是在夜晚的灯光下，通过看巧芽在水中的投影图案，来问巧拙和祸福，也叫"照花瓣"。

"照瓣卜巧"程序是：姑娘们手端巧芽碗站在祭祀桌两旁，乞巧组织者在神桌前祭祀跪拜，并默念："请巧娘娘给黑眼的阳人赐个好花瓣，指一条手巧路。"仪式结束后，姑娘们齐唱《照花瓣歌》。

姑娘们的碗底如果有投影图案，寓意吉利、祥瑞、心灵手巧，得巧的姑娘高兴地猛喝一口碗中的水，寓意虔诚乞巧得来的这一切真正为自己所有，会长期在身上显灵。然后把碗里剩下的水倒掉，再装半碗水，开始下一轮的照瓣卜巧。照瓣卜巧活动在期待、兴奋、欢乐的氛围中进行，往往历时两三个小时。

照瓣卜巧预示着乞巧节活动即将结束。因此，姑娘们怀着惜别的心情，抓住最后的送巧活动尽情歌唱。在神桌前，你约四五个人唱一首歌，她约四五个人跳跃着唱一曲，有时集体手拉着手，唱了一首又一首歌，直到把所有的乞巧歌都唱过了，才尽兴结束。

半夜十二点左右，乞巧组织者宣布送巧仪式开始，姑娘们分站神桌两旁，依依不舍地齐唱《送巧歌》。

仪式结束后，女孩们将各奔东西，以后很难再聚在一起，因为有的女孩可能会结婚，再也不能参加陪伴她们成长的、带来无数期待和欢乐的乞巧活动了。她们心里充满了别离之情，向巧娘娘求情，许多人唱着哭了起来。

歌曲结束时，所有女孩跪在地上，乞巧组织者手持蜡烛，将巧娘娘像点燃焚烧。夜深人静，火焰在燃烧，巧娘娘的像在消失，显得格外凄凉。仪式结束时，姑娘们手牵手，在叹息中穿过茫茫的夜色，沿着迎巧、送巧的路返回。西和一年一度的传统乞巧活动结束。[1]

（二）陕西西安的七夕节

陕西西安斗门镇"牛郎织女传说"被列入国家级第三批非物质文化遗产名录和陕西省首批非物质文化遗产名录；渭南市的"大荔乞巧节"也被列入陕西省第三批非物质文化遗产名录。

陕西关中素来就有过"乞巧节"的习俗。西安市长安区斗门镇北常庄是"中国七夕文化之乡"，有"石婆庙"以及"石爷、石婆"石刻等遗迹。每逢七夕，人们都会聚集在这里举办盛大的牛郎织女祭祀文化活动。

自 2006 年七夕节被列入国家非遗名录后，西安加入来源地之争，政府方面积

---

[1]　赵逵夫. 西和乞巧节 [M]. 上海：上海远东出版社，2014：140-164.

极恢复和倡导七夕文化，如西安市政协委员俞向前说："牛郎织女的传说源自我们西安，已有两千余年的牛郎织女像就位于长安区斗门街道办事处辖区。"俞向前曾在 2005 年年初的西安市两会上提案，建议政府开发牛郎织女历史文化资源，将农历七月初七打造成中国的情人节，并在长安区斗门街道办事处的牛郎织女庙遗址上建设一个文化旅游区，打造"中国爱情文化源地"。在西安的八大传说中，牛郎织女传说成为之一。

现代西安七夕活动主要是由政府组织的，活动以传统七夕民俗和民俗节目表演为主。如 2012 年 8 月 22—24 日，由中国民协、陕西省文联主办，陕西省民协、关中民俗艺术博物院承办的"中国七夕文化研讨会"在西安举行。2014 年七夕，由中国民间文艺家协会、陕西省文学艺术界联合会主办，陕西省民间文艺家协会、关中民俗艺术博物院承办的"我们的节日：中国七夕民俗文化艺术节"在关中民俗艺术博物院举行。全国及陕西保留完整的"七夕"民俗文化遗产项目在活动期间全面展演。

西安七夕艺术节的主要内容有体验原生态"七夕"文化；原生态织布等手工技艺现场操作，展示女性灵巧与聪慧；七夕鹊桥相会体验，讲述爱情故事；花轿体验，女性观众着凤冠霞帔，体验传统民俗婚礼；举办七夕民俗文化展，用图文诗词等形式，展示我国历代七夕民俗文化与风俗，展示中华七夕的历史文化和精神内涵；表演国家级非遗项目老腔金典剧目，演绎黄土地上男子的豪迈；集聚七夕的节日民俗美食，情侣、家庭套餐，展现关中特色民俗小吃的风采。[1]

（三）陕西渭南大荔乞巧节

大荔乞巧文化活动由来已久，在渭南大荔县户家乡大壕营，已成功举办了十几届，2008 年被批准为渭南市非物质文化保护项目。大壕营村的"乞巧"活动源于何时无从考证，但在 1960 年前后，因为"破四旧"而停止。停止的那些年，人

---

[1] "中国七夕民俗文化艺术节"将在陕西举行．西部网，http://www.cnwest.com/，2014-08-01.

们每年到七夕这天，为了纪念，要吃西瓜。2003 年，陕西省摄影家协会一群热爱民俗摄影的会员，为了记录曾有的"乞巧"民间活动，扶植、组织大壕营村恢复这一传统。第一年只有西大壕一个行政村参与，后来参与的行政村越来越多，自2006 年七夕节列入我国国家级非遗名录以来，政府相关文化部门参与组织七夕乞巧活动。

大荔乞巧文化活动分为参展作品展示和传统民俗文化演示两大部分。参展作品 —— 花馍、刺绣、剪纸、手工童鞋、十字绣、土织布等。民间传统乞巧活动演示 —— 迎巧姑、磨巧碗、背巧歌、掐巧芽、巧姑演示、放灯求福等。

（1）乞巧。在鞭炮、锣鼓声中迎来的巧姑，抬进巧棚并安放好后，即由主持人司仪，进行颇严肃的祭拜，焚香燃烛，叩头礼拜，口中默默颂念乞巧的心愿，一拨一拨的如此反复，直到现场的妇女们全部祭拜完，接着就开始了香案前的乞巧活动。

图 6-9　巧姑祭奠桌案

（2）求神乞巧。七名幼女，唱着《乞巧歌》睡在香案前的芦席上，在一旁由八人、10 人不等组成的祭拜队伍里，每人用两个新碗相叩，徐徐地摩挲，那"沙沙"的磨碗声，让睡在地上的幼女们渐入梦境，上天乞求施巧。

图 6-10　穿七彩线

（3）浮针乞巧。过上一会儿，幼女们如梦初醒，一旁的妇人递来一盆在露天光照后，水面生成一层薄薄水膜的清水盆子，然后让幼女将一苗针轻轻地放在水面上，再看盆子底部针影，凭着臆猜和想象说出图案纹样，有如云彩，有如鸟兽，有如鲜花，有如书卷，有如剪

图 6-11　掐巧芽

刀，验证是否乞得智巧。

（4）穿针乞巧。参与者是未出阁的少女。少女们在祭拜完巧姑后，借着月光以丝线穿针孔，定时以十苗针为基数，先穿过的是"得巧"，穿过数最多的是"能巧"。

（5）掐巧乞巧。乞巧者先向巧姑祭拜，然后将献在香案上的巧芽轻轻地掐一两根，如同浮针乞巧一样，放到水盆中，观察图纹，以定姻缘和谋生之道。

泡巧芽是将扁豆、豌豆、大麦、小麦、菜籽、谷子和糜子七种不同的种子泡放在一个碗里，其间"巧芽"不能见光，每天换三四次水。七夕下午，姑娘们把自己制作的高三四十厘米的"巧芽"拿出来，还在"巧芽"周围绕几道红丝线或红纸条，大家把泡好的"巧芽"放在"巧姑"前，比看谁的长得高、长得粗壮。比完"巧芽"，姑娘们围坐在织女像前，焚香、跪拜、行礼，仪式做完后，姑娘们把自己的"巧芽"挑出几根来，用剪刀剪成3.4厘米长左右的巧芽，轻轻放进清水盆里，根据"巧芽"投影的形状，来预测姑娘成人后的巧拙和特长。若投影形状像一朵花，那么那位姑娘会被认为心灵手巧；若投影图案像一根椽，那就认为这位姑娘手比较笨。

图 6-12　磨巧碗

七夕当天缚巧姑，用葫芦瓢做"巧姑"的头，身体由木棍做的架子，外面包着草做成，"巧姑"的衣服借用的是老太太的旧服装，给"巧姑"穿之前，先将衣服从后院墙内扔到院墙外。民间认为这样扔过之后，衣服就沾上了"巧姑"的仙气。有的将"巧姑"衣服扔过墙后，要称其分量是否增加，如果增加，预示当晚容易显灵。

七夕晚的重头戏是磨巧碗。在"巧姑"旁边的地上铺一张席，让 7 个 10—12 岁的

图 6-13　乞巧

女孩子趴在席上，盖上单子，周围妇女手持双碗，将碗口相并，来回磨动，发出声响。半小时之后，有些趴在席上的女孩子会睡着，当地人把这叫"图"上了。人们把"图"上的小姑娘拉起来，领着她们给"巧姑"磕头，然后领着她们用手去摸"巧姑"的手，意向"巧姑"领活，最后回到席上。没有完全清醒的女孩子会做出各种动作。

人们问她们干什么，她们会回答是在刺绣或织布、纺线等。当她们做完一个动作，又会领她们去找"巧姑"要活。当她们说是在做饭时，立即用凉水喷脸叫醒，意思是担心姑娘把饭做熟后吃了"巧姑"的饭，被"巧姑"领走。

人们认为"图"上的姑娘从"巧姑"手里学到了手艺。但有个要求，趴下"图"的小姑娘，必须父母双全。65 岁老人姚竹云说，父母就她一个女儿，母亲害怕她被"巧姑"领走，不让她参加乞巧活动。79 岁的吴银弟老人，10 岁时"图"过，看"巧芽"是一朵花，后来虽然绣花手艺不突出，但到了 20 世纪 60 年代，成了县上的植棉能手，获过地区、省上的奖。

据大壕营村老人介绍，这种形式的"乞巧"活动过去在周围其他乡村乃至蒲城都有。

大约是"乞巧"活动的作用，大壕营村女子从小就注意锻炼自己的动手能力，在大壕营村有许多心灵手巧的妇女。

85 岁的姚清素老人，能独自设计制作各种图案的剪纸作品，还会刺绣、绘画等。她儿时参加过"乞巧"活动，是否被"图"上，记不得了，但从七八岁就爱上了剪纸，九岁时就给左邻右舍剪纸、做图样。一年 12 个月，有四个月是帮别人干活。婚后，丈夫的爷爷说："你到底是个啥人，啥活都难不住你。"也许是她勤劳的原因，她还是耳聪目明，头脑清晰。其儿子专门在家里为她设立了一个工艺品展厅。为纪念七夕，她制作了三幅反映七夕的剪纸作品。

73 岁的薛生芳老人，带着一帮男子，为"乞巧"活动献上了一台木偶戏。她上小学时就特别喜欢唱戏，十五六岁时开始登台表演，生、旦、净、丑各个角色她都演过。1993 年，她参加了县城一个木偶剧团，学会了木偶戏，成立了自己的木偶剧团。

自 2003 年村里恢复"乞巧"活动后，65 岁的拜雪梅老人每年都应邀做面花，曾上过电视。她为"乞巧节"做的"牌楼"高一米，呈梯形，共分为七层，每层都有不同的人物造型，有织女、牛郎、七仙女、吹打班等，栩栩如生。为做这个面花，她请了五六个老大妈帮忙，从头天早上 6 点开始做，到次日中午才完成，上锅蒸了七次。陕西七夕乞巧的面花造型精彩绝伦，令人叹为观止。

（四）河南南阳七夕文化节

2007 年，南阳的"牛郎织女传说"成为河南省首批非物质文化遗产名录。

1. 牛郎织女的传说和南阳的地理标志

河南省南阳市伏牛山区是一个风景秀丽的地方。这里古树参天，鸟兽成群，南麓石山奇峰异石，满目苍翠，西峡龙潭沟瀑布秀美，风景独特，是著名的旅游胜地。相传，牛郎听从了老牛的劝告，与织女在此相遇相恋，从此过着幸福甜蜜的生活。他们生下两个孩子后，王母娘娘得知织女坠落凡间，大发雷霆。她派天兵去抓她，牛郎哭了。老牛却让牛郎穿上自己通灵的牛皮去追逐，牛郎忍痛无奈地照做了，之后升到天上去找织女，为了纪念通人性的老牛，牛郎把曾经生活过的这座山叫伏牛山。

在人物原型方面，有关人士指出，牛郎织女其实是土生土长的南阳普通人。牛郎来自南阳市以西 30 多千米的桑庄，织女来自南阳市以南 30 多千米的史洼村（俗称织女村）。织女、牛郎私奔成亲，织女的家人发现后，拆散了他们。牛郎找到妻子织女后，来到史洼村附近住下，后来这里便成了牛郎村。

如今每年七夕，牛郎庄不仅遗存着"炸巧果""乞巧""祭祀"等民俗，而且七夕早上，老人还要提前杀掉公鸡，以防公鸡提前报晓，缩短牛郎织女相会的时间。

每年的七夕前后，白河东岸的牛郎庄及其周围村民，都要到牛郎庄烧香祭祀、祈福求子。2012 年 10 月，南阳成功申报"牛郎织女传说发源于南阳"国家级非物质文化遗产，在文化上印证了"牛郎织女传说发源于南阳"的说法。

2. 现代南阳的斗牛习俗

南阳盆地农耕文化发达，南阳牛闻名世界。南阳牛是我国五大良种牛之一，在国内外享有盛誉。南阳牛历史悠久，自然就产生了许多关于"牛"的故事："伏牛山""嫦娥与黑牛""百里奚养牛"……牛郎织女的传说是其中最精彩的一个。20世纪70年代，南阳白河西岸白潭汉墓出土了一尊汉代石像，名为"牛郎织女"。右边的牛郎牵着的那头牛，从身形和走路姿势看，无疑是家养的牛——南阳黄牛。织女的踞坐状，也是汉代妇女操机织布的劳动姿态。

"牛"文化是牛郎织女传说中的重要元素，现代社会在南阳得以保留和表达。如"牛郎织女故乡春会""牛节""七夕赛牛大会"等。

每年2月7日，在南阳市以西30多千米的桑庄，村民们会自发组织为期三天的"牛郎织女故乡春会"。当地春耕开始前，村民们为了纪念牛郎织女，祈求好天气和好收成，每年都会举行春会，已有数百年的历史。春会中有戏班子、黄牛交易、物资交流及民俗活动，在这期间，更有青年男女谈情说爱的相亲活动。

河南南阳素有斗牛习俗，如2008年七夕节前夕，南阳宛城区溧河乡詹庄村牛郎庄举办了七夕节赛牛大会。南阳唐河县自2004年开始就开始举行黄牛选美、斗牛比赛的黄牛节。

比如2005年来自南阳各县、市、区的3000多头南阳黄牛齐聚南阳黄牛主产区唐河县的桐寨铺，隆重地举行中国南阳第二届黄牛节开幕式，主要进行黄牛选美、斗牛比赛，通过预赛、复赛、半决赛，选拔500头优秀黄牛参赛，然后在选美决赛中，专家们根据牛的品种、品质、体形评出南阳黄牛"牛王"。唐河县为了举行此次斗牛比赛，特意投资近百万元建设了斗牛场，并特意聘请云南省石林市斗牛表演专家来此进行第一场斗牛表演。此次表演的10头斗牛都是云南省石林市斗牛表演队的"演员"。此次演出之后，10头牛将"落户"唐河。而部分斗牛专家也将在此后的一段时间内驯服一部分南阳黄牛成为斗牛并参加表演。牛节开幕式是一台乡土气息特浓的《伏牛欢歌》演唱会，演唱会并没有请明星参加。所有参与演出的全是南阳本地的艺术家和喜爱戏曲的群众。所编写的节目也全与牛有关——《黄牛颂》《牛背上的孩子》《牛郎织女》《请牛倌》《牛与酒》等。演出期间，唐河县组织的狮子、旱船、高跷等20多个民间文艺表演队也粉墨登场，为黄牛节烘托气氛。[1]

3. 现代南阳七夕节相亲和民俗表演活动

近年来南阳七夕节活动以相亲和民俗展演、发行七夕邮票等为主。作为牛郎织女传说的起源地，2008年卧龙区桑庄、宛城区牛郎庄同时隆重举行了邮票首发暨"七夕节"非物质文化遗产展演活动，村民们兴致勃勃地观看了歌舞表演《幸福家园》《天女散花》《天仙配》《两只蝴蝶》以及有奖问答等节目。活动当天，在三个会场，1500余册邮票原地纪念封被抢购一空。又比如2010年《民间传说——牛郎织女》特种邮票首发仪式暨南阳市"七夕节"相亲大会活动在南阳市范蠡纪念馆举行。千余名集邮爱好者和单身男女云集南阳市范蠡纪念馆，享受传统民俗与浪漫爱情的激情碰撞。相亲会活动现场，传统民俗表演"牛郎织女"秧歌、"天仙配"、流行情歌演唱，将活动推向了高潮。

四、七夕节假与牛郎织女邮票的发行

随着现代七夕节的发展，牛郎织女的邮票在各种文化活动中纷纷发行。最早的《牛郎织女》邮票于1981年8月6日（农历七月初七）在中国台湾发行，全套共有四枚。邮票图案采用中国画、水彩画和卡通画相结合的构图方法，展现了"老牛报信""留衣结缘""天河永隔""鹊桥相会"牛郎织女故事中的四个重要情节。牛郎织女邮票发行枚数最多的，是非洲的加纳共和国于1997年发行的《中国牛年——牛郎与织女》邮票，一套九枚，庆祝"中国丁丑年新年"，是迄今为止

---

[1] 汪保忠. 河南伏牛山牛郎织女传说圈研究 [J]. 文化遗产，2018（6）.

最完整地表现"牛郎织女"故事的邮票。全套用小版张形式，主图用中国传统剪纸构图，好像一部剪纸连环画，邮票下方还有英文故事简介，邮票则按九方联布局，依次展现了九个故事情节，邮票边沿有中文票名。

2010 年 8 月 16 日，中国发行了一套具有中国文化特色的七夕节特别邮票 —— "牛郎织女"，这套邮票共有四枚，同时发行小本票一本。邮票内容来自中国四大民间爱情故事之一的牛郎织女传说，四枚邮票的主题分别是"盗衣结缘""男耕女织""担子追妻"和"鹊桥相会"，采用皮影、剪纸与汉画像砖等民间美术形式展现。

"细细翻看集邮册，一枚枚七夕邮票，向我诉说着这个古老而又动情的节日。"邮票收藏家全宣州介绍，"七夕节是中国传统节日中最具浪漫色彩的一个节日，这个浪漫的节日在邮票中也有体现。"[1]

第二节　七夕佳节在现代的演变和发展

一、现代各地七夕节假的"情人节"造势

自 2006 年七夕佳节被列入第一批国家级非物质文化遗产名录后，政府也以推广和保护七夕文化为名，开展"七夕乞巧活动"，如"情歌大赛""当地七夕民俗展演""七夕邮票发行"、穿针乞巧比赛、相亲会等七夕活动。民间和商家此起彼伏地相继举行"相亲会""情人会"等活动。商家更是造势七夕为中国的情人节，大势促销商品。

---

[1] 夏军. 钞票与邮票研究 —— "七夕"特辑：伉俪情深 [J]. 印刷杂志，2022（4）.

其实，通过七夕节的追逐，我们看到商家对利益的追求和投机。比如七夕在杭州举办的"七夕相亲大会"、南京举行的"东方情人节·万人相亲会"……各地举办的"七夕"节日活动看起来热闹，但是，人们很难从中感受到民俗文化的魅力。

中国社会科学院研究员、中国民间文学协会会长刘魁立不认同将七夕节变成"中国情人节"的说法。他认为，七夕与爱情无关，将七夕节变成情人节背离了传统。他呼吁人们要弘扬七夕节的历史价值，把它变成一个真正传统意义上的中国"女儿节"。国家民委政策法规司的沈林也认为："在浮躁的商业化风潮中，再也没有人吟唱'盈盈一水间，脉脉不得语'，去静静体会牛郎织女一年一会的无奈和悲哀，一个美丽动人的传统节日就此变得面目模糊。"

专家认为，我们对许多节日的认识还不高，不能保护中华民族的传统文化。与西方庆祝圣诞节的丰富内容和盛大相比，我们今天的许多传统节日在形式和内容上不够有趣。对于繁忙的城市人而言，一些传统节日如端午节、重阳节、腊八节等，甚至都只剩下遥远的背影。

综上所述，七夕佳节在现代非遗视角下呈现如下几个趋势：一是传统乞巧活动中以农耕文化转至现代的乞福（七夕小人节）、乞美为主的集体娱乐化；二是受西方情人节的影响，中国七夕"情人节"呼声日益增高，大有取代传统七夕复兴的趋势；三是传统七夕佳节非遗生产性保护视角下七夕节日产业化的趋势。

二、七夕节的现代重构 —— 从乞巧节到中国情人节

尽管乞巧等习俗仍在一定范围内存在，但如今七夕节的主要活动包括情人节主题的，烛光晚餐、喝酒、赠送玫瑰、巧克力、珠宝等。中国的情人节文化研讨会，引发了学者对中国七夕节作为情人节是否合理合法的思考和讨论。

一些学者撰文阐释七夕文化创新传承的社会意义和时代意义，呼吁要让传统的七夕文化与时俱进。也有研究者寻证求源，从传说、诗词、习俗和文献中挖掘七夕节与爱情的关系。白居易《长恨歌》的"在天愿作比翼鸟，在地愿为连理枝。

天长地久有时尽，此恨绵绵无绝期"、秦观的《鹊桥仙》"两情若是久长时，又岂在朝朝暮暮"成为七夕节富含爱情因子的诗词表现。

有学者认为，七夕文化中牛郎和织女被迫分开却不离不弃的故事，成为忠贞爱情的代表。也有人认为，这个故事还有其他被忽略了的变体，如两人的生活不和谐，或者是织女设法成功离开牛郎。

从活动空间角度来看，七夕节的传统活动主要在庭院中进行，庭院原本属于私人空间，但由于七夕节的传统活动往往有来自不同家庭的人参与，因此，这一私人空间又成为了公共空间。又因为七夕节活动有像祭拜织女这样的祭神活动，庭院这样的世俗活动空间因而被神圣化。如今，现在的七夕节活动主要在酒店、咖啡馆等公共场所进行，因为主要的参与者是情侣，因而变得更加私密，且缺乏传统七夕节的相关文化信仰活动，因而也就缺乏了神圣意义。

从活动的主体，其经验和情感，在过去，尽管中国情人节也有男性参与活动，但主要是以女性为主体的民间节日，是一个女性表达美好祝愿的关键时刻，反映了女性祈求心灵手巧、生儿育女、家族生活美满的心愿。如今，七夕节的主题变成恋爱中的男女，互相表达爱意的重要节日，它反映了人们对美好爱情的向往和追求。

节日带来的体验和情感也与男女之间的爱情有关。如"朗姆可乐"在2013年1月25日16时在微博上发帖称："刚刚有同事谈论的中国情人节即将来临，我突然觉得很失落，这些节日的那些感情已经不再是我能参与的话题，以为自己是女人。"她可以什么都不在乎，我也是一个可以让伤心这么久的男人……越是故意想忘记一个人的人，那些曾经发生过的事情回放得就越清楚……"

在这些要素中，唯一不变的是节日的标志性时间。从"求巧"主题的退隐到"爱情"主题的凸显，七夕由"乞巧节"向"七夕节"的转变。中国情人节的变形发生在21世纪，这个转换的过程，大致可以概括为：在频繁的文化交流下，圣瓦伦丁节的文化符号，如玫瑰、巧克力、烛光晚餐等传播到中国社会（主要是城市社会），而恰好有些人喜欢实践，情人节就流行开来。外国节日文化的流行，引起国内一些强烈的民族主义情绪、文化意识和安全意识的觉醒，开始寻找可以与他们竞争的本土文化"中国情人节"。比如传统节日，如元宵节、清明节、乞巧节，中国的情人节爱的元素被发现，商人从西方情人节看到了商机，而且媒体对于七夕的报道，也引起民众和专家、学者对于七夕节的研讨，政府和商家出于七夕文化传承或者经济发展目的，近些年，组织以爱为主题的大型七夕活动，让越来越多的人接受了七夕是中国情人节的认识，并参与到和爱情有关的活动中。2019 年全国政协委员建议延长七夕节假期，为了更好地恢复"中国传统情人节"，七夕节不仅有了情人节的名字，也有了情人节的现实。

节日也承载着民族文化传统，给人以无声的柔情关怀，提醒都市人不要迷失在冰冷的混凝土丛林中。从古到今，参加七夕节日活动的大都是未婚女性。乞巧的最终目的是要有一个幸福的婚姻。就这样，现在在七夕时节举行一些相亲活动，其实是符合乞巧的初衷的。在古代，妇女在择偶方面几乎没有自主权，但她们仍然努力地学习女红，虔诚地向神祈祷结婚。这是那些对情人节和七夕节愤愤不平的单身年轻人需要反思的问题。

综上所述，七夕对于现代社会在促进商业发展、调节城市生活节奏、拓展手工业市场，以及男女婚恋上都有积极的意义。现在最大的问题是这些活动缺乏规范化的组织，很多活动都是"文化搭台，经济唱戏"，导致独立、无序。由于官方层面对如何重振七夕节尚未达成共识，且民间声音广泛，已开始采取行动重振七夕节。

首先要解决的问题是官方对七夕节的定义。

七夕节的许多习俗和活动及其地方表达，以及"七夕"这个具有浪漫气质的名字，具有重要的生活价值、历史价值、艺术价值和身份价值。七夕节应该拥有比目前更好的存在与发展空间。换句话说，未来的七夕节，不仅可以吸收外国"情人节"文化的优点，也应融入更多的当代中国元素，从而在更大的空间范围内发展成为情人节、乞巧节，甚至小人节的节日。

目前，七夕节要想突破西方情人节遮蔽、实现共生共荣，其重要路径，一是将七夕节的历史记忆融入日常生活，一是在一定程度上普及至今仍在活跃的七夕民间活动。前者是指有意识地采取一些措施，将传统的七夕节的历史记忆带回到日常生活中。后者是指有意识地采取一些措施，使原本由当地个别民族继承和享用的七夕习俗，在更大的空间内被更多的人分享和继承。

　　毫无疑问，这两条路径都存在困难。因为将七夕节的历史记忆融入日常生活，需要克服时代变迁带来的挑战，即历史记忆中的七夕节，体现更多的是过去农耕社会的理想和追求，而我们现在所处的是现代工业文明社会。而要普及七夕民间活动，则需要克服空间置换带来的挑战，因为七夕习俗是在当地特定的空间中生长发展而成，泛化就是将其置于非当地的环境中。

　　无论选择哪条道路，现代的七夕节都不是一个全面传统的七夕节习俗，也不是一个特定的本地副本的七夕节习俗。传统节俗文化的重建，只能根据其资源吸收某些元素，或者与其他元素结合、重组，并在应用中去实现。

　　七夕节的文化重构依赖于社会各方面力量的共同参与。

　　首先，从学术的角度来看，民俗文化专家应当在其正当性论证工作的开展中承担主导作用。其次，商人也扮演着重要的角色。热闹的市场往往成为节日期间动人的一幕。在七夕节的现代转型中，商人不仅为节日活动主体提供所需的商品和服务，还为节日提供活动空间。更重要的是，商人还引导着人们如何庆祝节日、如何消费，从而塑造节日本身。当前，中国的七夕节实际上成为了中国的情人节。鲜花、巧克力、红酒、香槟、烛光晚餐、浪漫之旅等成为中国情人节的文化象征，很大程度上要归功于商人的运营。其三，民众是中国七夕节蜕变的决定性力量。他们根据生活需要，参与节日文化的重建，不仅参与合法性的讨论，还要确证七夕节的爱情主题。他们或为了追求个性，或博取爱人欢心，不断地创新，从而促进了七夕"情人"节的借用和发明。最后，大众传媒为各种观点、思考和力量的互动和碰撞提供了平台。

　　总而言之，学者、公民、企业、媒体和其他社会力量在"同一个中国"这个文化空间中共处，相互影响，相互激励，一起创建了七夕乞巧节向情人节的蜕变所需的文化氛围和文化空间，为中国七夕情人节文化的重构发挥了自己独特的作用。[1]

三、以经济为纽带的现代七夕节假文化

各地七夕文化节的集会、贸易活动，节日工艺品和食品的展销活动，包括剪纸、泥塑玩偶、巧果等。

当下商业社会里，七夕节是民间文化中亟须保护和合理复兴的一部分，因为它遭受了严重的人为破坏。在当代，七夕节对于增强中华民族的文化认同、构建和谐社会、促进可持续发展，都具有重要意义。这体现在以下几个方面：

首先，七夕节蕴含深厚的文化内涵，起源于星辰、数字及生殖崇拜的民间信仰。节日习俗由曝衣晒书渐变为夜晚娱乐活动，乞巧活动也历经各代不断丰富。在节日节奏上，七夕位于端午与中秋之间，拥有潜在的发展机遇。

其次，七夕节在传播传统文化，强化中华民族文化认同与民族记忆方面，意义重大。当下，受市场化与西方文化冲击，当代中国人对本土传统文化的认同感普遍不强。邻国日本也受到这类影响，但保留了诸多节日里辨识度较高的传统文化元素，比如"七夕祭[2]（日本仙台每年八月六日和八日举行的七夕祭典）"中的竹枝、心愿签、纸鹤等文化形象，是节日的道具，也是传承民族文化记忆的重要载体，这是值得我们思考和借鉴的。

第三，现代社会中，人们更注重七夕的节日娱乐带来的精神愉悦与放松，西方节日在中国流行，其实质是文化的解构与重组。中国年轻人过情人节和圣没有宗教色彩，成为单纯的娱乐形式，大多数人随波逐流，忽略其文化内涵。七夕

---

[1] 张勃. 从乞巧节到中国情人节 —— 七夕节的当代重构及意义 [J]. 文化遗产，2014（1）：34-40.

[2] 七夕祭：日本七夕各地举办的祭典，七夕祭期间，人们会将愿望写在称为"短册"的纸片上，然后挂在竹枝上祈愿。短册最初是用红、青、黄、白、浅黄的彩色纸和长条诗笺制作成的，用五色线条挂在树上或竹子上。到了江户时代，短册被加上了装饰的檐头，然后用竹子竖起来。这种挂"短册"的做法一直沿用到今天。七夕祭期间，还举行游行、音乐会、舞蹈表演、吃素面等活动，吸引大批游客参与活动。

节也面临文化内涵被削弱的问题，恰当挖掘娱乐元素是推动其复兴的关键。

提升城市或社区文化品质的核心在于确保传统民俗文化资源的可持续发展。非物质文化遗产在不断演变中，自然发展难以实现文化元素的最大效用。真正的保护应侧重于无形地恢复和弘扬其人文价值，而非单纯追求经济效益。要实现这一目标，深刻理解生产性保护的文化内涵至关重要。这要求我们在尊重传统的同时，适度引导启发，培育与现代社会发展相契合的文化自觉。随着历史演进和生活方式的更迭，传统民俗文化所处的社会环境已发生巨大变化。工业社会的到来和现代化的加速，使得许多适应旧生活方式的民间传统要么已经消失，要么濒临灭绝。因此，生产性保护必须兼顾传统需求与现代社会进步的双重需求。

在中国现代社会，原始崇拜与宗教祭祀的社会功能逐渐减弱，而游戏娱乐功能日益成为节日庆祝的重点。通过对节日习俗诗歌中的转换函数及演化规则的解析，我们深入挖掘了节日习俗背后的社会根源，并剖析了其在现代生活中的意义，基于此提出了复兴和传承传统节日的建议。

在当前文化语境中，古老七夕节正面临传承挑战。节日习俗需与时俱进，融入新元素，过度打造与修正不仅无助于真正复兴，还可能使其丧失千年传统，不利于节日的传播与传承。作为全民共享的精神遗产，中国传统节日如七夕，历经数千年积淀，蕴含丰富文化内涵，远非简单的约会或聚餐可比。其蕴含的未知文化及原始信仰、美好祝愿，对弥补城市居民信仰缺失具有重要价值。因此，复兴七夕节不应盲目照搬西方模式，而应回归节日本质，探索与现代生活相适应的传承路径。[1]

人们在纷繁复杂的商业活动中找不到传统文化，节日使人们无法获得人文归属感。在传统节日的商业化道路，我们可以借鉴日本的做法"七夕祭"—— 由政府组织节日庆祝活动，其整体色彩基调由企业赞助商统一，而且必须有一个明确

[1] 邹伟玲. 从民间信仰到民间娱乐 —— 乞巧习俗的功能转换研究 [D]. 上海：华东师范大学，2011：30-40.

的庆祝传统节日的符号等元素。手工艺品市场的回归七夕节不仅强调女性价值不仅限于技能评判，更在于创作者亲手制作时获得的乐趣与成就感。手工制品因蕴含独特情感，成为七夕节不可或缺的关键元素，其价值远超普通礼物，值得深入探索与重视。同时，在中国传统节日体系中，人与神、祖先、自然之间的沟通，一直是节日文化及习俗的重要组成部分。

人们相信，定期祭祀祖先或自然神，可以得到神灵或祖先的祝福。但在现代都市，人与自然的关系愈发脆弱。人们大多时间窝在室内，出门便置身钢铁丛林般的人造世界。随着改造自然能力渐强，人类不再依赖祭祀祈神护佑，对自然的感知也越发迟钝，更在意人际交流，而非与自然、神灵的沟通。如此文化语境下，城市节日的文化内涵悄然生变。[1]

图 6-14　日本七夕节

未来七夕节的重建还需要包括学者在内的各种力量的参与。应该注意的是，学者们没有权利也没有能力让公众选择他们喜欢的假期生活和方式，但专家和学者可以通过研究提出自己的看法，以便在如何庆祝节日上为人们提供更多的选择。这是学者的社会责任，也是学者的社会贡献。

[1]　罗华娟. 乞巧文化资源的现代转换研究 [D]. 北京：中央民族大学，2009：45-59.

第七章　牛郎织女传说久，文化经济品牌留

——长江流域以旅游为契机的七夕文化品牌塑造

对于非物质文化遗产的生产性保护，有两个关键词：一是生产，二是保护。生产是手段，是途径，保护是目的。生产是指非物质文化遗产中的文化资源通过一定的商业和市场行为转化为经济利益的过程。保护就是激发遗产生产后的持续活力，使非物质文化遗产在当今社会中具有传承和发展的可能性。因此，对非物质文化的"生产性保护"就是对非物质文化遗产的保护形式。它最重要的使命是有效传承，最大的特点是资源的活态转化、适应市场、创造财富、自我造血、可持续发展。

在乞巧文化的生产性保护中，可以将乞巧文化旅游产品的开发列为重点发展方向。这不仅可以促进对乞巧文化的生产性保护，而且可以为大多数妇女提供创业和就业的机会。如在西和乞巧文化生产性保护中，创造了以西和麻纸、仇池石、刺绣、剪纸、保健枕、麻鞋、草编和鞋垫等为代表的系列文化旅游产品。为顺应时代的发展，西和通过网络创办了"乞巧坊"文化旅游产品网络旗舰店，来创造性传承和发展乞巧文化。再比如恩施土家女儿城以土家女儿会和其他与婚恋相关

的民俗表演来传承和发展非遗文化。湖北郧西以牛郎织女传说开发、建设的七夕人文景观和自然景观的七夕文化生态旅游，也颇具特色。

乞巧节在新时期新发展、新繁荣，七夕乞巧起到了连接友谊、增强身份认同感、赋予新时代妇女精神社会功能的作用。同时，七夕乞巧作为一种民俗文化，越来越受到人们的关注，成为假日旅游的新主题，乞巧工艺品也逐渐成为锻造心灵和手技的艺术通道。民俗是指一个国家或民族的人民创造、享受和传承的生活文化。从民俗主体的角度厘清乞巧的现代文化内涵，有助于更好地发挥乞巧的功能。

伴随各地非遗保护的开展，各地开发七夕文化，建立本地文化品牌，一批以七夕传说为元素的戏曲、影视重新走上舞台，有些地方还围绕七夕传说创作拍摄戏曲和影视剧等。比如甘肃西和创作新秦腔《七月七》，河南南阳 2016 开机拍摄《牛郎织女》等。下面从七夕文化旅游胜地文化品牌塑造；七夕相关旅游手工艺品、食品开发和品牌塑造；七夕民俗节目文化品牌的塑造来阐述非遗视角下旅游对七夕文化品牌的塑造。

第一节　以七夕习俗、传说塑造旅游胜地文化品牌

一、七夕元素和湖北郧西七夕文化长廊

2006 年七夕节被列入国家级非物质文化遗产国家第一批名录，2014 年，郧西获得"中国天河七夕文化之乡"称号，"郧西七夕"也被列入第四批国家级非物质文化遗产代表项目名录。

（一）以七夕文化为中心的郧西人文景观建设

牛郎织女神话故事起源于汉水，处于汉水中游的郧西创建"七夕文化"品牌具有独特的文化优势。天河位于郧西县中部，北朝南流向，是世界上唯一一条与"牛郎织女"传说中的天河重合的河流。

现代郧西充分发掘七夕文化，将七夕文化品牌塑造和城市文化旅游建设深度结合，以"文化旅游强县"为目标，相继建成一批具有七夕文化元素的市政工程和游园景点，比如七夕大道、牵牛大道、天河大道、汉白玉织女塑像、七夕文化园、七夕故事园、七夕广场等，七夕广场地处县城天河和二道河的交汇处，占地面积2.13万平方米。七夕广场上不仅有牛郎、织女雕像，还有七夕故事园、音乐喷泉、时空隧道，以及壮观的铜牛和天下第一月等人文景观。在流经县城的天河、麦峪河、五里河、五龙河上还兴建了金簪桥、金梭桥、双鹤桥、琴桥、鹊桥、祈福桥等大小桥梁20余座。

七夕文化区主要打造出"郧西古景、神秘天河、七夕民俗"的旅游特色，并以"天河飞鹊桥，牛郎会织女，秀峰留神影，浪漫七夕情"的旅游主题，发挥观光游览、婚旅度假、休闲疗养、生态保护的主要功能，主要有樱花谷、情人谷、桃花谷、牛郎织女村、月阁、水上游乐园等70多处旅游景点。道教文化区以"仙道崇拜、道教养生"为特色，以真武文化为主题，主要通过历史悠久的玄鼓观及新建的真武广场、真武铜像等呈现青年真武在郧西玄鼓山修道的传说，与武当山道教文化一脉相承。围绕七夕文化，开发生态旅游。

（二）以七夕文化为中心的郧西自然景观开发

七夕节文化的发展离不开相应的自然景点建设，景点的建设又以文化内涵为支撑点。比如除了上文以七夕文化元素为中心的人文景观的建设，还根据七夕传说建设自然景观。建设了天河风景区，以及世界婚博园、五龙河、上津古城、三宫洞狩猎场、龙潭河景区等一批旅游景区。其中五龙河、龙潭河、天河、上津古城成为国家AAAA级景区，并以天河风景区为源头，打造了几条经典旅游线路，一条是天河风景区—五河—三官洞狩猎场生态体验游线路；另一条是天河风景区—天河口—龙潭河—夹河关为主的山水风光游线路；最后以天河风景区—黄龙洞—上津古城—湖北关为主的历史文化游线路。景区塑造山水型、民俗型、人文型的特色旅游线路及品牌，形成了"一区二线"的旅游格局。

（三）以七夕文化为核心的郧西旅游等产业化发展

以上阐述了郧西借助七夕文化和七夕传说建设了郧西七夕人景观和自然景观，大力发展七夕旅游，但同时要发展郧西七夕文化旅游，还要围绕旅游业"吃、住、行、游、购、娱"六要素，把旅游产业与第三产业中其他产业融合发展，开发织女蚕丝被、红葡萄酒、七夕吉祥物、手工织锦、天河奇石、特色食品等文化旅游产品，加大交通、住宿等基础设施的建设，开展与七夕文化相关的文化文娱节目等，才能使游客进得来、留得住、带得走。

为加快转变经济发展方式，发挥文化旅游的独特优势，推动鄂西生态旅游文化圈建设，郧西构建"天河七夕文化"，大力发展文化旅游业，已经成为各地转变经济发展方式、促进经济结构优化升级，推动

图 7-1 郧西七夕文化节

图 7-2 郧西七夕夜景

经济社会全面协调可持续发展的重要举措。

首先，郧西县近年来不断改善城市公共基础设施，坚持把"城市当景区建"，着力打造"亮化长廊"，即沿五里河、小河两侧、天河国际大酒店河堤栏杆 5922 米，进行点亮工程建设，使外地游客可以夜游郧西美丽的铜牛、人造月亮、音乐喷泉等人文景点。

其次，通过举办"七夕文化节"来增强天河七夕文化核心竞争力，塑造郧西县七夕文化品牌。近年来郧西县七夕文化节活动主要包括：七夕绣娘大赛、七夕歌曲广场舞大赛、七夕书画摄影展、首届世界华

图 7-3　郧西七夕文化节节目表演

语爱情诗歌大奖赛、天河祈福灯展、旅游招商推介会、七夕节专场文艺演出等。其中，第三届七夕投资博览会日均签约项目 19.65 亿元，是历年来规模最大的招商引资活动。

综上所述，在郧西七夕文化的发展过程中。首先，是以七夕文化为中心加大郧西七夕人文和自然景观的建设。规划建设了天河景区，先后建成了鹊桥神影、天河探缘、韭崖新雨、天河风光、天河人家、森林探险等自然景观，又建设了七夕广场、七夕文化公园、婚庆世博园等人文景点。同时，加强郧西全县的公共设施建设，并以牛郎织女及相关文化七夕基本元素，建设七夕大道、婚庆街，形成郧西核心旅游景区。通过挖掘拓展七夕文化内涵，提升郧西的七夕旅游知名度和品牌塑造。

其次，把握七夕文化与旅游产品的联系。将地方特色产品赋予七夕文化内涵，提升产品价值。郧西大力挖掘七夕文化内涵，先后开发了织女牌蚕丝被、天河酒

等产品，未来还将开发七夕手工艺品和特色食品，使旅游链条更加完善。

最后，将七夕文化与产业发展对接。积极建设七夕文化产业园、天河交友网、天河国际酒店、天河酒庄等文化企业和产业，塑造七夕地方知名品牌，促进本地文化繁荣和产业共赢发展。郧西七夕文化的发展过程是一个继承、发展、创造的过程。要进一步加大创新创造力度，不断培育壮大七夕创意产业，从而实现社会效益和经济效益的双赢。[1]

总之，现代郧西经过近十年的建设和开发，形成以七夕文化元素为主的一系列人文景观，并以周边自然景观和道教文化融入鄂西文化生态圈，开发七夕生态旅游。郧西每年七夕以"情爱"为中心的七夕文化节活动，宣传传播七夕文化，已经在 10 年的传承中形成自己独特的文化，即传统七夕文化元素和现代七夕气息（如现代化的各种形状的桥和彩灯）融合的郧西七夕文化品牌。[2]

二、恩施土家女儿会、恩施土家女儿城与七夕相亲文化品牌的塑造

2009 年，恩施土家女儿会入选湖北省第二批省级非物质文化遗产名录。

（一）恩施土家女儿城旅游文化产业发展与相亲文化品牌塑造

图 7-4　土家女儿城开业

中国恩施土家女儿城，位于湖北省恩施市区七里坪，是一个人造古镇，整体建筑风格是仿古的土家族吊脚楼，展现了土家族的民俗风情。是土家族文化的民族聚集地，也是武陵地区城市一个特色的

[1] 王丽媛.打造七夕文化品牌，服务县域经济发展 [J].学习月刊，2012（20）：105.
[2] 王绪桔.打造七夕品牌　推进旅游立县 [J].学习月刊，2011（4）：139.

文化旅游集散中心。并着力打造中国西部文化旅游商业古镇，中国相亲之都。

土家女儿城自 2013 年 10 月 19 日开城以来，古城的旅游和商业发展迅速，主
要包括旅游、餐饮、住宿、商务、
休闲娱乐、文化等业态。女儿街
是女儿城的代表。女儿街位于恩
施古城的核心地带，是恩施地区
最繁华的商业街。手工刺绣、恩
施硒制品、湖北非物质文化遗产
美食等湖北非物质文化遗产手工
艺品企业进驻土家女儿城。投资
8000 万元的女儿城大剧院是国内
可同时容纳 800 人的室内实景剧
场。北京奥运会副主任陈维亚被
任命为女儿城的常驻民俗节目《西
兰卡普》的艺术总监，该剧目于
2014 年首演。同时，女儿城大剧
院也将成为恩施土家族最著名的
民俗相亲活动—— 女儿会的永久举办地。

图 7-5　土家女儿城

图 7-6　土家女儿城相亲角

（二）恩施土家女儿会与相亲文化品牌塑造

恩施女儿会也叫"土家女儿会"，被誉为东方情人或土家情人节。一般来说，
每年农历七月初七至十二日的这几天会举行儿女会。儿女会原来流行于恩施石灰
窑、大山顶地区，现在已发展成全州的民族节日。女儿会是恩施州土家族具有代
表性的区域性传统节日之一，是一种独特新颖的节日习俗文化。女儿会主要特点
是以歌声为媒介，自由择偶。当时，主要是年轻女孩，也有已婚妇女参加，通过
二重唱的形式找心上人或与老情人约会，畅诉衷情。

从非遗保护和地方旅游发展的角度来看，现代恩施女儿会发生了一些变化。即自1995年以来，将恩施土家女儿节作为整个恩施州最具品牌特色的民俗节庆来打造；同时，恩施市又将"女儿会"与恩施生态文化旅游相结合，大力发展恩施女儿会文化旅游。恩施土家女儿会进行了创新性传承和发展后，成为了恩施一个颇具魅力的民俗节庆，也成为了全国人民了解认识土家族民俗的一个窗口。[1]

总之，在恩施市政府的努力下，近几年加大了土家女儿会的宣传与推广力度。自1995年后，恩施市委市政府已经连续举办了多届土家女儿会，女儿会从一开始的区域性活动发展到今天集节庆、文化、经贸、旅游于一体的综合性民族盛会。作为恩施"三张名片"之一，女儿会相亲和"东方情人节"正逐步成为恩施的"城市品牌代言人"。[2]

图 7-7　土家女儿城女儿会

图 7-8　土家女儿会非遗展演

图 7-9　土家女儿会相亲

三、甘肃西和乞巧文化品牌塑造与旅游产业的发展

2005年9月，乞巧节被列为甘肃省政府保护的首批省级非物质文化遗产之一。2008年6月，乞巧节被国务院宣布列入第一批国家级非物质文化遗产保护名录。

---

[1] 张惟婧.传统民俗的现代性转换 —— 以恩施土家女儿会为例 [D].恩施：湖北民族学院，2024.

[2] 陈燕华.恩施土家族女儿会的文化内涵及其传承与发展 [J].民族论坛，2017（2）：40-43.

中国西和乞巧节从农历六月三十日晚（小月二十九日）至七月七日晚，持续七天八夜。活动内容丰富，形式多样。乞巧的整个仪式活动分为坐巧、迎巧、祭巧、拜巧、娱巧、卜巧、送巧七个环节。每个环节都是歌舞相伴，还有几个富有特点的仪式，所以留存了大量的乞巧唱词、曲谱、舞蹈形式，以及与农耕文明相关的祭拜仪式，还有与生活相关的纺织、刺绣、女工、服饰、道具、供果制作等。其活动持续时间长，规模大，参与者多，民俗完整。

1. 甘肃西和乞巧文化品牌塑造与西和七夕旅游产业的开发

近些年，西和县通过挖掘乞巧的文化内涵和开展乞巧文化活动，大力发展乞巧旅游文化产业，为西和旅游业的发展注入了新的活力。

其主要举措：一是举办乞巧节会，自 2007 年以后，举办了多届"中国乞巧文化旅游节"。组织富有特色的文化旅游、商务、会展、文化会演等活动，如开展了大型文艺演出、乞巧文化民俗展、仇池山歌比赛、乞巧活动表演、招商引资项目推介会、乞巧文化论坛等十多项活动。让游客感受到西和乞巧文化丰富的内涵。加大仇池故国、伏羲生处、三国古战场等旅游文化景点的推广，提高了西和乞巧民俗文化旅游的知名度和影响力。

二是修建乞巧文化博物馆，打造西和特色的乞巧民俗文化风情旅游线路。在晚霞湖景区建设了织女雕像，是由著名雕刻家何鄂女士设计的，修建了"乞巧文化墙""九曲鹊桥""同心亭"等乞巧文化景观，晚霞湖景区丰富的乞巧文化内涵和美丽的景观，使其成为周边县区各婚纱影楼

图 7-10　甘肃西和《乞巧情韵》节目表演

天然的摄影基地，吸引众多的新婚夫妇和摄影爱好者来这里拍照留念。

三是大力建设乞巧民俗村，沿晚霞湖建设了六个乞巧民俗新村，开发了景区周边的 44 家农家乐，提升旅游接待服务能力，景区年接待游客 20 万人次。

四是开发乞巧文化旅游产品，形成了巧娘娘塑像、保健枕、鞋垫、草编、刺

绣等一系列旅游文化产品。

五是开发乞巧民俗，为了促进文化资源的合理有序开发，聘请了省内外知名专家和学者担任非物质文化遗产开发工作顾问。成立了乞巧文化研究小组，积极开发乞巧民俗旅游项目，努力打造独特的乞巧民俗风情旅游产品。

最后，创新性开发了新编民俗秦剧《七月七》、民俗节目《乞巧情》，拍摄制作了《中国（西和）乞巧女儿节》纪录片，以及微电影《乞巧缘》等文化节目，创办了《中国乞巧》

图 7-11　甘肃西和乞巧女儿节

杂志，开通相关西和乞巧宣传网站，出版了西和乞巧相关的书籍，加强了甘肃西和七夕文化的传播。通过与外界的文化、经济交流活动，推进了西和社会文化与经济水平的进步，扩大了西和县的影响力和知名度，促进了以西和乞巧为代表的非物质文化遗产的挖掘、保护、传承工作，以及甘肃西和七夕文化品牌的形成。

2. 甘肃西和乞巧民俗旅游深度开发的建议措施

甘肃西和七夕文化虽然具有一定的品牌和知名度，但是如何利用文化＋旅游来进一步传承和发展七夕文化品牌，有以下几点建议和设想。

（1）积极塑造西和乞巧文化之乡形象。

建设西和乞巧民间文化展览馆或民间文化博览园。运用高科技手段，通过虚拟现实技术模型来展示乞巧活动的历史特点过程，收集相关的道具和用品。建设乞巧文化主题公园，开展乞巧民俗表演，开展儿童乞巧游戏等活动，提升乞巧文化旅游内涵。加强对乞巧民族文化的保护，开发具有西北地域文化特色的民俗表演节目，以浓厚的文化精神内涵，塑造"中国乞巧文化之乡"的品牌文化形象。

（2）积极开展乞巧民俗旅游文化研究。

适时举办高水平、高规格的乞巧民俗文化研讨会,成立中国乞巧民俗文化论坛,搭建乞巧民俗文化研究平台,邀请业内人士与民间人士共同参与旅游专家学者对西部乞巧民俗旅游的发展进行的探讨和研究,并提出建议。

（3）举行模拟乞巧比赛。

每年七夕前或闲暇时间都要举行模拟乞巧比赛。鼓励更多的人参与模拟乞巧活动,激发人们的创造力。如乞巧歌咏创作演唱比赛、乞巧舞蹈比赛、乞巧道具制作比赛、乞巧服装装饰设计比赛、乞巧食品开发比赛等。在多方面促进人们的创新,丰富乞巧民俗的内容,丰富乞巧文化的内涵。

（4）开展乞巧民俗旅游产品的开发及展销会。

乞巧节之所以能在现代社会复兴,除了其自身独特的文化魅力外,就是"乞巧"衍生出了大量精美的手工艺品,形成了乞巧文化的核心。它被赋予了"乞巧"文化的内涵和烙印。可以借助各种展览和节日的影响,在周边地区开展西和本地乞巧旅游商品的开发、宣传和销售活动,塑造本地乞巧旅游商品的品牌。

总之,在文化＋旅游的契机下,继续拓展甘肃西和七夕文化品牌,带动七夕文化传播和七夕文化产业发展。[1]

四、浙江洞头七夕节俗旅游的开发

2010 年,浙江洞头七夕成人节被列入浙江省省级非物质文化遗产名录。在 2014 年,洞头被授予"中国七夕文化之乡"。

农历七月初七,中国传统的七夕节,海岛洞头还有别具特色的成人节。浙江洞头民间会在七月七为年满 16 岁的孩子举办成人节。浙江洞头的七夕成人节还有请七星亭、祭拜七星夫人,拜床母、姑娘乞巧等习俗,七夕还做巧人儿饼、红圆、红龟等美食。七夕的祭拜也有特指的含义和固定的程式。洞头"七夕"成人节,

---

[1]　高应军. 陇南西和乞巧民俗旅游的深度开发 [J]. 甘肃高师学报,2012（1）:139-142.

既是海岛居民的传统节日，也是民间手工纸艺（扎七星亭）、民间木刻（巧人儿印模）、刺绣等非遗手工工艺展示的节日，其中 16 岁成人仪式最有特色。

七夕成人节，在洞头已有 300 年历史，最早源自牛郎织女民间传说。300 多年前，洞头县说闽南语先民从闽南迁到洞头，带来了七夕成人节这种习俗，并传承至今，成了洞头民间最具文化意蕴的特色节日习俗。近年来，县政府与相关部门，通过举办"渔家乐"民俗风情节，推出"巧人儿"饼特色小吃；七夕成人节习俗保留较完整的东岙渔村，成为七月七传统活动基地，每年开展七夕成人祭拜活动。通过以上举措，对洞头七夕传统文化的挖掘、保护和创新性传承。

几百年来，海岛人民极为注重七夕节的成人仪式，祈求通过庄重的成人仪式让青少年明志知礼懂事承担。当晚，中国民间文艺协会分党组成员、副秘书长周燕屏女士授予洞头县为"中国七夕文化之乡"。在次日举办的"我们的节日 —— 海峡两岸七夕文化与成人礼学术研究会"上，中国民间文艺家协会分党组书记、驻会副主席罗杨称："受中宣部委托一直在寻访研究民间三大仪式，洞头七夕成人仪式是至今发现传承最完全、最隆重的典礼，值得推介。"[1]

七夕文化习俗与当地地理文化开发的旅游项目结合，形成浙江洞头的七夕旅游文化品牌，但七夕节假总有一定的时限，如何开发更多的七夕精品项目和当地民俗节目展演，是当地政府和企业要思考的。

---

[1] 走入全国视界的洞头七夕节成人仪式. 浙江文明网，2014-08-04.

第二节　七夕相关旅游手工艺品、食品开发和品牌塑造

一、七夕最大的文化品牌：中国蚕桑丝织技艺、南京云锦织造技艺、南京云锦木机妆花手工织造技艺

2013 年 12 月 4 日，联合国教科文组织保护非物质文化遗产政府间委员会第八次会议在阿塞拜疆共和国首都巴库对 18 项申请列入人类非物质文化遗产代表作名录的项目进行了审议，正式批准包括中国珠算等在内的 14 个项目列入非遗目录。据说，各国在本次会议上提交的非遗申报项目不到 30 项，而中国入选该名录的总项目达到了 30 个。

它们包括：中国蚕桑丝织，对应的有宋锦织造技艺、南京云锦织造技艺、南京云锦木机妆花手工织造技艺、蜀锦织造技艺、苏州缂丝织造技艺等（前文第三章介绍过），还包括蚕丝织造技艺（余杭丝绵制作技艺、杭罗织造技艺、双林绫绢织造技艺）、蚕桑习俗（含山轧蚕花、扫蚕花地）等国家级非物质文化遗产；保护级别不详的非物质文化遗产：种桑养蚕传统技艺。在现代非物质文化遗产的生产保护中，中国蚕桑丝绸织造和云锦织造技术的产业化发展为服装、刺绣工艺品等形式。

在现代非遗的生产性保护中手工艺的传承在旅游和文化传承中，主要以手工艺品、旅游纪念品、服饰及刺绣手工艺品等的形态发展。比如：中国蚕桑丝织和云锦织造技艺，浙江嘉兴七夕香桥会里的香桥，甘肃西和、礼县一带七夕会制作巧娘娘纸偶像及其服饰，乞巧活动中所用到的各种道具等。总之，七夕各地在祭

祀牛郎、织女的同时，各地的纸扎、剪纸面塑、木雕、布艺，甚至园艺等技艺得以传承、发展，并散发出独特的魅力。

因为许多讲究匠心的精巧手工艺品是工业生产不可替代完成的，比如现已很难见到的谷粒大的绣花鞋、指甲大的扇子、50多层的镂空象牙球、增城的榄核雕、内画、微书等，能制作这些手工艺品的匠人已经很少了。这些精巧的工艺，都是在长期的劳作中练就的，我们要给匠人精神上和物质上的支持，让匠人能够深入自己的内心，专注于艺术的传授，专注于教学，让匠人世世代代流传下去。

精巧的手工艺品包括如下几种类型。一是灯饰，有彩纸的、绢绣的、谷秧围的；二是人物造型，根据剧情内容扮演故事情节，组成一板板台面；三是实用工艺品，如绣花毛巾布、花鞋、钱包等。参与制作者不仅限于女孩，老人也参与制作，这其实已经由各家各户比赛精工变成了民间工艺的展览、比赛，是一种生产与娱乐相结合的活动。

乞巧节之所以能在现代社会复兴，除了其自身独特的文化魅力外，就是"乞巧"衍生出了大量精美的手工艺品，形成了乞巧文化的核心。深入开发乞巧民俗旅游商品，将被赋予"乞巧"文化的内涵和品牌，有助于提升乞巧文化旅游的品牌效益。可开发生活系列、生产系列、社会活动系列等产品。例如，西和县将刺绣、根雕、草织、乞巧石等民间工艺品与西和开发的乞巧工艺品特色相结合，使其成为西和与外国文化交流的"名片"。因而，文化商品的开发要系列化、规模化、商业化。

二、浙江七夕祭星乞巧与萧山花边技艺的兴起

浙江萧山七夕祭星乞巧被评为浙江省非物质文化遗产。萧山区坎山镇的"祭星乞巧"被命名为七夕节14个传统节日保护示范地之一。

（一）祭星乞巧与萧山花边技艺

浙江祭星乞巧习俗在萧山分布较为均衡。其中，萧山东部和中部的坎山、瓜沥、南阳、蜀山、衙前、新湾、党山、靖江、新街、宁围、义蓬、新塘、河庄等镇最

为集中，人口和面积分别占各区的 65.7% 和 84.8%。

随着社会的发展，祭星乞巧活动也在不断发展丰富，坎山祭星乞巧与萧山花边工艺有着密切的结合。在近一个世纪的时间里，萧山花边的兴起和发展，曾经是萧山以东地区人民重要的经济来源。它在 20 世纪为萧山东部人民提供了最直接和最广泛的手工产业，与当地人民的生活和经济文化有着非常密切的联系。挑花织女每年在七夕之夜乞巧赛巧，萧山花边有广泛的群众基础，并形成了几代人完整的传承链。

萧山花边又称"万缕丝"或"万里斯"，是民间手工艺品中一种挑绣的方法。20 世纪初，它从意大利威尼斯传入萧山坎山，刚开始只生产少数服装边、袖边、垫边等小规格。通过艺术家的不断创作和实践，技艺水平不断提高，品种也越来越多。根据坎山镇的记载，萧山花边始自坎山镇，21 世纪初，坎山已成为浙江蚕茧、棉花的集散地，客商云集。该地区的妇女以种植棉花、织布、养蚕和缫丝的能力而闻名。自 1919 年上海商人徐方卿开办坎山第一家花边厂 ——"沪越花边厂"，到中华人民共和国成立后，花边业的发展，又由坎山延伸到南沙各地。当时，萧山有 100 多家花边厂。萧山花边 20 世纪三四十年代畅销欧美。中华人民共和国成立后，花边产业有了更大的发展……

萧山花边行业以图案多样、工艺精湛、构图严谨、针法精巧、色彩典雅而闻名于世。大多数的蕾丝图案都是从花卉中取材的。艺术家结合精选刺绣的特点，以精致的笔触设计出对称分层的画作。各种花的形状都是相对独立的，但又与整体紧密相连。钩绣的制作，非常注重针阶的精细对称。几根丝线挑绣"万缕丝"的精品，一粒米长挑 10 多针，一块床单挑 500 多万针。

（二）萧山花边工艺大师赵锡祥

花边工艺大师赵锡祥，1936 年生于萧山坎山镇。1954 年，赵锡祥在家乡读初中后，进入了坎山花边社。1958 年 5 月，他开始在山花花边厂从事花边设计工作。同年 8 月被派往浙江美术系深造。1960 年毕业后回到工厂。他继承了传统技术，博采众长，仔细研究，大胆创新，创作了万缕丝全雕结合镶边、格欣绣、彩条链、绚带丽、龙骨带花边、梭锦绣镶边六大类抽纱的新品种。他的作品以构图饱满、布局严谨、层次清晰、富有跌宕、针法多变，易于编织见长，具有洒脱、飘逸的艺术风格。

赵锡祥在三十多年的花丝设计生涯中，硕果累累。他独创的新画纱品种，主要包括六大类：全雕镶边、格联、彩条链、绚带丽、镶边锈衣、梭锦绣镶边。作品线条流畅，布局严谨，针形多变，具有洒脱、典雅的艺术风格。主要作品有：5801万股全雕边丝，首次成功将万缕丝和全雕绷锈相结合，成为我国抽纱的"王牌"产品，海外友人送其金匾，称他的作品"实至名归、誉满全球"；格欣锈花边创造出来后，就受到日本客商的喜爱，一度流行于日本各岛；绚带丽花边首开手、机相结合的先河，在国际抽纱市场正面临萧条时，这种花边进入市场，至今销售良好。他非常擅长设计大型建筑的装饰花边。他曾两次参与北京人民大会堂的装饰设计。1972年，为了迎接美国总统尼克松来访杭州，他设计了一幅名为《西湖风景》窗帘，基辛格博士赞道："堪称世界花边之冠。"

（三）萧山花边的传承和发展

坎山属于钱塘江淤积平原，历史上主要种植粮食、棉花、大麻等。这是一个经济作物区，辅以桑树育种、家蚕手工作坊等家庭经济。萧山花边发展的鼎盛时期是在20世纪70年代，当时花边在意大利的发源地威尼斯濒临灭绝，但在萧山有20多万刺绣妇女进入了这个行业。在发展该县花边生产的同时，还选派了一些经验丰富的十字绣大师到绍兴、乐清传授技艺，发展当地花边生产。花边厂根据工作时间和花边制作难度来发放工资，花边收入成为萧山地区每个家庭的主要收入来源之一。

萧山区委、区政府坎山的"祭星乞巧"被确立为省14个传统节日保护示范地之一后，也及时做出了相应的对策，区级部门成立了一个特别小组，落实七夕节"祭星乞巧"活动，保护、开发的具体方案，实施给予相应的基金支持。为使这一传统节日活动成为萧山的又一文化盛事，为推广萧山的又一文化品牌而努力。

祭星活动最初是在衙山地藏寺举行，后来"祭星乞巧"就流传到地藏寺下的坎山一带，并传遍全国，最终成为民间的一种传统习俗，一直延续至今。坎山地藏寺是我国继九华山之后的第二大藏寺。"七夕祭星乞巧"的习俗最早起源于此，至今已流传了数百年。如今，在坎山镇，每到七月七日的晚上，家家户户都会自发祭星乞巧。[1]镇上也准备建立一个"七夕文化创意园"，用于文化交流、文化创意和非物质文化遗产保护，以及显示花丝花边博物馆历史价值，为了促进创意产业和文化旅游的发展。

现代社会之所以能复兴乞巧节，除了其自身独特的文化魅力外，就是"乞巧"衍生出了大量精美的手工艺品，形成了乞巧文化的核心。深入开发乞巧民俗旅游商品，将被赋予"乞巧"文化的内涵和品牌，有助于提升乞巧文化旅游的品牌效益。[2]

三、浙江石塘七夕"小人节"习俗与纸扎手工艺的传承

（一）石塘七夕"小人节"习俗与纸扎手工技艺的传承

石塘七夕习俗俗称"小人节"，是温岭市国家级非物质文化遗产代表性项目。每当农历七月初七来临，石塘镇箬山一带信佛（泛神的民间信仰）人家都要给16岁以下少年儿童过节。

石塘箬山七夕小儿节的祭祀，却为我们拨开了笼罩在这折戏剧上的迷雾，也为我们今天从民俗艺术中追寻中国戏剧的发生和缘起提供了契机。"纸亭"这种制作精美的民间工艺及其制作传承人在市场经济中的关系和作用，也引人注目。[3]

---

[1]　孙明明.坎山"祭星乞巧"的历史渊源与民俗传统[A].萧山记忆（第二辑）[C].2009-06-01：127-130.

[2]　赵唯宏.技艺与记忆：萧山花边及传承人口述史研究[D].杭州：中国美术学院，2024.

[3]　陈勤建.当代七月七"小人节"的祭拜特色和源流——浙江温岭石塘箬山与台南、高雄七夕祭的比较[J].广西师范学院学报，2005（4）：5-9.

（二）浙江石塘七夕节纸扎技艺及其传承人

在石塘（老石塘）、箬山渔村，每年农历七月七，当地信佛的家庭，照例要为16岁以下（含16岁）的少年儿童过"小人节"（石塘七夕习俗），而七月七祭拜必备的彩亭（纸亭），即闽南那边所谓的"七娘妈亭"，上边装饰各式戏曲人物，非常精致。正是七夕祭祀中有糊"七娘妈亭"习俗，石塘、箬山两地产生了一些优秀的民间纸扎艺人。下面介绍几位当地的民间纸扎的传承人。

1. 彩亭老艺人梁安奶

84岁的老艺人梁安奶从九岁开始师从纸亭制作大师金花学艺，14岁与人合作开了家小作坊扎纸亭卖，从事这一行有75年。糊一个纸亭看似简单，实则工序繁多，纸亭的骨架，是竹子剖成竹条扎成的，纸亭上插的泥偶，则是关键的道具。按梁安奶的说法，过去的纸亭更精致，算钱的依据是纸亭上插着的偶人的精细状况，现在，因为泥偶售价低，纸扎艺人也只能偷工减料，否则划不来。

图7-12 梁财庆的妻子在糊纸亭

图7-13 梁安奶在糊纸亭

泥偶的头，是用青丝泥模制的，梁安奶说，每年的八九月间，他就开始印泥偶头模了，这些各种各样的印模，他有二三十个，所用的青丝泥，则是从上马的田里挖来运过来的，这些泥经捣烂后，捏成一小团，在砖模中按压一下，一个个有口鼻、眉目的偶人头就出来了，在燥风天阴干后，然后在脸上涂上底色颜料，用小毛笔画上嘴唇、眉目等，有的则画上脸谱，这样一个个泥偶头就可待用了。取一根短竹签，在竹签的一端，衬上一根筷子，缠上几圈纸后粘上，抽出筷子。做好一批后，等糨糊干后，再缠糊上几圈纸。这样，竹签上缠的纸壳上，还有一个筷子抽后留下的小孔，方便以后安上泥偶头部。至于泥偶的手、脚，都是硬纸卷起来粘到竹签身架上的，好像是人体的骨架，再在骨架上，粘上各色的绢纸，安上泥偶头，处理好细节，各种角色的戏曲人物就"活"了。泥偶做好后插在沙盆上，等纸亭糊好分别插到彩亭上。

梁安奶育有四子三女，四个儿子叫梁定良、梁定德、梁定招、梁定富，他们从小耳濡目染，都学会了纸亭糊制技艺，不过，现在仍在糊彩亭的，只有残疾的三儿子梁定招了。

2. 浙江七夕纸亭制作代表性传承人骆业生

浙江纸亭传承人骆业生，男，1934 年出生，温岭石塘人。骆业生 25 岁师从民间扎制艺人金花师傅学习扎制纸亭技艺，此后在家独立作坊，至今已有超过 50 年的从业历史。在后来的扎制生涯中，他已经把扎制技艺传授给了儿媳妇谢海兰。2008 年 6 月，他被温岭市人民政府认定为纸亭制作的代表性传承人，2009 年 9 月，他被浙江省认定为省级非物质文化遗产项目 ——"小人节"代表性传承人。

他扎制的纸亭为"半边亭"，纸亭上的人物造型逼真，做工细腻。他所制作的纸亭在当地享有较高的声望，印制的小人头品位也较高，尤其是每年元宵扮台阁的人物化妆等，都受到有关单位和同人的肯定与好评。台州电视台和温岭电视台等各级媒体都做过报道。除在当地七夕小人节时扎制纸亭、纸轿等外，他还参加了市里组织的传统技艺现场展示活动。但因目前纸亭生意越来越淡薄，他只有扎制些花圈等丧葬用品以维持生计。目前石塘七夕习俗纸亭制作代表性传承人骆业生已经去世。

3. 其他七夕纸亭制作传承人

在箬山本地，类似梁安奶父子等的纸扎艺人还有多位，如骆业生、陈筱祥、陈其权、陈其鸿、陈祥星等。陈祥星为大奏鼓传承人陈其鸿的第五个儿子。陈其鸿生前在箬山颇有名气，会画画，会写毛笔字，会做纸亭，会做戏剧的各种盔头，会做糖龟印，会做冥屋等，是一位多才多艺的民间艺术家。虽然陈其鸿已经去世，但陈其鸿的大儿子和第五个儿子已经传承了陈其鸿的艺术细胞，都会制作纸亭。

其中箬山纸亭制作人骆业生，2009 年被浙江省人民政府认定为省级非物质文化遗产项目 —— 石塘七夕习俗代表性传承人，陈筱祥则是第一批温岭市非物质文化遗产项目代表性传承人，陈其权是骆业生邻居，师从骆业生从艺。[1]

石塘七夕习俗俗称"小人节"及纸扎技艺已成为温岭及我国的非遗文化品牌，在七夕民俗文化和纸扎非遗技艺传承发挥重要作用。

四、七夕巧果的传承和发展

（一）现代七夕巧果的传承和发展

《东京梦华录》中又称巧果为"笑靥儿""果食花样"，其图案有捺香、方胜等。宋代，城内街道上都有七夕巧果出售。假如买一斤巧果，其中还会有一对身披战甲，如门神的木偶，即所谓"果食将军"。

七夕节的食物，应该以乞巧果最为著名。巧果又称"乞巧果"，很有风格。主要原料是油、面粉、糖和蜂蜜。巧果图案通常是用模具雕刻出来的，做成小面食，既可以装饰，也可以食用。它们大多呈几何形状，面上有各种精巧的吉祥图案。例如，我们经常看到莲蓬、桃子、老虎、狮子、猫、猴子、公鸡、小猪、蝉等。放在铁锅里烙熟后，用稻草串成一串，用一根红绳系住，再在底部粘上几根五颜六色的流苏。把几十个巧果做成一根绳子，挂在墙壁之间或男孩身上，作为装饰品或零食。

巧果的起源，有一个有趣的传说：传说在很久很久以前，有一个女孩叫小巧，她非常同情牛郎和织女的凄美爱情，所以每年七夕节的晚上，会做一种精致的小零食，并焚香供奉，希望牛郎织女能在天空相遇。当地土地公被她的诚意所感动，向天庭报告了这件事。玉皇大帝碍于天规不能赦免牛郎织女，却非常欣赏小巧的心意，所以让月老牵线，促成小巧的婚姻美满。从此，小巧和喜欢的人生活在一起，夫妻不离不弃，和和美美，让人羡慕。许多女孩子也从小学来，在每年的七夕制

---

[1] 邵银燕，黄晓慧 . 浙江省非物质文化遗产代表作丛书：石塘七夕习俗 [M]. 杭州：浙江摄影出版社出版，2015：106-113，116-120，130-156.

作不同的特色小吃，祈求婚姻美满，生活幸福，这种小吃也叫"巧果"，一直流传下来。

还有一传说，说巧果是七位仙女的眼泪，给孩子吃或放在婴儿身上，孩子会越来越聪明，越来越漂亮。这可能并不重要，重要的是一个传统。古代女孩做巧果也是为了有高超的技艺，心灵手巧。在爱情方面，七夕巧果也有着举足轻重的地位。给恋人送巧果是向对方表达爱意的一种有效方式。

（二）七夕巧果的杰作 —— 陕西美食面花 [1]

在陕西渭南大荔，自 2003 年村里恢复"乞巧"活动后，65 岁的拜雪梅老人每年都应邀做面花，甚至曾经上过电视。她为"乞巧节"做的"牌楼"高一米，呈梯形，共分为七层，每层都有不同的人物造型，有织女、牛郎、七仙女、吹打班等，栩栩如生。为做这个面花，她请了五六个老大妈帮忙，从头天早上 6 点开始做，到次日中午才完成，上锅蒸了七次。

图 7-14　陕西合阳面花（鱼）

总之，作为这个节日的传统食物的乞巧果，在中国古代，包括现代，有相对较高的普及率。人们对于七夕吃巧果都有一份独特、难以忘怀的情结，就像在春节期间吃饺子，中秋节吃月饼，是一个重要的习俗。但随着现代社会的发展，男女平等观念的普及，原先确立的男主外女主内的观念逐渐淡薄，吃巧果的习俗也逐渐消失。但是巧果依然作为七夕节礼物的形式，被很多人想到，念起。许多人买一份精致又好吃的巧果，只是为了缅怀小时候的记忆，有些人想品尝真正的巧果，有些人想在七夕那天给

[1] 大荔面花：也叫"礼馍""花花馍"，是一种陕西省的汉族民俗工艺品。一般在过年过节时制作。相传是古代金石礼品和图腾演化的产物。每当民间四时八节，生婚寿葬，民间农妇用白面，以针线、梳子、剪刀为工具，靠巧手揉捏出花、鸟、虫、鱼、猪、狗、鸡、鳖、蝙蝠、青蛙、人物、建筑物等千姿百态的一种民间塑艺，造型拙朴，意态纷呈，栩栩如生。尤以虎的造型最佳，令人乐见。大凡若需，就会送喜庆、节日、祭祀多种规格的礼馍，以表达他们的喜、怒、哀、乐，人生信仰。故内涵丰富，喜闻乐见。八鱼乡阿寿村面花艺人一代接一代，青出于蓝胜于蓝。

他们的爱人一个惊喜，不同于老套的礼物，如巧克力和玫瑰。

在如此大的市场需求下，巧果的知名度、精美程度远不及中秋节月饼、元宵汤圆等节日食品。市场上出售的巧果多为普通食品，包装简单，缺乏创意，没有深层次的文化包装。因此，它不能满足人们对巧果细腻、美丽的想象，也不能满足大众的心理需求，因为巧果本身就有少女虔诚祈祷的内涵。我们开发巧果、唤醒乞巧在中国人心中的感情，巧果是一个非常合适的象征符号。

因此，巧果作为七夕的象征符号，在现代社会相关产业链的发展中是值得关注的。以上面制作精良的陕西面花为例。首先，设计巧果独特的标识，注册商标，形成品牌。在陕西文化节上，开发相关的旅游工艺品和美食。如开发巧果形项链、手链等。可以带动更高的行业利润收入，使巧果不仅作为一种食品存在，还可以带动新一轮消费热潮。缝制最原始的巧果图案的绣花包、针线盒，满足刺绣工作者、刺绣爱好者（期待好的作品的愿望）的需要。开发巧手牌围巾、手套等特殊产品。

开设专门的巧果 DIY 班，激发人们参与的热情，无形中让更多的人参与到乞巧文化的传承过程中来。同时，也提高了人们对乞巧之果的认识。每年举办"做美味巧果"大赛，进一步提高公众对七夕巧果的认知度和品牌认知度。[1]

---

[1] 刘亚欣，陈小云，等 . 以乞巧果为载体的七夕文化复兴策略 [C].2013 福建省传播学年会论文集，153-159.

第三节　长江流域七夕民俗节目文化品牌的传承和发展

一、七夕传说与戏曲

七夕传说中经典曲目主要有《天仙配》《牛郎织女》《七仙女》《天河配》等，下面就长江流域非遗名录来阐述七夕在戏曲中的传承和发展。其中最为有名的是安徽的黄梅戏《天仙配》《牛郎织女》。2006年安徽黄梅戏被列入我国第一批非遗国家级名录，其著名的非遗传承人是韩再芬、赵媛媛。

根据"董永和七仙女""牛郎织女"传说改编的《天仙配》《牛郎织女》《女驸马》《夫妻观灯》《打猪草》《纺棉纱》等最具代表性。黄梅戏，原名黄梅调和采茶戏，主要分布在安徽省西南部的广大地区。清末，黄梅调与淮宁县、安庆市等地的民间艺术相结合。它用安庆方言唱诵，逐渐发展成一种新的戏曲类型，当时被称为"怀腔"或"皖剧"，这就是早期的黄梅戏。后来黄梅戏又借鉴吸收了青阳腔和徽调的音乐、表演和剧目，开始演出"本戏"。经过一百多年的发展，黄梅戏已成为安徽省主要地方剧种之一，中国五大剧种之一，影响深远。

（一）《天仙配》

1.黄梅戏戏曲传统经典剧目《天仙配》

（1）天仙配发源地。

神话小说《天仙配》，主要讲述了这样一个故事：美丽的七仙女爱上了一个憨厚和朴实的年轻人董永，七仙女私自下到凡间，冲破阻挠和董永结婚，玉皇大帝得知非常生气，命令七仙女立即回到天庭，为了不伤害董永，七仙女不得不忍住悲伤，在槐荫树下和董永泣别。

董永行孝的故事最早出现在东晋干宝（？—336年）编撰的中国古代志怪小说集《搜神记》中，其形象也出现在东汉末年武梁祠石刻画像中。明代青阳腔的《织锦记》又丰富了变文和话本的描写，对后世的戏曲创作有很大影响。

"董永与七仙女"的故事历史悠久，是最生动、感人的民间神话传说之一。据文献考证，"天仙做媒"故事的起源是"当涂丹阳"，"丹阳"地理位置独特，安徽、江苏两省交界贯穿县城，街道小巷相连。从距离和位置上看，位于安徽和江苏交界处的董山里和七仙山在地理意义上属于同一个丹阳。近年来，当涂县丹阳镇对《天仙配》故事发祥地进行了大量的挖掘和考证工作，继续做好这方面工作的积极意义是不言而喻的。一个民族的非物质文化是其独特的民族精神的活记忆。我们希望"深藏闺中人未知"的"董永与七仙女"这段美丽凄婉的民间故事发源地，能柳暗花明。在政府领导的民间文化非物质文化遗产的抢救和保护中，如何吸引公众的积极参与将是我们需要思考的问题。

（2）黄梅戏《天仙配》的创作改编。

平调《天仙配》又名《张七姐落凡》《百日缘》，故事见明传奇《织锦记》。由王长彦、李庆凡整理改编，由张广导演、王文德导演，吴安县人民剧团首演，秦崇德饰演董永、李秀奇饰演张七姐。

《天仙配》，改自青阳腔，经过一代艺术家的表演加工而具有此剧的特点。剧情：有个才子叫董永，家境贫寒。他的父亲死了，他把自己卖给傅府当奴隶，这样他就可以用钱埋葬他的父亲。董永的孝心感动上天，玉皇大帝命令七仙女嫁给董永，并给予100天的结婚期限。结婚后，七仙女为傅府一夜织成10匹锦绢，傅员外很开心，认董永为干儿子，烧掉了他的卖身契。百日后，傅员外赠银送董永回家，在回家路上，这对夫妇啜泣着分别。七仙女临时告诉董永她怀孕了，留下白扇进京献宝，董永献宝得官，七仙女如约送子返回天庭。董永娶傅员外的女儿为妻。

《天仙配》是古代汉族的一个神话爱情故事，原作是一本古老的民间书籍。

1951年，第一次被安庆市文化中心的班友书改编，其中《路相遇》参加首届华东话剧演出并获奖。班友书把民间冗长的剧本改为七场，把七仙女受命下凡改为主动下凡，把作为书生的董永改成劳动人民，把傅员外傅善人改为恶霸地主，删繁就简，形成现在《天仙配》本子的基本框架。班友书，新中国成立前安徽大学中文系毕业生，擅长古典诗歌。他在改编《天仙配》时，又在许多抒情诗中加入了古典诗词，为现代天仙配诗奠定了基础。后来，陆洪非借用了班友书的改编版本，并在此基础上再次改编，但基本上没有超出班友书的框架。

1953年5月，戏剧家陆洪非根据《织锦记》《槐荫记》创作了黄梅戏《天仙配》。黄梅戏《天仙配》又名《七仙女下凡》，是黄梅戏早期积累的"三十六大本"之一，根据老艺术家胡玉庭的口述改编而成。1953年，《天仙配》由安徽黄梅戏剧团演出。该剧本有多种单一版本，并被列入《中国地方戏曲集成·安徽省卷》（1959年）。

《天仙配》这部作品历经多次变革与创新，其主要变化体现在以下几个方面：

①剧情调整：七仙女由原本的奉命下凡改为因向往人间而私自下凡，这一改动赋予了七仙女更多的主动性与叛逆精神。同时，董永的身份也由秀才改为农民，删除了他拜傅员外为干父、进宝得官、娶傅女等情节，使得故事更加贴近民间生活，凸显了劳动人民的纯朴与善良。

②人物设定改变：傅员外由原本的主动烧卖身契改为百般刁难董永，赠银两送董永回家的情节也被改为七仙女织绢挣得，董永的三年长工也被缩短为百天。这些改动使得故事更加紧凑，情节更加跌宕起伏。

③场景与唱词创新：众仙女立观渔樵耕读四人过场被改为见景生情而翩然起舞，增添了更多的艺术美感。同时，剧本的唱词也进行了大幅度的修改与重写，从原本的18场684句唱词缩减为七场442句唱词，使得剧本更加精炼，更加符合现代观众的审美需求。

④人物删减与性格塑造：剧本删除了董父、舅父、舅母、金星、傅小姐、天使、雷神、太监、四功曹等12个人物，使得故事更加集中，主要人物的性格特点更加鲜明。同时，剧本成功地刻画了七仙女的叛逆性格，以及董永的善良与坚韧，使

得人物性格更加立体，更加深入人心。

从本质上讲，《天仙配》这部小说颂扬了七仙女、董永等角色人性的光明，鞭笞和批判了玉皇大帝等角色的丑陋和黑暗。同时，也描绘了傅员外的儿子傅官保等卑鄙小人的丑陋形象，但傅员外的儿子还带有几分喜剧色彩，为故事增添了不少乐趣。

1954 年，黄梅戏《天仙配》在华东区戏曲观摩演出中获得了剧本一等奖，饰演七仙女的严凤英和饰演董永的王少舫也获得了演员一等奖。该剧在全国播出后，"七仙女与董永"的故事更是家喻户晓。1955 年，《天仙配》被拍成戏曲电影，并在之后的几年里获得了多项大奖。自严凤英首次主演该剧以来，《天仙配》的剧本和唱腔历经多次改动，日益完善，成为了一部不可多得的思想性、艺术性、可读性极高的佳作。1963 年，《天仙配》再次被搬上银幕，更名为《槐荫记》。现摘录剧本中的部分唱词："董永卖身葬父，孝心感地动天。七女动心爱怜，喜结恩爱良缘。王母一声令下，天兵天将下凡。董郎妻离子散，携儿追妻天边。银簪划破黑暗，银河风雷电闪。槐荫老人误言，百日好合荒诞。鹊儿架起彩桥，七月七日相见。牛郎星男儿汉，织女星诉思恋。千古传说不变，流芳百世人间。世人羡慕神仙，茶余饭后美谈。"

也许，这个故事终有一天会被人遗忘或不再感兴趣，但是，那段脍炙人口的"满工对唱"绝对是一首永恒的旋律，永远不会在时空中消失。多年来，董永和七仙女似乎是黄梅戏的代表。对于一部戏剧来说，是真的让人骄傲，但对于剧中人来说，注定是悲伤的。[1]

2. 越剧剧目《天仙配》

越剧《天仙配》是一部融合古装与民间神话元素的经典剧目。早在 19 世纪 50 年代，上海飞鸣越剧团便成功上演了这部作品，其中陈苉担任执行，陈天声负责设计，马凯音则负责作曲。演员阵容强大，陆锦娟精彩演绎了董永一角，何笑笑

---

[1] 储著炎.黄梅戏《天仙配》的改编及其在戏曲史上的地位 [J]. 四川戏剧，2024（11）.

则饰演了傅公子，沈爱莲扮演傅员外，而李蓉芳则以其出色的表演诠释了七仙女这一角色。

1954 年的春天，陈少春与傅全香携手合作，再次将《织锦记》（又名《天仙配》）搬上了舞台。随后的 1955 年 7 月，新文艺出版社推出了《华东地方戏曲专刊第二十二集织锦记（越剧）》，该书定价为三角两分，为越剧爱好者提供了宝贵的学习和研究资料。到了 1956 年 2 月，浙江人民出版社又出版了《越剧戏考》一书，其中收录了《织锦记》中的"路遇"、"织锦"以及"槐荫分别"等重要唱段的唱词，为越剧演员和爱好者提供了更加深入的学习材料。1957 年 5 月，东海文艺出版社再接再厉，出版了由陈献玉编曲的《越剧曲调新编》。这本书中不仅收录了二凡板（选自《织锦记》）的一段精彩曲谱，还收录了《织锦记》中"槐荫分别"的曲谱，为越剧音乐的传承和发展做出了重要贡献。在 1958 年 10 月，音乐出版社推出了《中国戏曲唱腔选（第一集）》，其中收录了陈献玉编曲的《织锦记》"诀别"唱谱。这一系列的出版活动不仅丰富了越剧艺术的内涵，也推动了越剧艺术的广泛传播和深入发展。

综上所述，越剧《天仙配》自 19 世纪 50 年代上演以来，一直备受观众喜爱。随着时间的推移，这部作品不断被传承和发展，成为了越剧艺术中的一颗璀璨明珠。[1]

3. 其他戏剧作品

董永行孝的故事最早出现在东汉末年武梁祠石刻画像中。到魏晋时，曹植的《灵芝篇》和干宝的《搜神记》增加了天帝派遣仙女下凡，助董永还债的情节。唐代董永的变文和宋元话本《董永遇仙传》里，着重阐述了路遇、偿债、诀别等部分情节。明代青阳腔的《织锦记》（现存"槐荫相会""槐荫分别"两出）又进一步丰富了变文和话本的描写，对后世戏曲的影响很大。清代地方戏有很多剧种能演这个剧本，剧名也可能叫《槐荫树》，或称《百日缘》，剧情大体相同。

---

[1]　天仙配（黄梅戏剧目）. 百度百科，https://baike.baidu.com/item/%E5%A4%A9%E4%BB%99%E9%85%8D/29493.

（二）《牛郎织女》

黄梅戏电影《牛郎织女》，是中国著名黄梅戏艺术家严凤英参演的最后一部电影。这部电影基于牛郎织女的神话故事，反映了人们对美好爱情的赞颂。在电影中，人物衣着、歌声华丽，充分运用各种艺术手段，使影片内容更加丰富和吸引人。同时，也具有一定的史料和艺术参考价值。

其主要故事是牛郎星和织女星互生爱恋，但这两个人的爱情激怒了王母，王母要惩罚牛郎星。金牛出来后，牛郎星不但被王母娘娘忽视，反而将金牛星驱逐到人间。织女星求情不被允许，却被王母锁进了云房不得自由。牛郎星和金牛落入人间，成了牛郎和老牛，织女则整天独自寂寞地待在云房。有一天，王母娘娘出巡，织女为了排解郁闷，与众仙女到凡间的碧莲池戏水。化身为老牛的金牛星将牛郎和织女引到到水池重逢，两人幸福地结了婚，在人间开始了男耕女织的幸福生活，并生下了一对儿女。

王母娘娘出巡回来命天将抓回织女，老牛牺牲了自己，让牛郎乘牛角船，带着两个孩子上天庭去追织女。而王母娘娘用发簪划下的银河，让牛郎织女天河相隔，只有在农历七月初七才能在鹊桥上相会。

（三）《天河配》

1. 京剧《天河配》

京剧，曾叫平剧，中国五大戏曲剧种之一，腔调以西皮、二黄为主，用锣鼓和胡琴等来伴奏，被看作中国的国粹，荣登中国戏曲三鼎甲的"榜首"。

徽剧则是京剧的前身。清代乾隆五十五年（1790年）起，在南方演出的三庆、四喜、春台、和春这四大徽班陆续进驻北京，他们与湖北的汉调艺人合作，并吸收了昆曲、秦腔的部分剧目、曲调和表演方法，以及一些地方民间曲调，通过和其他剧种和表演方法的不断交流、融合，最终形成了京剧。京剧形成后，开始在清朝宫廷内快速发展，到民国时期得到空前的繁荣。

京剧以北京为中心，遍及中国，而且在世界各地表演传播，成为中国传统艺术文化的重要传播媒介。2010 年 11 月 16 日，京剧被列入"人类非物质文化遗产代表作名录"。

据曾白融主编的《京剧剧目辞典》记载，京剧《天河配》的藏本为北京戏曲研究所所藏，清末民初时期，由王瑶卿在内廷进行了演出。这显示了该剧目的历史地位和影响力。露厂在《旧剧谈话：说天河配》中详细描述了该剧目的舞台演出情况。

2. 秦腔《天河配》

秦腔是中国汉族最古老的戏剧之一，起于西周，源于西府 [传播的中心地区是陕西省宝鸡市的岐山（西岐）与凤翔（雍城）]，成熟于秦朝。2006 年 5 月 20 日，被列入第一批国家级非物质文化遗产名录。

秦腔，又称乱弹，广泛流传于中国西北的陕西、青海、甘肃、新疆及宁夏等地，尤以宝鸡西府的口音最为古朴，保留了丰富的古音特色。因其以枣木梆子为击节乐器，发出"恍恍"声，故又称"梆子腔"或"桄桄子"。秦腔因地域文化的差异，形成了多个流派，包括关中东部渭南一带的东路秦腔（含同州梆子、老秦腔、东路梆子），关中西部宝鸡及甘肃天水地区的西路秦腔（含西府秦腔、西路梆子），汉中一带的南路秦腔（又称汉调恍恍、汉调秦腔、桄桄戏），以及乾县、礼泉、富平等地的其他特色流派。

西安地区的秦腔被称为中路秦腔，亦称西安乱弹。西路乱弹传入四川后，与川北的灯戏、高腔融合，并采用四川方言，逐渐形成了独特的四川梆子 —— 弹戏。而东路乱弹在京剧、晋剧、豫剧、河北梆子等剧种的形成中发挥了关键作用。受各地方言和民间音乐影响，各流派秦腔在语音、唱腔、音乐上各具特色。然而，近 50 年来，东、西、南、北四路秦腔的发展几乎停滞，有被中路秦腔取代的趋势。

陕西艺术研究所编《秦腔剧目初考》著录此剧目及剧情，露厂《旧剧谈话：说天河配》谈到民国初年京津地区所演唱秦腔《天河配》舞台演出情况。两剧剧情相似，应是同一系统。现著录《旧剧谈话：说天河配》原文如下：

兹将今岁所见文明园演唱之次序胪列于下：（一）上值日功曹四人。（二）云童四人引天官上，四功曹启奏毕，天官驾云上天。（三）上四灵官。（四）幕启。设灵霄殿，玉皇高坐中央，仙女八人，各持莲灯一盏，环侍其后，灵官功曹诸神，分列左右。天官上殿参拜。牛仙亦上殿，领旨而下。乃上织女，有顷，四云童引织女。幕闭。（五）孙守仁上，唤妻及弟出，告以将外出索债，设酒饯行。去后，孙妻命弟往放牛。弟初不从，挞之始允，乃更衣牵牛而下。其嫂亦下。（六）云童四人引八仙女及织女上，织女更衣作花旦装，同下。（七）牛郎牵牛上，嘱牛吃草，己则回家吃饭。（八）王老好（孙妻之父）至婿家，其女留之吃饭。（九）四云童引王母上，嘱八仙女伴织女赴莲池沐浴。（十）孙妻持饭上，请父就餐。牛郎归家索食，嫂与之小豆腐。王老好推食食之，并询以兄嫂相待若何？郎诉其嫂之无状。老好劝诫其女，其女不服，父大愧。孙妻于是有害弟意。（十一）牛郎复至牧场，盹睡，牛以角触醒之。郎惊觉，欲饱之以拳。牛遂吐人言，谓其嫂将酖之。郎问计，牛言嫂与面汤不可食，且与兄嫂析居。（十二）郎归，嫂果以面汤与之。牛以角触郎，郎遂泼之于地。嫂问故，郎言其中有毒，故弗食。嫂责其诬，郎遂提议析居。正争持间，守仁归。叔嫂各执一词，无可为计。母舅来，为主持分居立字。郎乃牵老牛驾破车载皮箱去。守仁不舍，急追踪下。（十三）郎牵牛执牧场，守仁追至。牛谓郎曰："若随兄归，将来便不能上天。"郎听其言，虽坚决不与兄归。兄苦口劝之，卒弗听。兄弟洒泪而别。（十四）牛仙为郎点化房屋、金钱。郎复索妻室，牛仙引之下。（十五）台上设莲池，织女及八仙女共浴其中。牛郎来，夺女之衣，以婚姻挟之。女默念曾奉上帝敕旨，莫非婚姻应在此人，遂允之。夫妇交拜下。（十六）牛仙唤郎出，告以己将死，可将皮剥下，如有灾难，可披牛皮，自无不宜。言罢果死。夫妻哭拜之。如言将牛皮剥下，遂就寝。夜半，女与郎言，己本上界织女，尘缘已满，当归天上。夫妻不忍别离。牵衣痛苦。女忍泪驾云去。郎乃披牛皮，负二子追下。（十七）牛女绕场。（十八）台上设鹊桥，八仙女各执一莲灯引王母上，同立桥端。牛女东西相对，立于台口椅上。王母宣诏，夫妻每岁七夕一会。戏即告终。

3. 绍兴文戏《鹊桥相会》

戴不凡先生《旧本〈牛郎织女〉》中介绍了抗战后期上海益民书局出版的绍兴文戏《鹊桥相会》的剧本，认为它是一本完整的绍兴文戏旧本。

现在据之著录剧情：

失去父母的王伯仁、王伯琴（牛郎）兄弟生活在一起。伯琴原在姑父家读书，因和已经许人的表妹陈凤仙相爱，被姑父赶出家门。伯琴嫂胡氏趁夫不在，虐待弟弟，痛打他后勒令放牛。伯琴偷向表妹倾诉，被姑父所知。姑父逼迫女儿自杀。凤仙自缢时为王母所救，得知自己原为七仙女，伯琴原是十二金童，遂安心修大道。伯仁回家知道胡氏劣迹后，大怒，痛打胡氏，胡氏怀恨在心。伯仁再次外出后，胡氏在面条内放毒想害死弟弟。金牛事先警告，伯琴得以不死。金牛又出主意，让伯琴等兄长回来时要求分家，只要老牛一只和小平房。后来，金牛带伯琴上天宫去玩，并让伯琴偷天河中洗浴的七个仙女的衣服，以得妻室。伯琴恰好选中了织女的衣服，将织女带回家。一年后，织女生了一对男孩。伯琴外出，王母娘娘下凡强度织女回天宫而去。伯琴回家不见妻子，遂留书兄长，挑着孩子，追上天河。

金牛星告诉他全部真情，说织女已往瑶池。鹊王为报十二金童当年的救命之恩，给他指路，并在天河上架起鹊桥。后面王伯仁也追赶前来，要弟弟回家。伯琴告诉哥哥，自己本是十二金童，将一对男孩交哥哥抚养。最终牛郎织女在鹊桥相会，并约定来年七月七日再相会。

4. 河南越调《天河配》

剧本现收入《河南传统剧目汇编》第二集，是新中国成立后挖掘出来的河南越调传统剧目，据河南周口红光剧团旧抄本印刷，全剧共 13 场，内容民间色彩极浓，很难看到新中国成立初期的政治氛围留下的痕迹，应是未经修订的民间传承的剧本。现著录剧情如下：

牛郎名孙守义，父母早亡，依兄嫂度日，兄孙守仁在外设馆，嫂嫂蔡黑妮不贤。

一日，兄买一老牛归，嫂嫂即命守义辍读牧牛。老牛是天上金牛星下凡。嫂嫂之父蔡光杆来访，蔡氏做饺子招待。守义回家，因吃饭与蔡光杆发生不快。蔡光杆生气离去，蔡氏遂有害死牛郎之意。老牛劝牛郎与兄分家，守义从之，邀舅至家，只要破车、破箱，随老牛至深山。老牛为牛郎置备房舍用具，又使之至仙女浴池窃得天孙织女之衣，与之成婚。几年后，织女生一男一女。老牛将归天，嘱咐守义在其死后，剥皮制靴，可以登天，守义从之。一日，织女对守义说，两人天缘已尽，将永别。守义苦留不得，织女登空离去。守义急穿牛皮靴，带子女追赶。将要赶上时，织女拔金簪划成天河，阻守义。夫妻隔岸悲泣，太白金星奉玉帝旨到允许牛郎、织女于七月七日，百鸟投河，搭成鹊桥，一年一会。

5. 南阳大调曲《牛女配》

曲本现收入《河南传统剧目汇编》第一集，据河南镇平县吕中文所唱采录曲本叙说牛女七夕相会之情景，从唱词中可以看出的牛女传说情节是：天地开辟，牛郎在天河之西牧牛，织女在锦房织天丝锦绣衣。天帝怜织女辛苦，许牛女二星配夫妻。两星成婚后，耽于私情，荒废职务。玉帝大怒，贬两星于天河两岸，许每年七月七日相会。[1]

（四）长江流域七夕传说与戏曲新创作

1. 新秦腔《七月七》

秦腔《七月七》以牛郎织女的神话传说为基础，将西方文化和乞巧技艺与新戏巧妙结合。星汉间熠熠生辉的牵牛织女星，曾演绎了感天动地、跨越浩瀚银河的至美之情。七月七的故事在有情人心中历久弥新；七月七的来源被人们重新提起；七月七的秦腔在新时代里重新唱响和谐的时代强音。在中国乞巧文化之乡，伏羲诞生、女娲补天的仇池大地，牛郎织女的故事世代传颂，华山下牛家湾旁，仍然是一派男耕女织的祥和田园生活。故事重演，自有新意，西和有着悠久的历

---

[1] 田有余. 小说、戏曲、曲艺中的"牛郎织女"[D]. 兰州：西北师范大学，2008：46-55.

史和文化。天上的织女因为"情"字，嫁给了贫苦的牛郎。人间的牛郎是善良勤劳的，自然能品尝到生命的美酒，王母娘娘除了威严还有母爱，太白金星除了古板还有慈悲的心，爱情就像太阳，沐之喜鹊，感恩搭桥。这个故事吸引人的，是中国七夕节晚上的相思，仰望星空，不觉轻轻吟诵这首爱情诗 —— 两情若是长久时，又岂在朝朝暮暮……

　　总而言之，新秦腔《七月七》在创作和表演上有四个创新。《七月七》是根据中国民间传说牛郎织女的故事改编的，但作者并没有墨守成规，且大胆创新。第一，剧名的改变，不是"牛郎织女"，而是命名为"七月七"，直击要害，突出中心。每年农历七月，是牛郎织女相会的日子，也是中国民间传统乞巧的日子，"七月七"自然与西和乞巧文化之乡巧妙地结合在一起。第二，剧本内容的创新。在保留传统故事基本情节的基础上，创作了大量新的歌词和对话，给人一种新的感觉。第三，内容中融入了一些西和当地的文化元素，如仇池山、西汉水、伏羲爷、巧娘娘等，使故事的地理范围更加可信。第四，在故事中，通过人物的对话，将织女的形象与乞巧文化巧妙地结合起来，给人一种很自然的感觉。最后，预演形式的突破。秦腔戏曲剧本，根据人们的正常思维，演绎时应该完全用传统的方法，然而，《七月七》打破传统秦腔的表演形式，用现代舞蹈和幕后的背景音乐来渲染气氛，促进故事的发展，突出主题。即秦腔结合了皮影戏和现代音乐。《七月七》的作者把陇南皮影戏的精彩部分引入了秦戏中，影腔与秦腔的适当融合也是地域文化源与流的自然发展，既保留了影腔，又丰富了秦腔。与此同时，在《七月七》的音乐创作中，加入了一些现代音乐念经，以补充秦剧的发展，效果明显。而且，在舞台背景设计上，《七月七》采用了一些现代手段，通过电子屏幕场景和三维场景，给人身临其境的真实感。电子屏幕场景逼真、美观、更换方便，三维场景布局真实自然，将观众带入真实的环境，大大突破了原有舞台表演的诸多局限。《七月七》的舞台背景选择了西和地方名胜云华山自然风光，表现了陇南地域山水之美。当然，这种自然美也渗透着人类社会的美。所以织女是那么向往人间、留恋人间。

　　该剧再现了在中国大地流传数千年、经久不衰的爱情神话。秦腔剧作《七月七》由西和县乞巧文化演艺中心创作演出，国家京剧院一级李学忠执导，国家二级编剧包红梅、国家一级编剧王京衡编剧，孙莹莹和董新平饰演主角。2011 年，《七月七》获 2011 年甘肃省第三届"红梅杯"比赛一等奖，并获得主角一、二等奖。七月七日，《七月七》在兰州举行的第六届西北五省秦腔艺术节上，荣获"优秀剧目奖"。该剧以其引人入胜的情节、细腻纯粹的秦腔音乐、细腻优美的唱腔和唱念表演、简约华丽的舞台设计，赢得了观众的高度赞誉和掌声。[1]

2. 豫剧戏曲电影故事片《牛郎与织女》

2016 年 9 月，电影《牛郎与织女》在南阳内乡上映，这是牛郎织女的爱情故事首次登上豫剧舞台。

《牛郎与织女》由郑州豫剧剧院院长高新军执导，优秀青年导演许洪舟执导。演员阵容有张会乐、胡希华、柏青、金不换、方素珍、孟祥礼、田冠军等省内著名戏曲表演艺术家，他们的表演备受期待。影片 2016 年在内乡县的七星潭、石头村、二龙山等景区拍摄，2017 年 6 月与观众见面。

作为一部神话电影，该电影将最新的高科技手段与传统戏曲表演最大限度地融合，试图开辟戏剧电影拍摄的新方式。这部电影的编剧李松立、杨华一、王宋重新改编了牛郎织女的传统爱情故事。剧本不仅保留了原著故事的精华，还融入了大量生动的细节和时代氛围，为影片的成功奠定了良好的基础。[2]

七夕传说及戏曲在现代生活中逐渐没落，非遗保护使长江七夕传说找到新的文化传承、传播的载体，伴随各地七夕文化节创新创作成各种体裁和节目在长江流域广为传播，并成为当地旅游展演的文化品牌。

---

[1] 秦腔全本《牛郎织女》又名《七月七》. 甘肃西和县秦剧团，曲艺吧，http://www.quyi8.com/play/753-0-71.html.

[2] 戏曲电影故事片"牛郎与织女"在南阳内乡开机. 河南文化网，https://wgl.zhengzhou.gov.cn/wgxx/1077463.jhtml，2016.

二、由七夕传说改编的电视剧和电影

（一）《天仙配》

在现代制作的《天仙配》中，主要有两部电视剧。一部是 2007 年由中央电视台国际电视公司和安庆电视台联合制作的民间神话古装电视剧。该片由吴家骀执导，黄圣依、杨子等联合主演。该剧是由周濯街的小说《七仙女正传》以及民间传说《天仙配》改编的。它讲述了七仙女和董永之间的爱情故事。第二部是《天仙配后传》，由北京中视精彩影视文化有限公司出品，是一部古装爱情剧，是《天仙配》的续作。吴家骀是总导演，张馨月是副导演，由曹颖、姚刚、赵文浩、韩东等主演。该剧讲的是七仙女和张巧嘴来到人间 20 年后，七仙女与董永、儿子董天生，张巧嘴和丈夫傅官保、女儿傅天意为躲避战乱，去往大觉寺后的种种境遇，剧中还展现了七仙女董永和大觉山镇首富吴冲天等人的各种恩怨情仇。

1955 年底，由桑弧自编剧本，上海电影制片厂制作，石挥导演，严凤英、王少舫主演的影片《天仙配》拍摄完成。安庆黄梅戏《天仙配》的巨大成功，使黄梅戏电影在香港经久不衰。《天仙配》是黄梅戏发展史上的一座丰碑，在国内外影响广泛。它为人们留下了许多美妙的歌曲，至今仍深受人们的喜爱。1957 年，该片荣获文化部优秀舞台艺术片二等奖。[1]

（二）《牛郎织女》

"牛郎和织女"电视连续剧在香港和大陆有两个版本，一个版本是香港无线电视出品，庄伟健执导，温兆伦、郭羡妮、欧锦棠、唐宁等主演的古装神话电视剧，2003 年 9 月 18 日在香港首映。

该剧根据古代牛郎织女民间故事改编而成，故事讲述织女为寻找"云梭"下凡，遇到黄阿牛后，两人相爱。织女（郭羡妮饰）原是在天宫负责编织彩云，她不小

---

[1]　牛郎织女.百度百科，https://baike.baidu.com/item/%E7%89%9B%E9%83%8E%E7%BB%87%E5%A5%B3/35843.

心把"云梭"掉落到凡间，怕王母娘娘（梁舜燕饰）发现，就和好姊妹喜鹊（唐宁饰）偷偷到人间去寻找"云梭"。织女在凡间遇到牛郎（温兆伦饰），牛郎不辞辛苦为织女重造"云梭"，织女对牛郎动心，常偷下凡间与牛郎相会。这件事被王母娘娘发现了，织女被紧急召回天宫，织女不愿意放弃真爱，宁愿放弃仙界的一切，生活在凡间，牛郎被王母娘娘洗去了记忆。

另一边，喜鹊为能早日成仙，偷取了财神比干（欧锦棠饰）库房中的财帛，去接济穷人来换取功德，比干知道后，把喜鹊告上天庭，喜鹊从此和比干结仇，但无意中发现比干是无心的人，于是为比干寻找被九尾狐偷去的心，但九尾狐使坏，还回来的心，并不是比干的。比干从此性情大变，不断加害牛郎织女，喜鹊才知道自己闯祸了，去找九尾狐取回真正属于比干的"七巧玲珑心"。

牛郎、织女终能在人间相会，但因比干的阻挠而险些家破人亡，织女忍受不了与牛郎分离的苦楚，依依不舍地回到天宫。喜鹊看到了这一幕，就召集同伴们组成一座鹊桥，每年牛女二人都在鹊桥上相会。

另一个是大陆版的《牛郎织女》，根据同名神话传说改编，是由鞠觉亮导演，田亮、安以轩主演的古装仙人爱情电视剧。该剧于2009年6月29日在中央八台首映。

该剧讲述了仙女织女和凡间牛郎凄美的爱情故事。俗话说，天地有三界：天庭、人间、鬼域。天庭没有花开四季，没有饮食男女，也没有生、老、病、死，神仙的生活是孤独而无聊的，没有任何娱乐，衣服是千年不变的。诸神是天真的，甚至是愚蠢的。除了尊贵的神，他们没有家庭，没有兄弟姐妹，没有感情。

玉皇大帝和王母娘娘生了三个女儿。大女儿是掌管冰雪的女神，名叫斯冰，她专横又偏执，动不动就惩罚别人，众神都因怕她而远离她。二女儿旱拔，长相不佳，却是花痴，整天追男神，众神都躲着她。三女儿，丝音，是玉皇大帝最小的女儿，她也是玉皇大帝和王母娘娘最宠爱的女儿，她活泼、纯洁、可爱，每个人都喜欢她。

西天王是天上的另一股邪恶势力，由于早年留下的仇恨，胁劫丝音报复玉皇大帝，几乎引发了一场天庭大战。怎料西天王的独子火神祝融，鬼使神差地与玉帝大女儿斯冰相恋起来，一场战争变成了一场大婚。但丝音失手将成就斯冰大婚的"问心果"失落凡间，她来到"天尽头"，凡间离天庭最近的地方，去寻找"问心果"，巧遇了小时候的朋友牛郎。

牛郎是刘老二家的二儿子，但刘老二偏爱懒惰的长子，什么苦差事都让牛郎去做。他家有一口祖先留下的古井，是整个村子的饮用水，所以刘家"天尽头"生活也算富足。村里很多人家都想把自己的女儿嫁到他家做儿媳妇，村里最漂亮的姑娘凤凰也在打他家的主意。七月初七，天尽头的相亲大会上，凤凰本来相中了牛郎，却阴差阳错跟大郎成了亲。

天梭是织女的工具和跟班，它将牛郎要和凤凰结婚的消息告诉织女，织女想去凡间，但玉皇大帝要求她尊重天界七戒，如果违反的话就会被逐出天界。织女在凡间安家，得知牛郎没有娶凤凰，两人排除万难，最终在相思树下成婚。

凤凰非常嫉妒他们的婚姻，想方设法刁难他们，但织女用智慧解决了问题。织女也把织造丝绸的技术传播到凡间，从此凡间就有了五颜六色的丝绸。织女和牛郎过着幸福的生活，但是玉皇大帝王母娘娘不知道。织女为人宽宏大量，不计较鸡毛蒜皮的小事，但监视织女且自私的灶王，为了自己升官，把他们结婚的消息报给上天，王母娘娘命令天将织女召回，织女不愿意离开牛郎。王母娘娘被激怒了，受斯冰挑拨决定惩罚人类，她命灶王带瘟疫下凡间。灶王在刘家的井里偷偷地传播病毒，瘟疫很快蔓延开来，人们到最后都病了，牛郎也不例外，只有织女没有感染。村民们被灶王挑拨，决定把织女赶走。牛郎也和织女决裂了。幸运的是，织女在天梭的帮助下升天，并偷回了解毒的药汁，为村民们解决了灾难。

斯冰看到织女和牛郎又过上了幸福的日子，非常生气，教唆丈夫祝融用天火迫害民间，可怜的织女又受到凤凰和大郎的挑拨，被赶出天尽头后上不能返回天庭，下不能投胎为人，连鬼域都不接纳。这时，织女遇到了暗恋她的水神夏禹的儿子夏炎，他帮织女成功降雨。村民们得救，喜出望外。最后，他们被织女感动了，把她视为他们的救星，给她建了一座寺庙。曾经的恋人牛郎失去了诚信，非常后悔，没脸见织女，牛郎自杀，所幸被夏炎救下。虽然织女被情人冷落了，但她还是喜欢牛郎，最终他们和好了。火灭后，祝融也死了，这激怒了天王。他抓住织女准备处死她，夏炎为救织女自杀身亡，差点搅起天庭大战，同时也暴露了一个秘密，原来丝音不是王母所生，而是玉皇大帝和西天王爱妃瑶姬的私生女。王母娘娘勃然大怒。由于玉皇大帝的求情，王母娘娘被迫同意让织女返回人间。但有更重的惩罚：不能生孩子，如生孩子，三岁就会死的恶毒咒语。织女发誓不做天神，决然下凡而去。

因为王母娘娘的命令，织女不敢生孩子。当她怀孕的时候，织女请求女神把它送给别人。但牛郎特别喜欢孩子，织女为了爱郎，冒险生下了一对孩子，一对可爱美丽的龙凤双胞胎，非常聪明，人见人爱，牛郎一家人很幸福。织女在爱儿三岁生日的前夜，看着天真可爱的孩子，将会在黎明死去。织女再也无法掩饰，她吐露了实情，告别了牛郎，回到了天庭。织女离开后，牛郎决定带着一对孩子到天庭去找织女。仗义的牛哥一头撞死，让牛郎把自己的皮制成飞天毯，于是牛郎挑着两个孩子，直追到南天门。

王母娘娘恨死了玉皇大帝和瑶姬的女儿织女，决定不让牛郎进天庭，想害死他们一家人。瑶姬为了帮助女儿丝音，跳下天涯，瑶姬的死，惹怒了西天王和玉帝，王母只得免去牛郎一家的死亡令，但用发簪划下天河，使牛郎织女两夫妻，天河永隔不能相见。玉帝感动织女他们的真情，用交出自己的大权，来迫使王母允许牛郎织女一家每年七月七日隔河相见一次，为了方便两人相见，重新封牛郎一家为神。喜鹊知道之前因为自私，没有帮上牛郎一家人，为了弥补过错，叫来天下鹊鸟，用它们头顶上最结实的羽毛，每年七月七日搭成鹊桥，让织女一家在鹊桥上见面。牛郎织女苦等一年一度的七夕相会。为了支持他们，世界各地的人们把这一天定为情人节，祝福世界上所有的情侣。久而久之，在河边苦等七夕的牛郎和两个孩子，变成了牛郎星，与他深爱的织女星遥遥相对，光照天地间，他们发誓永不分离的爱的誓言，终于实现了。[1]

（三）《董永与七仙女》《七仙女》

《董永与七仙女》《七仙女》也被多次搬上屏幕，七夕的影视主要有 2005 拍摄的《欢天喜地七仙女》、2012 年拍摄的《天地姻缘七仙女》《七仙女传奇》（一部在飞卢小说网连载的仙侠异侠类小说）等电视剧。

三、其他七夕文化节目品牌

七夕节文化节目产品还有甘肃西和开发的系列文化产品，如：新秦腔《七月七》《乞巧情》歌舞剧、《中国（西和）乞巧女儿节》纪录片、《乞巧缘》微电影、《中国（西和）乞巧女儿节》连环画。创办中国西和乞巧女儿节网站，搭建网络宣传平台，开展网上乞巧活动。还有每年七夕各地举行的大型相亲节目，比如恩施的女儿节相亲活动。广西和云南七夕山歌、民歌、情歌大赛，各地七夕文化节、乞巧节中七夕民俗和当地非遗民俗节目展演等。

综上所述，自 2006 年七夕节被列入国家级非物质文化遗产名录后，全国各地有关于来源地之争，并积极申报七夕文化各级非遗名录，并以旅游为契机开发以七夕传说等元素为主的七夕人文景观和七夕自然景观等旅游资源。举办七夕文化节，创作七夕影视、戏曲，塑造七夕文化品牌。七夕文化经过 10 年左右的复兴和发展，在全国的文化旅游中形成了湖北郧西七夕文化走廊、甘肃西和乞巧、土家女儿节等旅游文化品牌。

---

[1] 田亮安以轩主演的电视剧《牛郎织女》剧情介绍 .https://baike.baidu.com/item/%E7%89%9B%E9%83%8E%E7%BB%87%E5%A5%B3/10656772?fromModule=search-result_lemma.

参考文献

一、参考的著作

[1] 刘宗迪. 七夕 [M]. 北京：生活·读书·新知三联书店，2013：26-39，98-103.

[2] 刘秋娟. 中国传统节日·七夕节 [M]. 长春：东北师范大学出版社，2011：25-27.

[3] 林继富，钟建华. 湖北郧西中国天河七夕文化之乡 [M]. 北京：中国文联出版社，2017：155-157.

[4] 张晓华，编；刘东超，等著. 中国传统节日文化研究——七夕节 [M]. 北京：中国青年出版社，2007：45-69.

[5] 刘秀峰，杜新南，蔡银生，编著. 张山寨七七会 [M]. 杭州：浙江摄影出版社，2016：48-67.

[6] 赵逵夫. 西和乞巧节 [M]. 上海：上海远东出版社，2014：140-164.

[7] 邵银燕，黄晓慧. 浙江省非物质文化遗产代表作丛书：石塘七夕习俗 [M].

杭州：浙江摄影出版社出版，2015：106-113，116-120，130-156.

[8] 闻一多. 神话与诗 [M]. 上海：华东师范大学出版社，1997：75.

[9] 钟敬文，等著；陶玮，选编. 名家谈牛郎织女 [M]. 北京：文化艺术出版社，
2006.

[10] 徐磊. 褪色的诗意——非物质文化遗产视阈下的牛郎织女研究 [M]. 济南：
山东大学出版社，2013.

[11] 彭国梁，杨里昂，主编. 我们的七夕 [M]. 长沙：湖南出版集团•岳麓书社，
2009.

二、参考的期刊、报纸等

[1] 杜全山，周仁明. 牛郎织女传说当起源于南阳 [J]. 文史知识，2008（5）：
149-153.

[2] 隆滟. 民族民间文学的传承与变异——布依族《重然的故事》与汉族《牛
郎织女》之比较 [J]. 兰州文理学院学报（社会科学版），2017（6）.

[3] 隆滟. 牛郎织女在少数民族地区以及亚洲其它国家的传承和演变 [D]. 兰州：
西北师范大学，2008.

[4] 纪永贵. 董永遇仙传说研究 [D]. 南京：南京师范大学，2004：71-84.

[5] 何红一. 女红文化与中国民间美术 [J]. 妇女研究论丛，1997（4）：35-38.

[6] 刘宗迪. 七夕拜魁星习俗的异域渊源 [J]. 文化遗产，2013（6）.

[7] 韩娜. "鹊"、"桥"在牛郎织女传说中的民俗意义 [J]. 长春理工大学学报
（高教版），2009（1）.

[8] 徐雪. 敦煌石窟文献里的七夕：穿针乞巧对月祈良缘 [N]. 中新网兰州，
2018-08-17.

[9] 冶存荣. 美在民间——青海民间刺绣艺术的魅力 [J]. 美与时代，2003（4）：
55-57.

[10] 杨再旺. 黎平侗族刺绣纹样特征与文化内涵研究 [J]. 中国民族美术，2025

(1).

[11] 张冰冰，王雅静 . 基于苗族文化 "蝴蝶妈妈" 的图案设计研究 [J]. 美与时代（上），2019（10）：103-105.

[12] 沈艺婷 . 传承视角下汉绣图案艺术及现代适应研究 [D]. 成都：四川师范大学，2023：21-56.

[13] 陈云倩，廖江波，李建亮 . 永丰畲族刺绣的工艺及审美特征探析 [J]. 武汉纺织大学学报，2024（5）.

[14] 曲鸣飞 . 云南傣族织锦 [J]. 科学之友 A 版，2010（1）：52-53.

[15] 杨佳琪 . 青海少数民族传统刺绣图案象征性研究与价值运用 [D]. 西宁：青海师范大学，2024：26-32.

[16] 李尚书，邵小华，杨兵 . 比较视野下大理白族扎染与自贡扎染的形式解读 [J]. 武汉纺织大学学报，2021，34（6）.

[17] 李尚书 . 苗族蜡染的工艺特征与应用创新 [J]. 染整技术，2024，46（7）.

[18] 蔡丰明 . 七夕乞巧习俗与古代女性文化心理 [J]. 寻根，2009（4）：39-45.

[19] 何红一 . 女红文化与中国民间美术 [J]. 艺术生活，2010（2）：28-30.

[20] 李世武 . 古代乞巧习俗的宗教现象学阐释 [J]. 河南教育学院学报（哲学社会科学版），2015（1）：24-30.

[21] 王朴 . 西和民间乞巧工艺美术概述 [J]. 大众文艺（理论），2009（22）：112-113.

[22] 陈宇菲 . 乞巧中的女性文化研究 [D]. 兰州：西北民族大学，2011：10-12.

[23] 王来华 . 糕饼模上镂 "吉祥" [N]. 光明日报，2015-06-05：2.

[24] 王朴 . 西和民间乞巧工艺美术概述 [J]. 大众文艺，2009（22）：112-113.

[25] 余永红 . 乞巧文化传承的图像形式 [J]. 民俗研究，2015（4）：103-111.

[26] 陈宇菲 . 乞巧中的女性文化研究 —— 以甘肃西和乞巧民俗为例 [D]. 兰州：西北民族大学，2011：25-35.

[27] 梁中效 . 汉水流域文化与牛郎织女星神 [J]. 安康学院学报，2013，25（4）：

10-15.

[28] 刘宗迪. 七夕拜魁星习俗的异域渊源 [J]. 文化遗产，2013（6）：95-105.

[29] 关溪莹. 甘肃西和乞巧节与广州珠村七姐诞乞巧节比较研究 [J]. 边疆经济与文化，2023（10）.

[30] 陆斐，尹建成. 不会消失的民间习俗——百色七月初七泡水习俗的考察 [J]. 绥化学院学报，2005（1）：152-154.

[31] 毕兹. 中国农耕文明的经典图式 [N]. 中国艺术报，2013-08-12：3.

[32] 隆滟. 七夕节俗的农耕文化透视 [J]. 中国农史，2011（4）：107-113.

[33] 李世武. 古代乞巧习俗的宗教现象学阐释 [J]. 河南教育学院学报（哲学社会科学版），2015（1）：24-30.

[34] 魏跃进. 磨喝乐的演变与宋代陶模风俗 [J]. 开封教育学院学报，2008（1）：34-37.

[35] 赵伟含. 中国传统女儿节探析 [D]. 上海：上海师范大学，2010：46-51.

[36] 吕亚虎. 秦汉简帛文献中的"七"及其巫术性蠡测 [J]. 西安财经学院学报，2012（1）：91-98.

[37] 邹玮玲. 从民间信仰到民间娱乐 [D]. 上海：华东师范大学，2011：5-10.

[38] 陈善珍. 广元女儿节与传统女儿节异同研究 [J]. 四川民族学院学报，2012（4）：46- 49.

[39] 纪永贵. 中国口头文化遗产——董永遇仙传说研究 [D]. 南京：南京师范大学，2004：21-25.

[40] 赵伟含. 中国传统女儿节探析 [D]. 上海：上海师范大学，2010：34-51.

[41] 尹杰. 恩施土家族"女儿会"传承研究 [D]. 武汉：中南民族大学，2013：22-30.

[42] 韩雷. 七夕：浪漫复制与婚姻短路 [J]. 兰州学刊，2011（8）：100-106.

[43] 张勃. 从乞巧节到中国情人节——七夕节的当代重构及意义 [J]. 文化遗产，2014（1）：34-40.

[44] 李舫.天涯何处共七夕？[N].人民日报，2006-09-06.

[45] 杨洪林.创建打造"天河七夕文化"品牌[N].湖北日报，2010-05-20.

[46] 孙明明.坎山"祭星乞巧"的历史渊源与民俗传统[A].萧山记忆（第二辑）[C].2009-06-01：127-130.

[47] 张远满.浙江地区传统岁时节日研究综述[J].节日研究，2015（1）：81-109.

[48] 田一川.浙江温岭石塘里箬村传统山海石屋研究[D].杭州：浙江大学，2019：31.

[49] 陈勤建.当代七月七"小人节"的祭拜特色和源流——浙江温岭石塘箬山与台南、高雄七夕祭的比较[J].广西师范学院学报，2005（4）：5-9.

[50] 赵世琴.东白山七夕节习俗女性群体的传承困境[J].非物质文化遗产研究集刊，2013（1）：2.

[51] 张远满.浙江地区传统岁时节日研究综述[J].节日研究，2015（1）：81-109.

[52] 汪保忠.河南伏牛山牛郎织女传说圈研究[J].文化遗产，2018（6）.

[53] 夏军.钞票与邮票研究——"七夕"特辑：伉俪情深[J].印刷杂志，2022（4）.

[54] 邹伟玲.从民间信仰到民间娱乐——乞巧习俗的功能转换研究[D].上海：华东师范大学，2011：30-40.

[55] 罗华娟.乞巧文化资源的现代转换研究[D].北京：中央民族大学，2009：45-59.

[56] 王丽媛.打造七夕文化品牌，服务县域经济发展[J].学习月刊，2012（20）：105.

[57] 王绪桔.打造七夕品牌　推进旅游立县[J].学习月刊，2011（4）：139.

[58] 张惟婧.传统民俗的现代性转换——以恩施土家女儿会为例[D].恩施：湖北民族学院，2024.

[59] 陈燕华.恩施土家族女儿会的文化内涵及其传承与发展[J].民族论坛，2017（2）：40-43.

[60] 高应军.陇南西和乞巧民俗旅游的深度开发[J].甘肃高师学报，2012（1）：

139-142.

[61] 赵唯宏 . 技艺与记忆：萧山花边及传承人口述史研究 [D]. 杭州：中国美术学院，2024.

[62] 陈勤建 . 当代七月七"小人节"的祭拜特色和源流 —— 浙江温岭石塘箬山与台南、高雄七夕祭的比较 [J]. 广西师范学院学报，2005（4）：5-9.

[63] 刘亚欣，陈小云，等 . 以乞巧果为载体的七夕文化复兴策略 [C].2013 福建省传播学年会论文集，153-159.

[64] 储著炎 . 黄梅戏《天仙配》的改编及其在戏曲史上的地位 [J]. 四川戏剧，2024（11）.

[65] 田有余 . 小说、戏曲、曲艺中的"牛郎织女" [D]. 兰州：西北师范大学，2008：46-55.

三、参考的网站

[1] 刘芹 . "七夕"究竟有多少版本？江苏也有一个 . 扬子晚报网，https://www.yangtse.com/zncontent/786008.html，2020-08-25.

[2] 堆秀 . 百度百科，https://baike.baidu.com/item/%E5%A0%86%E7%BB%A3/3941015.

[3] 羌族刺绣 .https://baike.baidu.com/item/%E7%BE%8C%E6%97%8F%E5%88%BA%E7%BB%A3/4476985.

[4] 水族马尾绣 . 百度百科，https://baike.baidu.com/item/%E6%B0%B4%E6%97%8F%E9%A9%AC%E5%B0%BE%E7%BB%A3/9868901.

[5] 再议"牛郎织女传说"：是被现实拖累的民间故事，还是预言现实的时代遗产？搜狐网，https://www.sohu.com/a/838828220_100142727，2024-12-18.

[6] 湘绣 . 百度百科，https://baike.baidu.com/item/%E6%B9%98%E7%BB%A3/300254.

[7] 湘秀 . 湖南非物质文化遗产网，http://www.hunanfeiyi.cn/CulturalInfo-122-1.html.

[8]（民间绣活）阳新布贴．百度百科，https://baike.baidu.com/item/%E6%B0%91%E9%97%B4%E7%BB%A3%E6%B4%BB%EF%BC%88%E9%98%B3%E6%96%B0%E5%B8%83%E8%B4%B4%EF%BC%89/53355130.

[9] 挑花（望江挑花）．安徽省非物质文化遗产网，http://www.anhuify.net/Page/Content?ContentId=1141.

[10] 苏绣．百度百科，https://baike.baidu.com/item/%E8%8B%8F%E7%BB%A3/242794.

[11] 浙江非物质文化遗产网，https://www.zjich.cn/xiangmu/xiangmulist.html.

[12] 上海市非物质文化遗产网，https://www.ichshanghai.cn/.

[13] 贵州省非物质文化保护中心，https://www.gzfwz.org.cn/gjml/.

[14] 剪纸（傣族剪纸）．百度百科，https://baike.baidu.com/item/%E5%89%AA%E7%BA%B8%EF%BC%88%E5%82%A3%E6%97%8F%E5%89%AA%E7%BA%B8%EF%BC%89/54088110.

[15] 苗族织锦技艺．贵州省非物质文化保护中心，https://www.gzfwz.org.cn/gjml/.

[16] 傣族织锦技艺．百度百科，https://baike.baidu.com/item/%E5%82%A3%E6%97%8F%E7%BB%87%E9%94%A6%E6%8A%80%E8%89%BA/3725835.

[17] 江苏省非物质文化遗产保护中心，https://www.jsfybh.cn/#/homePage.

[18] 苗族蜡染技艺．贵州省非物质文化保护中心，https://www.gzfwz.org.cn/gjml/gjj/dypgy/index_1.html.

[19] 南通蓝印花布染技艺．百度百科，https://baike.baidu.com/item/%E7%99%BE%E5%BA%A6%E7%99%BE%E7%A7%91/85895?fr=aladdin.

[20] 七夕节．百度百科，https://baike.baidu.com/item/%E4%B8%83%E5%A4%95%E8%8A%82/226647.

[21] 拜织女．百度百科，https://baike.baidu.com/item/%E6%8B%9C%E7%BB%87%E5%A5%B3/8979365.

[22] 染指甲．搜狗百科，https://baike.sogou.com/v73944569.htm?fromTitle=%E6

%9F%93%E6%8C%87%E7%94%B2.

[23] 恩施女儿会 . 百度百科，https://baike.baidu.com/item/%E6%81%A9%E6%96%BD%E5%A5%B3%E5%84%BF%E4%BC%9A/4412600?fr=aladdin.

[24] 七月初七香桥会 . 百度百科，https://baike.baidu.com/item/%E4%B8%83%E6%9C%88%E4%B8%83%E9%A6%99%E6%A1%A5%E4%BC%9A/22842839?fromModule=search-result_lemma.

[25] 走入全国视界的洞头七夕节成人仪式 . 浙江文明网，2014-08-04.

[26] "中国七夕民俗文化艺术节" 将在陕西举行 . 西部网，http://www.cnwest.com/，2014-08-01.

[27] 大荔县 "乞巧节" 文化初探 . 大荔县人民政府网，https://www.dalisn.gov.cn/zzzq/dlyx/tzfq/msfy/1646062202549927937.html，2022-10-10.

[28] 秦腔全本《牛郎织女》又名《七月七》. 甘肃西和县秦剧团，曲艺吧，http://www.quyi8.com/play/753-0-71.html.

[29] 天仙配（黄梅戏剧目）. 百度百科，https://baike.baidu.com/item/%E5%A4%A9%E4%BB%99%E9%85%8D/29493.

[30] 牛郎织女 . 百度百科，https://baike.baidu.com/item/%E7%89%9B%E9%83%8E%E7%BB%87%E5%A5%B3/35843.

[31] 田亮安以轩主演的电视剧《牛郎织女》剧情介绍 .https://baike.baidu.com/item/%E7%89%9B%E9%83%8E%E7%BB%87%E5%A5%B3/10656772?fromModule=search-result_lemma.

[32] 中国非物质文化遗产网，https://www.ihchina.cn/.

[33] 安徽非物质文化遗产网，http://www.anhuify.net/html/Index/index.html.

[34] 四川省文化和旅游厅，https://wlt.sc.gov.cn/.

[35] 湖北非物质文化遗产网，https://wlt.hubei.gov.cn/hbsfwzwhycw/.

[36] 湖南非物质文化遗产，http://www.hunanfeiyi.cn/.

[37] 江苏非物质文化遗产，https://www.jsfybh.cn/#/homePage.

[38] 上海非物质文化遗产网，https://www.ichshanghai.cn/.

[39] 甘肃省非物质文化遗产大数据平台，https://gansuich.cn/.

[40] 陕西省非物质文化遗产数据库，https://www.sxlib.org.cn/dfzy/feiwuzhi/sjep/.

[41] 贵州非物质文化遗产保护中心，https://www.gzfwz.org.cn/.

[42] 河南省文化和旅游厅，https://rfb.henan.gov.cn/ggfw/spyx/.

[43] 百度百科数字博物馆，https://baike.baidu.com/museum/.

后　记

接到导师向柏松教授让笔者参与湖北长江文化研究院《佳期如梦 —— 长江流域穿针乞巧的七夕节假》一书的写作任务，既高兴又倍感压力。硕士毕业十余载，虽然在高校从事教学，跟着向柏松教授、何红一教授做了一些学术研究，发表了一些学术论文，参与编著了几部专著，但独自担当一部专著，压力很大。幸好，有向柏松老师的指导，有湖北长江文化研究院的编委，这一个强大的学术团队。在前期参与的国家社科重大委托项目《端午节》项目中，也让笔者学习到了节日志收集资料和编撰的一些方法，积累了一些经验。这几年手头主持开展的有关传统手工艺及产业的两个省级科研项目（已结题的"非遗后时代土家族手工艺传承机制研究"，项目号：HBMW2014051 和在研的"非遗后时代苗族银饰传承机制研究 —— 以贵州黔东南为例"，项目号：15G157），以及教育部人文规划课题（18YJAZH082），内容与传统手工技艺与传统文化相关，特别是本书的第二章、第三章、第六章和第七章有关"传统手工技艺、文化内涵及传统手工艺品牌塑造和产业发展"等内容的撰写，是教育部人文规划课题"传统手工艺工匠精神重建和重构"（18YJAZH082）的研究基础和前期研究成果。

在参与湖北长江文化研究院的编委主持的几次会议后，开始收集阅读七夕相关文献，制定写作大纲。大纲体系的确定，得到向柏松教授、田友国编辑的悉心指导把关，切中要害，一定乾坤，在此一并感谢！

当然，真正的压力和动力从写作开始，在阅读了所有的能收集到的七夕著作、阅读了大量的七夕期刊文章后，发现按湖北长江文化研究院编委的关于"长江流域非物质文化遗产"史话体系的要求和定位，这些资料显得略凌乱和单薄。因此，开展工作的第一步，按编委发布的长江流域的具体地域，去各省、市、地区非遗网、文化网，甚至相关新闻网，收集确定与七夕相关非遗项目资料，初步勾勒"长江流域'七夕'非遗地图"，再来重新整理和阅读文献，开始写作。写作期间，与8卷同行的交流，向柏松老师及编委田友国老师的多次指导，都让笔者学习成长，受益匪浅。同事和家人的支持和帮助，更是我前行的动力。前后历时两年，正好七章，21万字左右，笔者眼中的"穿针乞巧的古代浪漫七夕"，以及"非遗'乞巧文化节'、'女儿节'、'情人节'的现代七夕"写作完成。仿佛十月怀胎，一朝呱呱坠地，既欣喜又忐忑。

书中部分图片因未能找到原拍摄者，我们深感遗憾。如果原摄影作者看到本书，请与我们联系。我们将承诺按照书籍的内容比例支付稿酬。在本书中，我们采用了一些资料和照片。另外，鉴于个人能力所限以及时间紧迫等因素，书中难免会有疏漏之处，特此邀请各界专家不吝赐教，恳请指正。

汤梅 2019 年 4 月